भाषा एवं भाषा शिक्षण

खण्ड-1

भाषा एवं भाषा शिक्षण

खण्ड-1

सम्पादक

रमा कान्त अग्निहोत्री

अमृत लाल खन्ना

सह-सम्पादक

नम्रता बत्रा

सम्पादन समिति

रजनी द्विवेदी, कामिनी उपाध्याय,

राजेश उत्साही, रमणीक मोहन

कार्यकारिणी समिति

एच.के. दीवान, प्रसून कुमार

विद्या भवन सोसायटी

वाणी प्रकाशन

प्रकाशन के उत्कृष्टतम 62 वर्ष

पेपरबैक प्रथम संस्करण : 2025

vaniprakashan.com

वाणी प्रकाशन

4695, 21-ए, दरियागंज, नयी दिल्ली-110 002

फ़ोन : + 91 11 23273167, 23275710

शाखाएँ

अशोक राजपथ, पटना-800 004, बिहार

कॉफ़ी हाउस कैम्पस, महात्मा गांधी मार्ग, प्रयागराज-211 001, उत्तर प्रदेश

महात्मा गांधी अन्तरराष्ट्रीय हिन्दी विश्वविद्यालय, वर्धा-442 001, महाराष्ट्र

sales@vaniprakashan.in
vaniprakashan@gmail.com

Bhasha Evam Bhasha Shikshan-1
Edited by Rama Kant Agnihotri & Amrit Lal Khanna

ISBN : 978-93-7276-718-6
Linguistics

मूल्य : ₹ 425

जी.एस. ऑफ़सेट, दिल्ली-110 095 में मुद्रित

वाणी प्रकाशन का लोगो मक़बूल फ़िदा हुसैन की कूची से

आभार

हम उन सब विद्वानों के आभारी हैं जिन्होंने हमें यह अनुमति दी कि हम उनकी रचनाओं के हिन्दी अनुवाद इस संकलन में प्रकाशित कर सकें। इन रचनाओं में कई लेख, निबन्ध, साक्षात्कार, पुस्तक समीक्षाएँ एवं गतिविधियाँ शामिल हैं। हम उन सब अनुवादकों को भी धन्यवाद देते हैं जिन्होंने बहुत परिश्रम से इन रचनाओं का अनुवाद किया। विद्या भवन शिक्षा सन्दर्भ केन्द्र के कई सदस्यों ने इन अनुवादों को बार-बार पढ़ा है और इन्हें सुधारने में हमारी मदद की है। हम उन सबके बहुत आभारी हैं। इनमें यशोधरा कनेरिया, जया राठौड़, अंकिता ननचाहल, एल.एल. वैरागी, गोविन्द सिंह गहलोत एवं अंजना राव के नाम मुख्य हैं। कैलाश यादव ने बहुत परिश्रम से इस सारे संकलन को टाइप किया है और पेज मेकर में इसकी फॉर्मेटिंग की है। हम विशेष रूप से उनके आभारी हैं। वाणी प्रकाशन ने हर कदम पर हमारा साथ दिया है। इस तरह की सामग्री शिक्षकों एवं शिक्षक प्रशिक्षकों के बीच लाने का शायद यह पहला प्रयास है। हम इस अवसर पर वाणी प्रकाशन के प्रति भी अपना आभार व्यक्त करते हैं।

भूमिका

यह लगभग 2011-2012 की बात है कि विद्या भवन सोसायटी, उदयपुर एवं अज़ीम प्रेमजी यूनिवर्सिटी, बेंगलूरू ने मिलकर यह निर्णय लिया कि एक ऐसी पत्रिका निकालनी चाहिए जिसके माध्यम से आधुनिक शोध सरल भाषा में एक आम शिक्षक के पास पहुंच सके। इसी बातचीत के परिणामस्वरूप जनवरी, 2012 में *लेंग्वेज एंड लेंग्वेज टीचिंग* पत्रिका का पहला अंक आया और हर तरह के पाठकों, खास कर शिक्षकों द्वारा इस प्रयास का भरपूर स्वागत हुआ। *लेंग्वेज एंड लेंग्वेज टीचिंग* के चार अंक छप चुके हैं और पांचवा अंक जनवरी, 2014 में छप जाएगा। मूल रूप से यह पत्रिका अंग्रेजी में प्रकाशित हो रही है। आरंभ से ही यह अपेक्षा रही है कि ऐसी सामग्री हिन्दी में भी प्रकाशित होनी चाहिए। इसी तारतम्य में पहले तीन अंकों में प्रकाशित सामग्री से एक चयन इस संकलन में प्रस्तुत है। सामग्री का यह चुनाव इस आधार पर किया गया है कि शिक्षकों के लिए कौनसी सामग्री सबसे अधिक उपयुक्त होगी? ऐसी कौनसी सामग्री हो सकती है जिसका वे सबसे अधिक उचित उपयोग अपनी कक्षाओं में कर सकते हैं? हमारा यह प्रयास है कि हम *लेंग्वेज एंड लेंग्वेज टीचिंग* के हर 3 अंकों के बाद *भाषा एवं भाषा शिक्षण* का एक नया संकलन आपके बीच लाएँ।

अभी तक प्रकाशित *लेंग्वेज एंड लेंग्वेज टीचिंग* के हर अंक में कई तरह की सामग्री रहती है; आठ से दस तक लेख, किसी एक भाषा या शिक्षाविद् के साथ साक्षात्कार और 'मील के पत्थर' शीर्षक के अन्तर्गत एक जाने-माने भाषाविद्/शिक्षाविद् के विचारों की समीक्षा रहती है। इसके अलावा भाषा शिक्षण एवं बौद्धिक विकास के लिए कक्षा में की जाने वाली तीन-चार गतिविधियाँ, दो या तीन किताबों की समीक्षा व तीन-चार किताबों के बारे में विवरण होता है। *भाषा एवं भाषा शिक्षण* के इस *खंड-1* में कुल 13 आलेख, 3 साक्षात्कार, मील के पत्थर के अन्तर्गत चॉम्स्की, 6 पुस्तकों की समीक्षा एवं 8 गतिविधियाँ हैं।

संकलन में सम्मिलित आलेखों में कुछ आलेख पढ़ने-लिखने से सम्बन्धित हैं व कुछ आलेखों में बहुभाषिता केन्द्र में है। कुछ अन्य आलेख भाषा सीखने-सिखाने

की प्रक्रियाओं में थियेटर के उपयोग, बच्चों की संस्कृति व भाषा व अन्य विषयों के सम्बन्ध के बारे में प्रकाश डालते हैं।

अमृतावल्ली अपने लेख में यह बताती है कि पढ़ने-लिखने की योग्यता में क्या-क्या सम्मिलित है। इसके पश्चात् वे पढ़ने के विभिन्न मॉडलों, सीखने वाले की स्वतन्त्रता व सीखने वाले द्वारा चुने गये पाठों के बारे में बात करते हुये इस बात पर जोर देती हैं पाठक क्या पढ़ना चाहता है? इस सन्दर्भ में सबसे बढ़िया निर्णय सीखने वाले पाठक द्वारा ही लिया जा सकता है। वह यह सिफारिश करती हैं कि 'क्या पढ़ना है?' इसके बारे में बच्चों की मंशाएँ जानने हेतु शोध होने चाहिये ताकि एक हद तक यह सुनिश्चित किया जा सके कि विभिन्न उम्र के सक्षम पाठकों को क्या पढ़ना अच्छा लगता है?

शैफाली रे अपने लेख में यह अनुरोध करती हैं कि भाषा शिक्षकों को कक्षा में संसाधनों की कमी के चलते हतोत्साहित नहीं होना चाहिये बल्कि उन्हें अपने आस-पास के वातावरण में उपलब्ध समृद्ध संसाधनों का उपयोग अच्छे व बेहतर भाषा विकास के लिये करना चाहिये।

शोभा सिन्हा पढ़ने व पढ़कर समझने के उद्देश्य व महत्व को स्पष्ट करने के बाद कुछ अध्ययनों का उल्लेख करते हुये पढ़कर समझने के क्षेत्र में छात्रों की दयनीय हालत के बारे में चर्चा करती हैं। लेख में वे रेखांकित करती हैं कि स्कूली प्रक्रिया की शुरूआत के साथ-साथ ही पढ़ने-लिखने की योग्यता के बारे में भी ध्यान दिया जाना चाहिये व पढ़ना सिखाने की इस कक्षा में पूर्व ज्ञान को सक्रिय करने, पढ़ने की विभिन्न युक्तियों के निर्देश व प्रकरण (Theme) आधारित चर्चाएँ सम्मिलित होनी चाहिए।

गुप्ता, मथाई व कुमार के अनुसार अधिकांश छात्र लेखन को एक ऊबाऊ काम समझते हैं व उससे डरते हैं और इसी वजह से वे उससे छुटकारा पाने की कोशिश करते हैं। एक स्वयं सेवी संस्था में बच्चों के साथ कार्य करते हुये उनके लम्बे अनुभवों के आधार पर वे यह तर्क करते हैं कि लेखन से जुड़े व्यक्तियों को बच्चों के कार्य की तरफ लौटना चाहिये व हर कड़ी/घटना को एक प्रारूप की तरह देखना चाहिये जिसमें लिखित सामग्री को अन्तिम मानने से पहले कुछ लिखने, पढ़ने व फिर से लिखने की आवश्यकता होगी।

मुकुल प्रियदर्शनी का लेख संज्ञानात्मक व भाषिक रूप से चुनौतीपूर्ण गम्भीर चर्चाओं में हिन्दी के कम होते स्थान के बारे में चिन्ता जताते हुये उन कारकों को दर्शाता है जो कि इस परिवर्तन के लिये जिम्मेदार है। यह लेख इस ओर ध्यान आकृष्ट करता है कि विभिन्न चीजों के साथ-साथ, पढ़ने-पढ़ाने का उद्देश्य

की प्रक्रियाओं में थियेटर के उपयोग, बच्चों की संस्कृति व भाषा व अन्य विषयों के सम्बन्ध के बारे में प्रकाश डालते हैं।

अमृतावल्ली अपने लेख में यह बताती है कि पढ़ने-लिखने की योग्यता में क्या-क्या सम्मिलित है। इसके पश्चात् वे पढ़ने के विभिन्न मॉडलों, सीखने वाले की स्वतन्त्रता व सीखने वाले द्वारा चुने गये पाठों के बारे में बात करते हुये इस बात पर जोर देती हैं पाठक क्या पढ़ना चाहता है? इस सन्दर्भ में सबसे बढ़िया निर्णय सीखने वाले पाठक द्वारा ही लिया जा सकता है। वह यह सिफारिश करती हैं कि 'क्या पढ़ना है?' इसके बारे में बच्चों की मंशाएँ जानने हेतु शोध होने चाहिये ताकि एक हद तक यह सुनिश्चित किया जा सके कि विभिन्न उम्र के सक्षम पाठकों को क्या पढ़ना अच्छा लगता है?

शैफाली रे अपने लेख में यह अनुरोध करती हैं कि भाषा शिक्षकों को कक्षा में संसाधनों की कमी के चलते हतोत्साहित नहीं होना चाहिये बल्कि उन्हें अपने आस-पास के वातावरण में उपलब्ध समृद्ध संसाधनों का उपयोग अच्छे व बेहतर भाषा विकास के लिये करना चाहिये।

शोभा सिन्हा पढ़ने व पढ़कर समझने के उद्देश्य व महत्व को स्पष्ट करने के बाद कुछ अध्ययनों का उल्लेख करते हुये पढ़कर समझने के क्षेत्र में छात्रों की दयनीय हालत के बारे में चर्चा करती हैं। लेख में वे रेखांकित करती हैं कि स्कूली प्रक्रिया की शुरूआत के साथ-साथ ही पढ़ने-लिखने की योग्यता के बारे में भी ध्यान दिया जाना चाहिये व पढ़ना सिखाने की इस कक्षा में पूर्व ज्ञान को सक्रिय करने, पढ़ने की विभिन्न युक्तियों के निर्देश व प्रकरण (Theme) आधारित चर्चाएँ सम्मिलित होनी चाहिए।

गुप्ता, मथाई व कुमार के अनुसार अधिकांश छात्र लेखन को एक ऊबाऊ काम समझते हैं व उससे डरते हैं और इसी वजह से वे उससे छुटकारा पाने की कोशिश करते हैं। एक स्वयं सेवी संस्था में बच्चों के साथ कार्य करते हुये उनके लम्बे अनुभवों के आधार पर वे यह तर्क करते हैं कि लेखन से जुड़े व्यक्तियों को बच्चों के कार्य की तरफ लौटना चाहिये व हर कड़ी/घटना को एक प्रारूप की तरह देखना चाहिये जिसमें लिखित सामग्री को अन्तिम मानने से पहले कुछ लिखने, पढ़ने व फिर से लिखने की आवश्यकता होगी।

मुकुल प्रियदर्शनी का लेख संज्ञानात्मक व भाषिक रूप से चुनौतीपूर्ण गम्भीर चर्चाओं में हिन्दी के कम होते स्थान के बारे में चिन्ता जताते हुये उन कारकों को दर्शाता है जो कि इस परिवर्तन के लिये जिम्मेदार है। यह लेख इस ओर ध्यान आकृष्ट करता है कि विभिन्न चीजों के साथ-साथ, पढ़ने-पढ़ाने का उद्देश्य

भूमिका

यह लगभग 2011-2012 की बात है कि विद्या भवन सोसायटी, उदयपुर एवं अज़ीम प्रेमजी यूनिवर्सिटी, बेंगलूरू ने मिलकर यह निर्णय लिया कि एक ऐसी पत्रिका निकालनी चाहिए जिसके माध्यम से आधुनिक शोध सरल भाषा में एक आम शिक्षक के पास पहुंच सके। इसी बातचीत के परिणामस्वरूप जनवरी, 2012 में *लेंग्वेज एंड लेंग्वेज टीचिंग* पत्रिका का पहला अंक आया और हर तरह के पाठकों, खास कर शिक्षकों द्वारा इस प्रयास का भरपूर स्वागत हुआ। *लेंग्वेज एंड लेंग्वेज टीचिंग* के चार अंक छप चुके हैं और पांचवा अंक जनवरी, 2014 में छप जाएगा। मूल रूप से यह पत्रिका अंग्रेजी में प्रकाशित हो रही है। आरंभ से ही यह अपेक्षा रही है कि ऐसी सामग्री हिन्दी में भी प्रकाशित होनी चाहिए। इसी तारतम्य में पहले तीन अंकों में प्रकाशित सामग्री से एक चयन इस संकलन में प्रस्तुत है। सामग्री का यह चुनाव इस आधार पर किया गया है कि शिक्षकों के लिए कौनसी सामग्री सबसे अधिक उपयुक्त होगी? ऐसी कौनसी सामग्री हो सकती है जिसका वे सबसे अधिक उचित उपयोग अपनी कक्षाओं में कर सकते हैं? हमारा यह प्रयास है कि हम *लेंग्वेज एंड लेंग्वेज टीचिंग* के हर 3 अंकों के बाद *भाषा एवं भाषा शिक्षण* का एक नया संकलन आपके बीच लाएँ।

अभी तक प्रकाशित *लेंग्वेज एंड लेंग्वेज टीचिंग* के हर अंक में कई तरह की सामग्री रहती है; आठ से दस तक लेख, किसी एक भाषा या शिक्षाविद् के साथ साक्षात्कार और 'मील के पत्थर' शीर्षक के अन्तर्गत एक जाने-माने भाषाविद्/शिक्षाविद् के विचारों की समीक्षा रहती है। इसके अलावा भाषा शिक्षण एवं बौद्धिक विकास के लिए कक्षा में की जाने वाली तीन-चार गतिविधियाँ, दो या तीन किताबों की समीक्षा व तीन-चार किताबों के बारे में विवरण होता है। *भाषा एवं भाषा शिक्षण* के इस *खंड-1* में कुल 13 आलेख, 3 साक्षात्कार, मील के पत्थर के अन्तर्गत चॉम्स्की, 6 पुस्तकों की समीक्षा एवं 8 गतिविधियाँ हैं।

संकलन में सम्मिलित आलेखों में कुछ आलेख पढ़ने-लिखने से सम्बन्धित हैं व कुछ आलेखों में बहुभाषिता केन्द्र में है। कुछ अन्य आलेख भाषा सीखने-सिखाने

बच्चों को समालोचनात्मक दृष्टिकोण रखने वाला जीवन पर्यन्त पाठक बनाने का होना चाहिये। लेख यह भी रेखांकित करता है कि भाषा का समृद्ध वातावरण बच्चों की भाषा, संज्ञान व कल्पना शक्ति को भी समृद्ध करता है और इसलिये शिक्षक द्वारा बच्चों को निर्धारित पाठ्यपुस्तकों से आगे जाकर अपने पसन्द के पाठों का (Text) को पढ़ने की छूट देनी चाहिये।

आशा अय्यर का लेख भाषा शिक्षण के दौरान बच्चों की भाषाओं को एक संसाधन के रूप में उपयोग करने की आवश्यकता पर ज़ोर देने की गुज़ारिश करता है। साथ ही यह सुझाव देता है कि यह कैसे किया जाना चाहिये? लेखिका अपनी कक्षा में बच्चों की भाषाओं का उपयोग करने के अनुभवों के आधार पर कुछ चरणों की सूची उपलब्ध कराती है। ये चरण बताते हैं कि कैसे बच्चों की भाषाएँ उन्हें अन्य भाषाएँ सिखाने में मदद कर सकती हैं।

निवेदिता बेदादुर का लेख अंग्रेज़ी सिखाने की शुरूआत करने वाले बच्चों के साथ हुये अपने पहले अन्तरंग अनुभव का वर्णन करती हैं। उनका प्रश्न है कि क्या अंग्रेज़ी पढ़ाने का उद्देश्य बच्चों को वर्ण पढ़ना-लिखना सिखाना है? यह जांचते हुये वह ऐसे कार्यों/अभ्यासों के बारे में चर्चा करती है जो बच्चों की रूचि को बनाये रखें व सीखने को अर्थपूर्ण बनाने में मददगार हों।

चित्रा शेषाद्रि बच्चों को अंग्रेज़ी सीखने में थियेटर की महत्वपूर्ण भूमिका के बारे में है। यह लेख प्रायोगिक है। अनेक गतिविधियों के माध्यम से इसमें बताया गया है कि कैसे थियेटर कक्षा में बच्चों को भागीदार बनाते हुये हाशियाकरण की संभावनाओं को हटाता है तथा लोकतांत्रिकरण को संभव बनाता है। उन बच्चों के लिए जो अंग्रेजी सीखते हुए उत्पीड़न का शिकार होते हैं, यह लेख विशेषकर उपयोगी है। लेख विभिन्न गतिविधियों के उदाहरण देते हुये यह भी स्पष्ट करने का प्रयास करता है कि छात्रों की भागीदारी सुनिश्चित करने हेतु शिक्षक स्वयं गतिविधियां बना सकते हैं।

शिक्षकों व विद्यार्थियों हेतु सामग्री चयन के क्या सिद्धान्त हो सकते हैं इस बात की चर्चा नम्रता बत्रा ने की है। ग्रामीण इलाकों में स्थित वैकल्पिक विद्यालयों के शिक्षकों हेतु पाठ्यक्रम निर्माण की प्रक्रिया का विवरण देते हुये लेखिका यह बताती हैं कि सामग्री का उचित चुनाव विभिन्न क्षेत्रों यथा बाल मनोविज्ञान, शिक्षण शास्त्र व विभिन्न विषयों से संबंधित स्वयं सीखने की सामग्री को ध्यान में रखकर ही हो सकता है।

रजनी द्विवेदी बच्चों की भाषाओं का कक्षा में उपयोग के अनुभवों का उल्लेख करती है। वे यह बताती हैं कि कैसे बच्चों की भाषाओं को कक्षा में स्थान देने

पर उनकी सहभागिता बढ़ जाती है। बच्चों की भाषा का प्रभावपूर्ण उपयोग करना चुनौतिपूर्ण तो है लेकिन साथ ही सटीक व उपयुक्त भी है। यह शिक्षक से बहुत प्रयास व गहन आत्मचिंतन की मांग करता है।

महेन्द्र कुमार मिश्र अपने पर्चे में सौरा बच्चों हेतु कक्षा-1 की प्राइमर विकसित करने की प्रक्रिया पर मनन करते हैं। सामग्री (Text) को बनाने से लेकर उसके कक्षा में इस्तेमाल की पूरी प्रक्रिया का वर्णन यह सुझाता है कि बच्चों के लिये दो या अधिक भाषा सीखना संभव है और यदि उसकी अपनी भाषा भी कक्षा में सक्रिय रूप में काम में ली जाय तो यह और बेहतर ढंग से किया जा सकता है। बच्चों की भाषाएँ इस तरह से इस्तेमाल की जा सकती हैं कि उनकी विश्लेषणात्मक, संज्ञानात्मक व तार्किक क्षमताएं बढ़ें।

निशा बुटोलिया प्राथमिक स्तर पर प्रकरण आधारित भाषा शिक्षण के दृष्टिकोण की अनुशंसा करती है। वह कहती हैं कि शुरूआती कक्षाओं में एक ही थीम को लेकर अलग-अलग विषयों को पढ़ाना आसान भी होता है क्योंकि वहां एक ही शिक्षक सारी कक्षाओं को पढ़ाते हैं। शिक्षक एक-दूसरे से बातचीत करके यह तय कर सकते हैं कि क्या-क्या प्रकरण लिये जा सकते हैं? और उनको लेकर बच्चों के साथ काम करने का तौर-तरीका क्या होगा?

कैथलीन ह्यू अफ्रीका में पढ़ने-लिखने की शुरूआत व बहुभाषी शिक्षा के सन्दर्भ में हाल ही में हुये बड़े स्तर के शोधों को प्रस्तुत करती हैं। उनका मानना है कि इन शोधों के परिणाम उन देशों के लिये प्रासंगिक होंगे जहाँ बहुभाषिता एक वास्तविकता है न कि अपवाद। इथोपिया के अपने शोध के आधार पर वह यह बताती हैं कि विश्व के गरीबतम देश में भी कम खर्च में, 10 वर्ष के समय के भीतर पूरी शिक्षण व्यवस्था में भाषिक, सामाजिक समूह आधारित व धार्मिक विश्वास आधारित विविधता को समायोजित करना संभव है।

इस संकलन में इन लेखों के अलावा, तीन साक्षात्कार हैं। दो ऐसे विद्वानों के साक्षात्कार हैं जो जाने-माने भाषाविद् हैं और जिन्हें भारतीय स्कूली कक्षाओं का भी गहरा अनुभव है। एक साक्षात्कार एक स्कूल के अध्यापक का है जिसने पाठ्यचर्या, पाठ्यक्रम, पठन-सामग्री एवं कक्षा में भाषा-शिक्षण की समस्याओं को संवेदनशीलता से अनुभव किया है।

माखन लाल टिक्कू का साक्षात्कार पुष्पिन्दर स्याल ने किया है। अपनी बातचीत में एम.एल. टिक्कू ने भाषा-शिक्षण के कई महत्त्वपूर्ण पक्षों पर प्रकाश डाला है। इनमें से कुछ हैं- बच्चों के भाषागत एवं बौद्धिक विकास में बहुभाषिता का योगदान, बच्चों की भाषाओं का द्वितीय भाषा-शिक्षण में इस्तेमाल, मातृभाषा

एवं पाठ्यक्रम की अन्य भाषाओं में संबंध, किस उम्र में बच्चों को दूसरी या तीसरी भाषा सीखनी चाहिए, इस बात के क्या कारण हैं कि आज़ादी के बाद मातृभाषा की शिक्षा पर जोर नहीं दिया गया, व्याकरण एवं अनुवाद आधारित भाषा-शिक्षण प्रणाली किस प्रकार उन आधुनिक प्रणालियों से अलग है जो बच्चों की भाषाओं को एक संसाधन मानती है इत्यादि।

पी.के. जयराज ने के.एन. आनन्दन से बातचीत की है। आनन्दन भाषा के सैद्धान्तिक पक्षों में ही माहिर नहीं अपितु उन्होंने केरल में कई स्कूलों में भाषा-शिक्षण के आधुनिक प्रयोग किये हैं। अपनी बातचीत में वे बताते हैं कि किस प्रकार उन्हें भाषा-शिक्षण एवं अंग्रेज़ी भाषा शिक्षण में रूचि हुई और उन्होंने क्यों ये निश्चित किया कि भाषा-शिक्षण का आधार संवाद होना चाहिये ना कि ध्वनि, शब्द या वाक्य। वे उन चुनौतियों का भी ज़िक्र करते हैं जो उन्हें भाषा को इस तरह पढ़ने-पढ़ाने की प्रक्रिया के दौरान आयीं। केरल राज्य में कई तरह के अवरोधों के चलते भी वे संवाद आधारित भाषा-शिक्षण की प्रक्रिया को सफलता पूर्व लागू कर पाये। उनके इस प्रयास का असर देश भर में देखने को मिलता है।

विजय कुमार ने नवनीत कुमार का साक्षात्कार किया है और पाठ्यचर्या बच्चों की सामाजिक-आर्थिक एवं भाषागत पृष्ठभूमि, शिक्षा का माध्यम, आधुनिक भाषा-शिक्षण की कक्षाओं में आये परिवर्तन, कक्षा में पायी जाने वाली बहुभाषिता के उपयोग, व्याकरण को अधिक रूचिकर ढंग से पढ़ाने के तरीके इत्यादि विषयों पर चर्चा की है।

आधुनिक भाषा-विज्ञान में चॉम्स्की सचमुच एक मील का पत्थर रहे हैं। वास्तव में यह कहने में कोई अतिशयोक्ति नहीं होगी कि उन्होंने भाषा वैज्ञानिकों से लेकर आम पढ़ने-लिखने वाले व्यक्ति तक का भाषा को देखने का नज़रिया ही बदल दिया। आयशा किदवई के लेख में यह बात बखूबी उभरकर आती है। चॉम्स्की ने स्किनर की पुस्तक 'वर्बल बिहेवियर' की समीक्षा में यह सिद्ध कर दिया कि बच्चा भाषा की जन्मजात क्षमता लेकर पैदा होता है और उसके भाषा सीखने की प्रक्रिया को केवल उसके पर्यावरण से नहीं समझा जा सकता। वास्तव में किसी भी चार साल के बच्चे का 'आउटपुट' उसे जो 'इनपुट' मिलता है उससे कहीं अधिक विशाल एवं विषम होता है। यह समझना सचमुच आसान नहीं कि बच्चा कैसे एक सीमित सामग्री के आधार पर एक सुव्यवस्थित एवं जटिल व्याकरण की इतने कम समय में संरचना कर लेता है। कक्षाओं में भाषा-शिक्षण की बात करते समय हमें यह नहीं भूलना

चाहिए कि बच्चे एक अपार भाषागत क्षमता लेकर स्कूल आते हैं। परोक्ष रूप से ही सही लेकिन चॉम्स्की के विचारों का आधुनिक भाषा-शिक्षण प्रणालियों पर गहरा असर हुआ है। चाहे वह बहुभाषिता आधारित मातृ-भाषा शिक्षण हो, चाहे विषय-वस्तु आधारित संप्रेषणात्मक भाषा-शिक्षण हो, या फिर बाल-केन्द्रित गतिविधियां, सभी में चॉम्स्की के विचारों की झलक नज़र आती है।

साक्षात्कार के बाद का भाग 'पुस्तक समीक्षा' का है। कुल छः पुस्तकों की समीक्षा इस संकलन में प्रस्तुत है। इस आशा के साथ कि इससे आपको भाषा के क्षेत्र में आ रही विभिन्न पुस्तकों से परिचय होगा व साथ ही यह इच्छा भी जागृत हो पायेगी कि आप पुस्तक को और अधिक जानने के प्रयास में पुस्तक को पढ़ें।

अगले भाग में रजनी द्विवेदी, भावना टंडन, मनु गुलाटी, देवकी लक्ष्मीनारायण एवं फाल्गुनी चक्रवर्ती की गतिविधियां हैं। ज्यादातर गतिविधियां प्राथमिक कक्षाओं के लिये हैं लेकिन कुछ गतिविधियां माध्यमिक स्तर की भी हैं। लेकिन दोनों ही प्रकार की गतिविधियों में कक्षा के स्तर की आवश्यकतानुसार संशोधन करके भी काम लिया जा सकता है। कुछ गतिविधियाँ पढ़ने-लिखने की शुरूआत के सन्दर्भ में हैं तो कुछ शब्द भंडार के समृद्ध करने हेतु और कुछ गतिविधियां पढ़ने-लिखने की क्षमताओं के विस्तार के सन्दर्भ में हैं। अपेक्षा यह है कि इन गतिविधियों के माध्यम से शिक्षक कक्षा को रूचिपूर्ण व अर्थपूर्ण बनाने के साथ-साथ बच्चों की विभिन्न भाषायी योग्यताओं के विस्तार में मदद कर पायेंगे। हम उम्मीद करते हैं कि इन गतिविधियों को करते हुये आप भी नई गतिविधियां बनायेंगे।

संकलन की कुछ खास बातें...

भाषा एवं भाषा शिक्षण खण्ड 1 कई मायनों में भाषा पर उपलब्ध अन्य सामग्री से अलग है।

- भाषा को लेकर शिक्षक प्रशिक्षण में हिन्दी में लिखी गई सामग्री की विशेष कमी है। यह संकलन उस कमी को पूरा करता है।

- इस संकलन में उपलब्ध सामग्री एक तरफ आधुनिक शोध से जुड़ी है और दूसरी तरफ शिक्षकों के कक्षा में अनुभवों के साथ।

- यह संकलन किसी भाषा विशेष पर केंद्रित नहीं है। इसके केन्द्र में अंग्रेज़ी या हिन्दी भाषा शिक्षण नहीं है। इसके केन्द्र में भाषा है।

  भाषा एवं भाषा शिक्षण।

- इस संकलन में आपको कई लेख मिलेंगे जो भाषा के सैद्धान्तिक पक्षों से जुड़े हैं, कुछ भाषा और संस्कृति से, कुछ भाषा एवं साक्षरता से एवं कुछ भाषा एवं बहु-भापिता से।

- इस संकलन में केवल आलेख ही नहीं हैं। कुछ महत्वपूर्ण साक्षात्कार, कुछ मील के पत्थर, पुस्तक समीक्षाएं एवं कक्षा में नित-प्रतिदिन की जाने वाली गतिविधियाँ भी हैं।

- यह प्रयास किया गया है कि इस संकलन में सारी सामग्री ऐसी हो जो हिन्दी पढ़ने वाला आम अध्यापक आसानी से समझ सके।

अनुक्रम

आलेख

आलेख

क्या हिन्दी एक गम्भीर संवाद की भाषा है?

मुकुल प्रियदर्शिनी

पिछले दो दशकों से, जबसे उपग्रह टी.वी. एवं भूमण्डलीकरण और उदारीकरण के युग का आरम्भ हुआ है तब से हिन्दी का एक गम्भीर संवाद की भाषा के रूप में, प्रयोग कम होता जा रहा है। दिल्ली जैसे महानगरों में यह बात स्पष्ट रूप से दिखती है। जो व्यक्ति लगभग पिछले दो दशकों से इस शहर में रह रहा है और एक भाषा वैज्ञानिक दृष्टि से इसको देख रहा है, वह इस बात की पुष्टि करेगा।

आइए, सबसे पहले यह देखें कि दिल्ली के किशोर-किशोरियाँ अनौपचारिक उद्देश्यों (अपने मित्रों और परिवार के साथ बातचीत, जीवन की रोज़मर्रा की ज़रूरतों एवं बाज़ार, बसों, बैंक, कार्यालयों आदि में लेन-देन के लिए) से हटकर किन सन्दर्भों में दैनिक व्यवहार में भाषा का प्रयोग करते हैं। वे कितनी नियमितता से अख़बार, पत्रिकाएँ एवं किताबें पढ़ते हैं? वे अख़बारों और पत्रिकाओं में क्या पढ़ते हैं? वे कितनी नियमितता से अपने महाविद्यालय के पुस्तकालय का प्रयोग करते हैं। अगर वे अपने पाठ्यक्रम की आवश्यकताओं से अलग, कुछ पढ़ते हैं तो किस प्रकार की पुस्तकें पढ़ते हैं? विद्यार्थी किस तरह की इंटरनेट साइट पर जाते हैं? वे इंटरनेट का किस तरह उपयोग कर रहे हैं? वे टेलीविज़न के चैनल्स, रेडियो, महाविद्यालय और दूसरे मंचों पर क्या सुनते हैं और क्या सुनना पसन्द करते हैं? हम दिल्ली विश्वविद्यालय परिसर के महाविद्यालयों के स्नातक विद्यार्थियों के बीच हुए एक लघु अध्ययन का परिणाम देखें तो पाते हैं कि उनमें से अधिकांश अपने दैनिक जीवन के क्रियाकलापों में हिन्दी की एक अनौपचारिक शैली का प्रयोग करते हैं। यह कई बार पसन्द के कारण होता है और कई बार इसलिए भी कि दिल्ली की सार्वजनिक जगहों में ज़्यादातर इसी शैली का इस्तेमाल किया जाता है। तो क्या पिछले कुछ समय में हिन्दी को, गम्भीर संवाद की भाषा के रूप में, इस्तेमाल करने में कमी आयी है? अगर यह स्थिति है तो क्या कोई दूसरी भाषा हिन्दी की जगह ले रही है और हिन्दी से अधिक सुनी, बोली, पढ़ी या लिखी जा रही है? पिछले कुछ वर्षों से क्या सामान्यतः इस बात की ओर झुकाव है कि भाषा का उपयोग व्यावहारिकता

(दैनिक जीवन के कार्यों के लिए) के लिए किया जाना चाहिए न कि संज्ञानात्मक और भाषा वैज्ञानिक रूप से चुनौतीपूर्ण और समृद्ध सन्दर्भों में।

इस प्रकार की स्थिति के पीछे क्या कारक हैं? क्या शिक्षा इस सन्दर्भ में कोई भूमिका निभा सकती है? आइए! इस स्थिति का निरीक्षण शिक्षा के लेंस से करें।

शिक्षा में भाषा का स्थान

यह एक पूरी तरह से स्थापित तथ्य है कि समग्र शैक्षिक उद्यम में, भाषा की भूमिका केन्द्रीय है। परन्तु इस विडम्बना से भी इंकार नहीं किया जा सकता कि सम्पूर्ण शिक्षा प्रणाली इस बात को सतही स्तर पर ही समझती है। शिक्षा में भाषा एक विषय ही नहीं बल्कि एक माध्यम या टूल है जो अन्य विषयों की विभिन्न अवधारणाओं को समझने में मदद करता है। परिणामतः भाषा मात्र भाषा की कक्षा तक ही सीमित नहीं है बल्कि विज्ञान, सामाजिक विज्ञान एवं गणित की कक्षाएँ भी भाषा की कक्षाएँ हैं। अकादमिक ज्ञान प्राप्त करने की प्रक्रिया में विद्यार्थी इन विषयों के रजिस्टर और उसमें निहित तकनीकी शब्दावली, वाक्यांशों आदि को समझते हैं। विद्यार्थी इन विषयों की विशिष्ट भाषा का कक्षा की चर्चाओं और लेखन कार्यों में निरंतर प्रयोग कर रहे होते हैं। यह कार्य विद्यार्थी की विषय विशेष की भाषा शब्दावली को समृद्ध ही नहीं करता बल्कि उसके भाषा वैज्ञानिक ज्ञान को भी बढ़ाता है।

पर यह दुर्भाग्यपूर्ण है कि हम पाठ्यक्रम में भाषा की इस अत्यन्त महत्वपूर्ण भूमिका की उपेक्षा कर रहे हैं और उसे विज्ञान, गणित आदि दूसरे विषयों की तुलना में, निम्न दर्ज़ा दे रहे हैं। परिणामस्वरूप, शिक्षा में भागीदार चाहे वह माता-पिता हो अथवा शिक्षा प्रणाली आदि, अनजाने में हिन्दी और दूसरी भारतीय भाषाओं की उपेक्षा कर रहे हैं। पर इस सन्दर्भ में अंग्रेज़ी का स्थान अनूठा है क्योंकि वह शक्ति, प्रतिष्ठा और उत्तरोत्तर आर्थिक विकास (upword mobility) की प्रतीक है। वह रोज़गार के बाज़ार में विद्यार्थियों की योग्यता को मजबूत करती है।

जब तक पूरी पाठ्यचर्या में भाषा की महत्ता को पहचाना नहीं जाएगा, तब तक इसमें भाषा पर जोर नहीं दिया जाएगा। विद्यालयी शिक्षण-प्रक्रिया में अलग-अलग भाषाई रजिस्टरों को पाने का कोई संगठित प्रयास नहीं किया जा सकेगा।

शिक्षा का माध्यम

शिक्षा के माध्यम का मुद्दा पाठ्यक्रम में भाषा के मुद्दे से जुड़ा हुआ है। ऐसे बहुत से अध्ययन व अनुसन्धान हैं जो इस बात के महत्त्व को रेखांकित करते हैं कि कम से कम आरम्भिक स्तर पर शिक्षा का माध्यम मातृभाषा हो। शिक्षण, राजनीति और

हमारी पहचान से सम्बन्धित कई प्रभावी तर्क भी इस बात का समर्थन करते हैं, पर भारत में शिक्षण-माध्यम का मुद्दा आर्थिक वर्ग के मुद्दे से जुड़ा है। आमतौर पर जो विद्यार्थी प्रायः सामाजिक और आर्थिक रूप से शोषित पृष्ठभूमि से आते हैं, वे ही हिन्दी को शिक्षण का माध्यम चुनते हैं। उच्च वर्गीय निजी विद्यालय विद्यालयी शिक्षा के सम्पूर्ण वर्षों में निरपवाद रूप से अंग्रेज़ी को शिक्षा का माध्यम रखते हैं जबकि सरकारी विद्यालयों में शिक्षा का माध्यम हिन्दी होता है। ऐसे विद्यालय, जो आर्थिक रूप से कमज़ोर वर्गों के लिए होते हैं और कम शुल्क लेते हैं केवल नाम के लिए ही अंग्रेज़ी को अपने यहाँ शिक्षा का माध्यम बनाते हैं। ऐसी स्थिति में विद्यार्थियों को विभिन्न विषयों से सम्बन्धित हिन्दी-संवादों से अपने को जोड़ने का अवसर नहीं मिल पाता और परिणामतः वे अपनी संवादात्मक योग्यता को विकसित नहीं कर पाते। परन्तु भाषा सीखने की एक सबसे आधारभूत शर्त सीखने वाले को एक भाषा-समृद्ध वातावरण देना है। इस स्थिति में सरकारी स्कूलों में पढ़ने वाले विद्यार्थियों के बारे में क्या कहा जा सकता है जो हिन्दी माध्यम से ही सभी विषयों की अवधारणाओं को समझते हैं। जहाँ तक गम्भीर संवाद का प्रश्न है, ऐसे विद्यार्थियों का तुलनात्मक रूप से हिन्दी पर कुछ बेहतर अधिकार होता है। अगर हम अध्ययन करें तो पाएंगे कि एक तीसरा कारण भी है जो विद्यार्थियों की उच्च स्तरीय भाषायी क्षमताओं को प्रभावित करता है।

भाषा-शिक्षण : पद्धति और दृष्टिकोण

स्कूलों में विभिन्न विषयों को पढ़ाने हेतु काम में ली जाने वाली शिक्षण विधियों की प्रकृति और गुणवत्ता भी एक प्रमुख कारक है जो बच्चों द्वारा हिन्दी को गम्भीर संवाद की भाषा रूप में इस्तेमाल करने की क्षमता को प्रभावित करता है। पिछले कुछ दशकों में, ज्ञान की अवधारणा, सीखने की प्रक्रिया, भाषा की प्रकृति तथा बच्चों की योग्यताओं एवं भाषा-शिक्षण पर बहुत वाद-विवाद हुआ है। फिर भी शैक्षिक संवाद तथा ज़मीनी स्तर पर भाषा-शिक्षण में एक बहुत बड़ी खाई है। आज भी भाषा-शिक्षण ऐसे पुराने सिद्धान्तों को प्रतिबिम्बित करता है जहाँ बच्चों को एक खाली घड़ा माना जाता है, जिसे ज्ञान से भरना है। जब एक बच्चा स्कूल में प्रवेश लेता है तो ज्ञान एवं भाषायी क्षमताओं के स्तर पर उसे एक कोरी स्लेट माना जाता है। बच्चा जो भाषा बोलता है वह प्रायः मानक भाषा नहीं होती और जो ज्ञान उसने अपने अनुभवों एवं आसपास के वातावरण से प्राप्त किया है, उसे मान्यता नहीं दी जाती। बच्चे से अपेक्षा की जाती है कि वह अध्यापक द्वारा कक्षा में पढ़ाए गए पाठ को अनुकरण कर, कण्ठस्थ कर और

अभ्यास कर सीखे। इस प्रकार सीखने की प्रक्रिया में बच्चे की खुद की भूमिका बहुत कम होती है। अतः सीखने के लिए एक बच्चे को एक निष्क्रिय 'श्रोता' की भूमिका निभानी होती है और वक्ता की भूमिका एक अध्यापक की ही होती है। सरकारी एवं निजी दोनों स्कूलों का अधिकांशतः सत्य यही है।

हमारी कक्षाओं में शिक्षा के नये एवं प्रगतिशील दृष्टिकोण दिखते नहीं हैं क्योंकि बी.एड., ई.टी.ई., एम.ए. (शिक्षा) जैसे अधिकांश सेवापूर्व शिक्षण कार्यक्रमों की पाठ्यचर्या एवं पाठ्यक्रम आधी शताब्दी पुराने सिद्धान्तों पर आधारित हैं, जिनका ज़िक्र हमने ऊपर किया है। सारांशतः यह दृष्टिकोण शिक्षा के साझेदारों के अवचेतन-मस्तिष्क में इतना घुटा हुआ है कि बच्चों की रचनात्मकता, व्यक्तित्व एवं सीखने की प्रक्रिया में सक्रिय भूमिका, शिक्षा व्यवस्था के लिए बहुत कम महत्त्व रखती है।

पढ़ने की संस्कृति

पढ़ना हमें सामर्थ्य देता है। यह हमें संसार को समझने का एक दृष्टिकोण देता है और साथ ही यह आत्मविश्वास भी कि हम इसे अपनी तरह से समझ सकें। लेकिन स्कूलों में केवल पाठ्यपुस्तक से पढ़ाने की पद्धति विद्यार्थियों की सृजनात्मकता पर प्रतिबंध लगाती है, उन्हें स्वतंत्र रूप से सोचने और सीखने से रोकती है। पाठ्यपुस्तक पढ़ाने के कई संसाधनों में से एक संसाधन है पर कक्षाओं में केवल इसी को इस्तेमाल किया जाता है। दरअसल भारत में पाठ्यपुस्तकों को पाठ्यक्रम एवं पाठ्यचर्या के पर्याय के रूप में माना जाता है। फलस्वरूप विद्यार्थियों एवं अध्यापकों की इन पर निर्भरता इतनी है कि पाठ्यपुस्तकों को ऐसा पवित्र ज्ञान माना जाता है जिस पर कोई प्रश्न नहीं कर सकता। ऐसी स्थिति में विविध दृष्टिकोणों के लिए कोई जगह नहीं होती और विद्यार्थियों को स्वतंत्र और आलोचनात्मक रूप से सोचने का मौका नहीं मिलता। यह बात केवल भाषायी विषयों के लिए ही नहीं बल्कि अन्य विषयों के लिए भी सत्य है। यह समस्या एक ओर भाषा-शिक्षण से जुड़ी है तो दूसरी ओर यह एक अन्य कारक से जुड़ी है, जिसका नाम है- पढ़ने की आदत या संस्कृति। हमारे समाज में प्रायः पढ़ने की संस्कृति या आदत की कमी है। इस दयनीय स्थिति का प्रमाण इस बात से भी मिलता है कि हमारे शहरों में सार्वजनिक पुस्तकालयों की संख्या नगण्य है और जो हैं उनकी आधारभूत सुविधाएँ बहुत बुरी स्थिति में हैं। पिछले कुछ दशकों में दिल्ली शहर, भौगोलिक रूप में बहुत फैला है परन्तु नई आवासीय कॉलोनियों के नियोजन में सार्वजनिक पुस्तकालयों की कोई योजना नहीं बनाई गई है। विद्यार्थियों में पढ़ने के प्रति लगाव जाग्रत हो, इसके लिए यह

महत्त्वपूर्ण है कि अध्यापक भी पढ़ने में रुचि रखें। पर वर्तमान परिस्थिति में हम शिक्षक से यह अपेक्षा नहीं रख सकते कि वह उन मर्जों से मुक्त होगा जो हमारे पूरे समाज को पीड़ा देते हैं।

निष्कर्ष

क्योंकि भाषा सम्प्रेषण के माध्यम के अलावा, ज्ञान को अर्जित करने का एक माध्यम भी है। इसलिए भाषा-शिक्षण क़ा एक उद्देश्य यह भी है कि विद्यालयी जीवन के अंत तक विद्यार्थी भाषा को समझने और उसे औपचारिक संवादों में प्रयोग करने की क्षमता हासिल कर सकें। यह तभी संभव है जब कक्षा की प्रक्रियाएँ उचित दृष्टिकोणों और योजनाबद्ध नीतियों पर आधारित हों। शुरुआत यहाँ से करनी होगी कि शिक्षक, विद्यार्थियों के घर से मिले ज्ञान और भाषा का आदर करें, क्योंकि बोलियों सहित, सभी भाषाएँ समान रूप से वैज्ञानिक तथा नियमबद्ध होती हैं। वस्तुतः कक्षा का समृद्ध बहुभाषीय एवं बहुसंस्कृतीय परिदृश्य, व्याकरण को पढ़ाने में एक संसाधन बन सकता है और स्कूली ज्ञान को बच्चों के सामाजिक परिवेशों से जोड़ने में मदद कर सकता है। दूसरा, हमें विद्यार्थियों को स्वतंत्र रूप से सोचने के लिए प्रोत्साहित करना चाहिए। यह तभी संभव है, जब उनको लगे कि उनके विचारों को जगह दी जा रही है और उनकी बातों को सुना जा रहा है। उदाहरण के लिए, कविता का अर्थ बताने की बजाए विद्यार्थियों को इसके लिए प्रोत्साहित किया जाना चाहिए कि वे अपनी तरह से उसके अर्थ को विश्लेषित करें। एक पाठ की उतनी व्याख्याएँ हो सकती हैं जितने उसके पाठक। इसके साथ-साथ बच्चों को भाषा के मानक रूपों को प्रयोग करने की अपेक्षा उन्हें भाषा को अपने तरीकों से प्रयोग करने के लिए प्रोत्साहित करना चाहिए- जो वे सोचते हैं, जो वे महसूस करते हैं। उनकी व्याकरणिक अशुद्धियाँ महत्त्वपूर्ण नहीं हैं बल्कि महत्त्वपूर्ण यह है कि वे क्या कह रहे हैं और उसमें मौलिकता और रचनात्मकता कितनी है। अतः मूल्यांकन के नए पैमाने विकसित करने की आवश्यकता है। तीसरा, अध्यापकों को उनको सब कुछ बताना ज़रूरी नहीं; अध्यापकों की भूमिका यह होनी चाहिए कि वे विद्यार्थियों को वह समझने में मदद करें जो विद्यार्थी स्वयं जानना चाहते हैं। उदाहरण के लिए बच्चों को बहुवचन बनाने के नियमों को बताने की अपेक्षा, हम विद्यार्थियों को उससे सम्बन्धित डाटा उपलब्ध करवाएँ या उसे ब्लैक बोर्ड पर लिख दें; विद्यार्थियों में इतनी योग्यता है कि वे उस डाटा का अवलोकन एवं विश्लेषण कर स्वयं उनके नियमों तक पहुँच सकें। अंततः प्रस्तावित पाठ्यपुस्तक के अलावा हमें कक्षा में काफी अधिक मात्रा में दूसरी सामग्री एवं बच्चों के साहित्य का उपयोग

करना चाहिए; एक भाषासमृद्ध वातावरण बच्चों की भाषा, संज्ञानात्मक क्षमता और कल्पनाशीलता को बढ़ाता है। पर कक्षा में हर वो चीज़ जो इसके लिए पढ़ी जाती है, मूल्यांकन से नहीं जोड़ी जानी चाहिए। कभी-कभी एक ऐसा कालांश भी होना चाहिए जब अध्यापक सहित पूरी कक्षा अपनी रुचि का पाठ पढ़ रही हो।

हमारा उद्देश्य यह होना चाहिए कि बच्चे आजीवन पाठक बनें और उनका दृष्टिकोण आलोचनात्मक हो। और तब सब कुछ ठीक ही होगा।

सन्दर्भ :

कमिंस, जिम. (2001). बाइलिंगुअल चिल्ड्रन्ज़ मदर टंग : वाइ इज़ इट इम्पोर्टेन्ट फॉर एजुकेशन? स्प्रोगफोरम, 19, 15-20

झिंगरन, धीर. (2008). हंडरेड्स ऑफ होम लैंग्वेजेज... कॉपिंग विद डायवरसिटी इन प्राइमरी एजुकेशन इन इंडिया. इन अजीत मोहन्ती एट ऑल (इड्स), 2009. मल्टीलिंग्वलिज़्म फार सोशल जस्टिस : ग्लोबलाइजिंग दि लोकल (पीपी 250-267). न्यू देहली; ओरियन्ट ब्लैकस्वान.

एन.सी.ई.आर.टी. (2005). नेशनल करिकुलम फ्रेम वर्क. न्यू दिल्ली, इण्डियाः एन.सी.ई.आर.टी.

एन.सी.ई.आर.टी. (2005). पोजीशन पेपर ऑफ नेशनल फोकस ग्रुप ऑन इण्डियन लैंगवेजेज़. न्यू देहली, इंडियाः एन.सी.ई.आर.टी.

एन.सी.ई.आर.टी. (2006). सिलेबस फॉर क्लासेस एट दि एलीमेन्ट्री लेवल (पीपी 5-7, 9-23, 58-61). न्यू देहली, इंडिया : एन.सी.ई.आर.टी.

पार्कर, रॉबर्ट. (1985). दि ''लैंग्वेज एक्रोस दि करीकुलम'' मूवमेन्ट : ए ब्रीफ ओवरव्यू एण्ड बिबलियोग्राफी. कॉलेज कॉम्पोजिशन एंड कम्यूनिकेशन 36 (2), 173-177.

वेल्स, गोर्डन. (1986). डिफरेन्सेस बिटवीन चिल्ड्रन इन लैंग्वेज एण्ड लर्निंग. इन मीनिंग मेकर्ज़ (पीपी. 125-134). न्यू हेम्पशायर : हेनेमेन एजुकेशनल बुक्स इंक.

*गम्भीर संवाद के अर्थ में अनौपचारिक एवं दैनिक जीवन के कार्यों के लिए भाषा का प्रयोग शामिल नहीं है।

लेखिका के बारे मेंः मुकुल प्रियदर्शिनी दिल्ली विश्वविद्यालय के मिरांडा हाऊस में बी.एल.एड. कार्यक्रम में पढ़ाती हैं। वे नेशनल करिकुलम फ्रेमवर्क, एन.सी.ई.आर.टी. और एस.सी.ई.आर.टी., दिल्ली में प्रारंभिक कक्षाओं के लिए भाषा पाठ्यक्रम एवं हिन्दी की पाठ्यपुस्तकों के लेखन से सम्बद्ध रही हैं। भाषा शिक्षा, बच्चों के लिए लेखन एवं भाषा की राजनीति उनकी रुचि के क्षेत्र हैं। आजकल वे आइ.सी.एस.एस.आर. के फैलो के रूप में अनुसंधान कर रही हैं।

mukulpriya@yahoo.co.in

अनुवादक : डॉ. के. एल. ढींगरा, दिल्ली विश्वविद्यालय।

स्रोत : लेंग्वेज एंड लेंग्वेज टीचिंग 1.1.1: 18-21, जनवरी, 2012.

पाठ्यचर्या में भाषा : सिद्धांतों से वास्तविकता तक

निशा बुटोलिया

''भाषा अर्जन का सर्वश्रेष्ठ माध्यम अलग-अलग सन्दर्भों से अर्थ निर्माण करना है। इसलिए एक तरह से सभी तरह का शिक्षण भाषा शिक्षण ही है'' (एन.सी.एफ. 2005, पृ.39)

प्राथमिक स्तर पर शिक्षण के प्रति हमारी क्या समझ है?

बच्चों के साथ जीवंत संवाद, अवलोकन और सरल प्रयोगों को करते हुए हमने जो समझ बनायी उसी से ही शिक्षण की सभी पद्धतियों की रचना हुई है। इस बात से हम सब सहमत होंगे कि बच्चे चीजों को महसूस करने से, उन्हें फेंकने तोड़ने, अवलोकन करने व उनके बारे में सवाल करने से सीखते हैं। वे दूसरों को सुनने से, प्रयोग करते रहने से और व्याख्यान (वर्णन) से भी सीखते हैं। इस पूरी प्रक्रिया के दौरान वे अपने पूर्व अनुभवों से लगातार संपर्क में रहते हैं, उनके आधार पर नई समझ का निर्माण करते रहते हैं। इसलिए हमारे स्कूलों में शिक्षा प्रक्रियाओं का उद्देश्य है बच्चों को ऐसे अवसर उपलब्ध कराना जहाँ वे अपने मौजूदा ज्ञान के आधार पर वांछित क्षेत्र में समझ का निर्माण कर सकें। (कम से कम हमारे पाठ्यक्रम के दस्तावेज तो इसी की वकालत करते हैं।)

भाषा क्या है?

हैलिडे (1993) के अनुसार, ''भाषा अर्थ निर्माण करने का मूलभूत संसाधन, आदर्श माध्यम है'' (पृ.1)। एक बच्चा भाषा के जरिए ही अपने आस-पास के संसार की समझ बनाता/बनाती है। किन्हीं भी अवधारणाओं को विस्तृत करने के लिए और उन पर गहरी समझ बनाने के लिए आवश्यक है कि भाषा पर उसकी बेहतर पकड़ हो। कृष्ण कुमार (1986) के अनुसार ''भाषा बच्चों के व्यक्तित्व को आकार देती हैं, जिसमें धारणाएँ, कौशल, रूचियाँ, आचरण और नैतिकता शामिल है'' (पृ.9)। इसलिए यह कहना उचित होगा कि हर नई बात सीखने के केन्द्र में भाषा है।

प्राथमिक स्तर पर भाषा शिक्षण को हमें कैसे समझना चाहिए?

बच्चों को मातृभाषा सीखते हुए देखना हमें इस बात की समझ बनाने की दृष्टि देता है कि स्कूलों में भाषा शिक्षण की क्या पद्धतियाँ हो सकती है। उदाहरण के लिए चार साल की उम्र में बच्चे जब किसी चीज को 'बैग' (बस्ता या थैला) कहते हैं, तब वे दरअसल किसी विशेष बैग की बात नहीं कर रहे होते हैं, बल्कि मूलतः बैग की पहचान कर रहे होते हैं, फिर चाहे वह बैग प्लास्टिक का हो या जूट का या कपड़े का। वे निश्चित तौर पर यह नहीं बता पाएंगे कि बैग वस्तुतः किस चीज से बना है, पर वे बैग की पहचान (अन्य वस्तुओं में से) जरूर कर लेंगे। यदि इस उदाहरण पर गौर करें तो हम पाएंगे कि बैग की पहचान करने के लिए यह जानना जरूरी है कि उसका हैण्डल होता हैं और उसमें सामान डालने के लिए जगह होती है। हैण्डल कई तरह के हो सकते हैं, फिर भी बच्चे उनकी पहचान कर लेते हैं। वे यह पहचान जाते हैं कि सभी हैण्डलों में कुछ समानताएँ जैसे- अधिकतर हैण्डल अंग्रेज़ी के अक्षर U आकार के होते हैं। कभी वे स्टील के ऐसे बर्तन जिसका हैण्डल हो उसको भी 'बैग' कह सकते हैं परन्तु ध्यान देने की बात है कि बच्चे नए शब्दों और सिद्धांतों और अवधारणाओं को ऐसे ही सीखते हैं। परिवर्तनों को समायोजित करते हुये। इसी तरह धीरे-धीरे वे अपनी समझ का विस्तार करते हैं कि हर वह वस्तु जिसमें कुछ डालने के लिए जगह हो और पकड़ने के लिए हैण्डल हो वह 'बैग' हो जरूरी नहीं है- मेरे अनुसार यह जीवन पर्यन्त चलने वाली प्रक्रिया है।

इसलिए, जब बच्चे वस्तुओं की पहचान बनाते हैं, वे अपनी समझ और अनुभव के अनुसार उन वस्तुओं के आयामों से अच्छे से वाकिफ होते हैं। अगर हम चार साल के बच्चे से कुछ चीजों को श्रेणीबद्ध करने को कहें, तो वह उन वस्तुओं की सैद्धान्तिक सूझ-बूझ का प्रदर्शन अवश्य करेगा/करेगी, फिर चाहे उसके तर्क पर वयस्कों की सहमति ना बन पाए। इसके अलावा, मुमकिन है कि वह श्रेणी निर्धारित करने के पीछे की मंशा भी ना बता पाए (डर, झिझक और अन्य कारणों से) पर उनके इस्तेमाल, स्वरूप, माप, स्त्रोत, आदि की समझ उसे जरूर होगी। मेरे हिसाब से यह समग्र समझ है और अभी तक विषयों की सीमाओं में इसका विभाजन नहीं हुआ है। अगर मुझे वस्तु के आकार का ज्ञान है, तो मुझे गणित आती है, अगर मुझे उसकी उपयोगिता का बोध है तो मुझे पर्यावरण-विज्ञान आती है, अगर मुझे पता है कि किसे क्या कहते हैं तो मुझे भाषा का ज्ञान है। जब बच्चा/बच्ची बैग की सूक्ष्मताओं की व्याख्या कर रहे होते हैं- उसका माप, स्वरूप, बनावट (कढ़ाई, चित्रकारी) वह किस चीज से बना है, उसकी कितनी

जेबों में जिप है और कितनी में बटन आदि। इस दौरान दो समकालीन प्रक्रियाएं होती हैं, एक तरफ तो वे बस्ते की व्याख्या करने के लिए भाषा का इस्तेमाल करते हैं, दूसरी तरफ भाषा के इस्तेमाल द्वारा बैग की सूक्ष्मता की व्याख्या से वे बैग की बेहतर समझ बना पाते हैं। हमारे आस-पास ऐसे कई व्यापक उदाहरण हैं। ऐसा कहा जा सकता है कि सामान्यतः बच्चे जब सिद्धांतों का निर्माण कर रहे होते हैं या अपने परिवेश की संज्ञानात्मक समझ बना रहे होते हैं, उसी दौरान और उसी के साथ-साथ वे भाषा भी सीखते हैं।

दूसरा, भाषा के विभिन्न तत्वों के (शब्द, अभिव्यक्ति, दबाव, भाव आदि) इस्तेमाल से व्यक्ति की भाषीय योग्यताओं के अलावा भी बहुत कुछ पता लगता है। कौन से शब्द किन शब्दों के साथ प्रयोग में लाए जाते हैं? जोर किस पर दिया जाए? आपका तात्पर्य क्या है? उत्तर कैसे दिया जाए? वाद-प्रतिवाद बेमेल क्यों हैं? बात का सार क्या है? इन सबका विश्लेषण करने के लिए सारांश समझना, सवाल करना, प्रतिक्रिया देना आदि कौशल के अलावा विषय-वस्तु की गहराई से समझ होना भी बहुत जरूरी है। हालांकि इन संज्ञानात्मक और शैक्षणिक योग्यताओं का स्थानान्तरण होता रह सकता है, लेकिन विषय वस्तु के ज्ञान के लिए उस विषय से होकर अथवा उस विषय के माध्यम से जुड़ना होगा। इसलिए, एक तरफ सैद्धांतिक समझ बनाने के लिए हमें भाषा की जरूरत है, वहीं दूसरी तरफ भाषा समझने के लिए हमें सैद्धांतिक समझ की जरूरत है। हम दोनों को विभाजित नहीं कर सकते।

आज की परिस्थिति

स्कूलों में हम गणित, दो/तीन भाषाएं, पर्यावरण विज्ञान 'प्रमुख' विषयों की तरह और कला, हस्तकला, फिजिकल शिक्षण आदि को सह-पाठ्यक्रमीय गतिविधियों के तरह पढ़ाते हैं। ऐसी कितनी विज्ञान की शिक्षिकाएं हैं जो बच्चों को पाठ्यसामग्री समझने व उसका विश्लेषण करने में मदद करती है? या बच्चों को अर्थ निर्माण की प्रक्रिया में जुड़ने में मदद करती हैं। उदाहरण के लिए हम में से कितनों को 'फोटोसिंथेसिस' शब्द से ही उसका अर्थ समझने का मौका मिला? किसी शब्द का अर्थ समझने-समझाना तो भाषा के शिक्षक की जिम्मेदारी समझा जाता है। दूसरी तरफ भाषा की कितनी कक्षाओं में बच्चे विज्ञान के सिद्धांतों का मतलब खोजने की, उनका विश्लेषण करने की कितनी चेष्टा करते हैं? इतिहास, विज्ञान या भूगोल आदि विषय के भाषा ज्ञान की पुस्तकों में मौजूद लेखों का भी यही हश्र होता है। इससे इतना तो स्पष्ट है कि स्कूल में पढ़ाए जाने वाले विषय इतने

स्वकेन्द्रित हैं कि एक ही कक्षा को पढ़ा रहे शिक्षकों में भी सहभागिता कम ही देखने को मिलती है।

इसी से संबंधित दूसरी अवधारणा है 'सीखने-सिखाने के माध्यम के रूप में भाषा।' अन्य विषयों के सन्दर्भ में हम भाषा को केवल सीखने-सिखाने के माध्यम के रूप में देखते हैं। जब भाषा के एक शिक्षक से इस बारे में राय माँगी गई, तो उत्तर मिला कि जिस भाषा में अधिकतर विषय पढ़ाए जा रहे हों, उस भाषा को सर्वाधिक महत्व देना चाहिए और कक्षा में वही भाषा पढ़ानी चाहिए। इससे यह निष्कर्ष निकलता है कि निर्देश देने वाले को भाषा की आवश्यकता है और क्योंकि बच्चे तो केवल अनुसरण कर रहे हैं तो उन्हें भाषा की आवश्यकता नहीं या फिर कि वे केवल सीखने-सिखाने की भाषा से ही काम चला लेंगे। मेरे विचार में यह बहुत आपत्तिजनक परिस्थिति है। आखिर बच्चे की भाषा की क्या जगह है? उन सिद्धांतों का क्या होगा जिनका निर्माण बच्चा भाषा ग्रहण करते हुए या सीखते हुए करता है? जब हम भाषा को केवल निर्देश के माध्यम के रूप में देखते हैं तो बच्चे की भाषा की उपयोगिता को नकार देते हैं। इन परिस्थितियों में स्कूली शिक्षा कभी कामयाब हो ही नहीं सकती।

हमारे समक्ष चुनौती

पाठ्यक्रम अलग-अलग हिस्सों में बंटा हुआ है। साथ-साथ अर्थ निर्माण की प्रक्रिया भी। एक बहु-आयामी दृष्टिकोण की आवश्यकता है। लेकिन शिक्षक इसके लिए सार्थक अवसर उपलब्ध कराने में कठिनाई महसूस कर रहे हैं।

आगे का रास्ता

मुझे लगता है कि इस समस्या का समाधान 'Language Across the Curriculum (L.A.C.)' से ही संभव है। एन.सी.एफ. 2005 के अनुसार L.A.C. प्राथमिक शिक्षण के लिए विशेष महत्व रखता है। विभिन्न अर्थ निर्माण के संदर्भों में भाषा अच्छी तरह से अर्जित की जाती है, अतः एक अर्थ में हर तरह शिक्षण भाषा शिक्षण होता है (पृ. 39)।

L.A.C. का केन्द्र होता है बच्चों को ऐसे व्यक्तिगत अनुभव प्रदान करना जिससे वे अपने आस-पास की दुनिया को खुद ही टटोल सकें, खोज-बीन कर सकें और सवाल उठा सकें। भाषा इसमें एक अहम भूमिका निभाती है क्योंकि बच्चे में ये सब योग्यताएँ भाषा के ज़रिए ही विकसित होती है। ऐसी शिक्षण प्रक्रिया में वह सम्मानित महसूस करता है और खुद को उसका प्रतिभागी मानता

है। उसकी भाषा खिलने लगती है जब वह अन्य बच्चों के साथ और शिक्षक समूह के साथ काम करता है जो दूसरी भाषाएँ बोलते हैं। जैसा कि पहले भी कहा गया है, वह संसार की समझ बनाने के लिए भाषा का प्रयोग करता है और इसी प्रक्रिया के दौरान भाषा खुद भी समृद्ध होती है।

प्रभावशीलता को प्रमाणित करके 'थीम' केन्द्रित शिक्षण प्रक्रिया को स्कूलों में बढ़ावा देने हेतु उसकी प्रभावशीलता प्रमाणित करने के लिए मेरी टीम और मैंने L.A.C. का सिद्धांत लागू करने की कोशिश की।

प्राथमिक स्तर (कक्षा-1 से 5) तक के पाठ्यक्रमों और पाठ्यचर्याओं के सभी विषयों का हमने विश्लेषण किया। हमने वे सभी अवधारणाएँ रूपांकित की जिनके बारे में चर्चा की जाती है, वे कुशलताएँ और योग्यताएँ जो कि कक्षा-1 से 5 तक सिखाई और प्रोत्साहित की जाती है। हमने पाया कि तीन ऐसी 'थीम' है जो कि पाँचों कक्षाओं में चर्चित है और पाठ्यक्रम में चर्चित अधिकतर अवधारणाओं से जुड़ी हैं। ये हैं- 'स्वयं', 'जल' और 'मैदान में पाए जाने वाले पेड़'। इन 'थीमों' का चुनाव निम्न पैमानों को ध्यान में रखकर किया गया-

- थीम अति-विशिष्ट हो।
- बच्चों को व्यक्तिगत अनुभव कराया जा सके।
- वे उम्र के हिसाब से उचित और रोचक हों।
- वे बहुत फैली हुई न हो जैसे कि 'हमारी पृथ्वी'। क्योंकि इस उम्र में बच्चे 'पृथ्वी' की व्यापकता का भाव नहीं समझते।

एक साल तक हमने इन तीन 'थीमों' पर काम किया। हमने अवधारणाएँ, कौशल और योग्यताएँ इन थीमों के इर्द-गिर्द इस तरह बुनी कि हम कक्षा-1 से 5 की ओर बढ़ते चले जाएँ। इस तरह इन थीम को केन्द्र में रखकर घेरे तैयार हो गए। चित्र-1 में साफ है कि किस तरह आकृति, माप, रंग, जड़ों के प्रकार, कोण, चौड़ाई, लंबाई, पत्तियाँ और फोटोसिंथेसिस आदि अवधारणाएँ 'मैदान में मौजूद पेड़' की थीम के इर्द-गिर्द बुने जा सकते हैं। अवधारणाओं का ताना-बाना घेरे संबंधित चुनौती के स्तर को प्रदर्शित करते हैं। इस सरल उदाहरण से यह समझ आ जाता है कि किस तरह सरल थीमों के माध्यम से जटिल अवधारणाएँ समझाई जा सकती हैं।

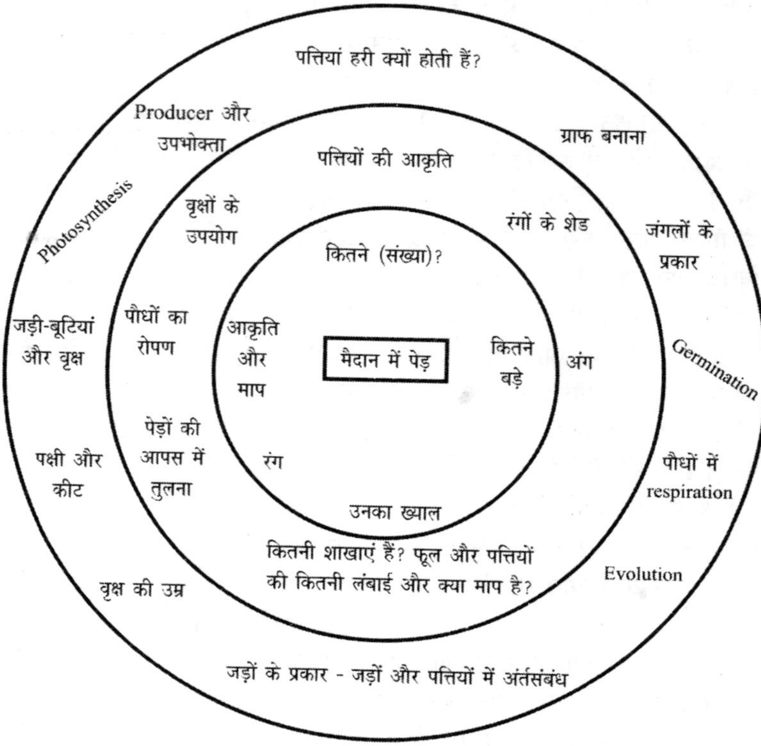

एक बार जब थीम सुनिश्चित कर लिया गया और उसके इर्द-गिर्द अवधारणाएँ और कौशल बुन लिए गए, हमने उम्र को ध्यान रखते हुए सभी विषयों के लिए अलग-अलग स्त्रेतों से साहित्य और अन्य पाठ्यसामग्री का चुनाव किया। जब सामग्री तैय्यार हो गई तब हमने थीम आधारित रोचक और ऐसी चुनौतीपूर्ण गतिविधियों के बारे में विमर्श शुरू किया जो सभी विषयों की योग्यताओं को एक साथ बांधेगी। हम ऐसी कई गतिविधियाँ निर्धारित कर पाए जो बच्चों को खोजबीन, विश्लेषण, तुलना, डाटा एकत्रित करना, निष्कर्ष निकालना, सवाल करना, साक्षात्कार करना, लोगों के समक्ष बोलना आदि के अवसर प्रदान करती है। चित्र-2 में दिखाया गया है कि किस तरह अवधारणाओं के साथ गतिविधियाँ बुनी गईं।

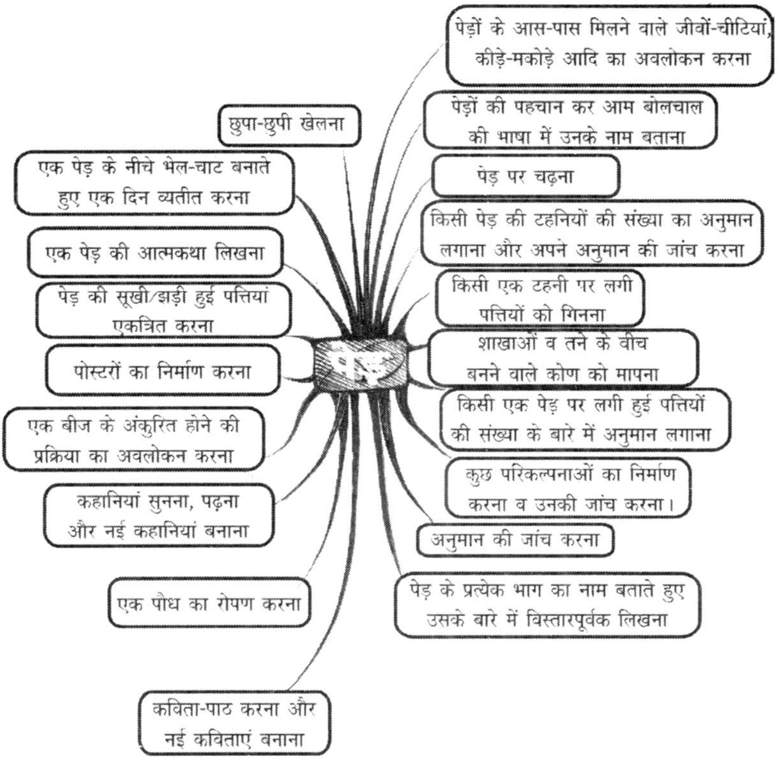

हालांकि ये गतिविधियाँ नई नहीं हैं पर ये इस बात पर प्रकाश डालती है कि अर्थ बताने वाला सन्दर्भ हमारे आस-पास ही मौजूद रहते हैं। हम बड़ी आसानी से विषयों के बीच की सीमाओं को हटा पाए और भाषा को सिर्फ निर्देश की माध्यम बताती अवधारणा को हिला पाए।

निष्कर्ष यह निकला की थीम के आधार पर योजना बनाना बहुत समय और मेहनत लेता है पर एक दफा ऐसा हो जाए तो बच्चे सही मायने में सीखते हैं। वे स्कूल की भाषा भी अवधारणाओं में दक्षता हांसिल करने के साथ-साथ सीख जाते हैं। यही, मेरे विचार में 'बिना बोझ सीखना' हे। पर इसके लिए कोई एक किताब सुनिश्चित नहीं की जा सकती। वे एक से ज्यादा किताबें टटोल सकते हैं अपनी खोज और रूचि से।

प्राथमिक विद्यालयों में, जहाँ एक ही शिक्षक सभी विषय पढ़ाता/पढ़ाती है, थीम आधारित शिक्षण लागू करना आसान है। ऐसे स्कूल जहाँ प्रत्येक विषय के लिए अलग शिक्षक है वे सब सहभाग्यता से थीम आधारित शिक्षण लागू कर सकते हैं।

जब कई गतिविधियाँ करवाई जा रही हो, तब जरूरी है किसी एक को ध्यानपूर्वक सूचीबद्ध किया जाये। इस बारे में मैंने पाया कि मेरे कक्षा 3 के बच्चे बहुत मुखर थे। वे बहुत सवाल पूछते, वे कक्षा 2 के बच्चों के साथ क्या व कैसे काम करना है सुझाव देते, वे कविता लिख व चित्र बना पाते, यहां तक कि वे अपने शब्दों में उत्तर भी दे सकते थे खुद से सवाल बना पाते थे। यद्यपि ये सब वो बच्चे दक्षतापूर्वक नहीं पाते थे, पर फिर भी ये उनका अपना काम था। मेरे लिए यही सही मायनों में सन्दर्भ के साथ भाषा सीखना था।

सन्दर्भ :

कुमार, कृष्णा (1986). द चाइल्ड्स लेंग्वेज एण्ड द टीचर : अ हेण्डबुक, यूनाइटेड नेशंस चिल्ड्रन्स फण्ड, 1986.

हैलीडे, एम.ए.के. (1993). टूवर्ड्स अ लेंग्वेज-बेस्ड थ्योरी ऑफ लर्निंग. लिंग्विस्टिक्स एण्ड एज्यूकेशन, 5, 93-116.

नेशनल काउंसिल ऑफ एज्यूकेशनल रिसर्च एण्ड ट्रेनिंग (2005). नेशनल क्यूरिकुलम फ्रेमवर्क 2005. नई दिल्ली : एन.सी.ई.आर.टी.

धनकर, रोहित (अक्टूबर-2009). इंपोंटेंस ऑफ लेंग्वेज. लर्निंग कर्व, XIII, 10-12.

लेखिका के बारे में: निशा बुटोलिया ने प्राथमिक शिक्षिका के रूप में 6 वर्ष तक कार्य किया है। अब वे अज़ीम प्रेमजी विश्वविद्यालय के विश्वविद्यालय स्रोत केन्द्र में शिक्षण और शिक्षा शास्त्र की समन्वयक के रूप में काम कर रही हैं।

nisha@azimpremjifoundation.org

अनुवादक: पंखुड़ी अरोड़ा, विद्या भवन शिक्षा सन्दर्भ केन्द्र, उदयपुर (राज.)।

स्रोत: लेंग्वेज एंड लेंग्वेज टीचिंग 2.1.3: 45-48, जनवरी, 2013.

शिक्षकों के लिए पाठों का चयन करना

नम्रता बत्रा

हम में से बहुत से लोग बच्चों को पढ़ना-लिखना सिखाने, उन्हें दक्ष पाठक बनाने के कार्य से जूझ रहे हैं। जो लोग शिक्षकों के साथ गहनता से कार्य कर रहे हैं, उनके लिए यह कोई अचरज की बात नहीं कि बहुत से शिक्षक भी ऐसे हैं जो दक्ष पाठक नहीं हैं और न ही उन्हें पढ़ने में उतना मज़ा आता है, जितना शायद आना चाहिए।

शिक्षकों का क्षमतावर्धन विद्या भवन शिक्षा सन्दर्भ केन्द्र का एक मुख्य कार्य क्षेत्र है। इस कार्य का एक महत्वपूर्ण पहलू ऐसी स्व-अधिगम शिक्षण सामग्री का निर्माण करना है जो शिक्षण-शास्त्र, बाल-मनोविज्ञान, विषयी अवधारणाओं आदि जैसे क्षेत्रों में शिक्षकों की समझ को बेहतर करने में मदद करे। समय के साथ हमें यह समझ आया है कि ऐसी शिक्षण सामग्री की भी ज़रूरत है जो शिक्षकों को अपनी स्वयं की पढ़ने-लिखने की क्षमता से जूझने में मदद करे।

इस दिशा में एक प्रयास तब किया गया जब हमने उदयपुर ज़िले के कुछ अनौपचारिक शिक्षा केन्द्रों के शिक्षकों के लिए एक सर्टीफिकेशन कोर्स बनाया। इनकी पढ़ने-लिखने की शिथिल पड़ चुकी क्षमताएँ इनके स्वतंत्र सीखने वाले और अच्छे शिक्षक बनने के रास्ते में बाधक थीं।

अनौपचारिक स्कूलों के शिक्षक

अनौपचारिक स्कूलों के शिक्षक उन्हीं गाँवों के निवासी थे, जिनमें वे पढ़ा रहे थे। ज़्यादातर शिक्षक अपनी स्कूली शिक्षा पूरी नहीं कर पाए थे और उनकी योग्यता आठवीं से बारहवीं तक की थी। इसके साथ-साथ दैनिक कार्यों में भी उन्हें, नियमित और ठोस रूप से पढ़ने और लिखने के मौके कम ही मिलते हैं; जो थोड़ी बहुत पढ़ने की गतिविधियाँ थीं, वे अनियमित रूप से स्थानीय अख़बार पढ़ने तक सीमित थीं। उनकी मातृभाषा मेवाड़ी या वागड़ी थी पर वे सभी हिन्दी बोलते व समझते थे। उनके स्कूलों में पढ़ाई का माध्यम भी हिन्दी थी।

इस कोर्स के ज़रिए हम शिक्षकों को समझ (understanding), अंतर्दृष्टि (insight) और विवेक (discrimination) के साथ पढ़ने में मदद करना चाहते थे। इसमें तीन चीज़ें शामिल थीं- पहला, शिक्षकों को पाठ में प्रत्यक्ष रूप से दी गई घटनाओं के क्रम, जानकारी और विचारों को समझने में मदद करना। दूसरा, अप्रत्यक्ष रूप से प्रस्तुत विचारों और भावनाओं को समझने में मदद करना और तीसरा पठन सामग्री की विषय-वस्तु के बारे में अपने दृष्टिकोण को व्यक्त करने में मदद करना। यह बात हमें पहले से स्पष्ट थी कि पढ़ने की क्षमता में बेहतरी लाने के लिए, ज़्यादा से ज़्यादा पढ़ना ज़रूरी है। कोर्स, पढ़ने में रूचि जगाने और नियमित पढ़ने के मौके देने का कार्य तो कर सकता है, पर पढ़ने की क्षमता में बेहतरी लाने के लिए, शिक्षकों को स्वयं इस प्रक्रिया को जारी रखना ज़रूरी है।

इस लिहाज़ से हमारे काम का एक महत्त्वपूर्ण पहलू शिक्षकों को उनके पढ़ने की क्षमता के साथ जूझने में मदद करना था और दूसरा पहलू शिक्षकों की पढ़ने में रूचि पैदा करना था। अतः ऐसे पाठों का चयन करना जो यह दोनों कार्य कर सके, हमारे लिए एक कठिन विषय था। इस पर्चे में मैं उन बातों के बारे में चर्चा करूँगी जिनका ध्यान हमने पाठों का चयन करते समय रखा।

पाठों का चयन

पाठों का चयन चार सवालों पर केन्द्रित था। इनमें से आधारभूत सवाल था- किस तरह के पाठ पढ़ने की क्षमता को बेहतर करने में मदद करेंगे? अन्य तीन सवालों पर ज़्यादा समय, चर्चा और मेहनत लगी और वे थे- शिक्षकों को क्या पढ़ने में रूचि होगी? शिक्षकों को क्या पढ़ना चाहिए? पाठों को समाज और इंसानी संघर्षों की किस तस्वीर को प्रस्तुत करना चाहिए और इस संवाद का स्वर क्या होना चाहिए? आख़िरी मुद्दे से शायद हमें सबसे महत्त्वपूर्ण बात समझ आई कि जब भी आप कोई पाठ चुनते हैं और उसका सार्वजनिक उपयोग करते हैं तो आप का चयन एक नैतिक निर्णय होता है।

पहले सवाल का जवाब खोजते हुए हमने यह समझा कि हमें ऐसे पाठों का चयन करने की ज़रूरत है जो शिक्षकों की पढ़ने की वर्तमान क्षमताओं को चुनौती देते हों (क्रेशन के कोमप्रीहेन्सेबल इनपुट की अवधारणा पर आधारित)। साथ ही यह भी कि जैसे-जैसे शिक्षकों की क्षमता बढ़ती जाए, चुनौती के स्तर को बढ़ाना ज़रूरी है। पाठ के चुनौती के स्तर को तय करने में हमने जो मापदंड इस्तेमाल किए वे थे-

पाठ में शब्दों की संख्याः हमने पाया कि ज़्यादा शब्दों के पाठ पढ़ने वालों

के लिए ज़्यादा चुनौती रखते थे। कोर्स के ज़्यादातर पाठों के शब्दों की संख्या 1500 से 4000 तक थी। शब्दों की संख्या से जुड़ी एक और बात यह थी कि छोटे पाठों में प्रति वाक्य शब्दों की औसतन संख्या कम होती थी और बड़े पाठों में ज़्यादा, इस कारण से भी लंबे पाठों में चुनौती ज़्यादा थी।

पाठों के प्रकार में बहुलताः इसमें कहानियाँ, कविताएँ, नाटक, निबंध, पत्र, पोस्टर, विज्ञापन आदि शामिल थे।

लिखने की अलग-अलग शैलियों का उपयोगः इसमें केवल विवरणात्मक (narrative) ही नहीं बल्कि वर्णनात्मक (descriptive), विवरणात्मक (expository) और विवादात्मक (argumentative) शैलियाँ भी शामिल थीं। निःसंदेह ही लिखने की शैली का पाठ के प्रकार से रिश्ता है और पाठों द्वारा पाठकों को विभिन्न प्रतिष्ठित लेखकों के लेखन से परिचित कराना जैसे– प्रेमचन्द, रविन्द्रनाथ टैगोर, अमृता प्रीतम, महाश्वेता देवी, भीष्म साहनी, राजेन्द्र यादव, फणीश्वरनाथ रेणु आदि। अपने लिखने और व्याख्या करने के व्यक्तिगत तरीके से प्रत्येक लेखक ने पाठकों के सामने एक अनुपम चुनौती रखी और उनकी रुचि को भी बांधे रखा।

हमें यह भी ज्ञात था कि जिन पाठों में ज़्यादा 'आईडीआ लेवल डेंसिटी' (एक पाठ में विचारों और शब्दों की संख्या का अनुपात) होती है वे पाठकों के लिए ज़्यादा चुनौतीपूर्ण होते हैं। हालाँकि हमने किसी भी पाठ की आईडिया लेवल डेंसिटी की गणना नहीं की पर हमने पाया कि जो पाठ उपरोक्त लेखकों के द्वारा लिखे गए हैं या जो अकादमिक लेखन के दर्ज़े के हैं, वे शिक्षकों के लिए ज़्यादा चुनौतीपूर्ण थे। इसके साथ-साथ हम दूसरे सवाल पर भी सोचने लगे- शिक्षकों को क्या पढ़ने में रूचि होगी?

सन्दर्भ का मामला

हमने यह बात बहुत बार सुनी थी कि पाठक की रुचि इस बात पर निर्भर करती है कि पाठ, पाठक के 'सन्दर्भ' का है या नहीं। शुरुआत में हम सन्दर्भ को जिस तरह समझते थे उसमें शिक्षक का भौतिक परिवेश- भौगोलिक परिस्थिति, वनस्पति, जीव-जन्तु और ज़िंदगी के तौर-तरीके (व्यवसाय, शादी, रिश्ते, रीति-रिवाज आदि) शामिल थे। हमें जल्द ही यह समझ आ गया कि पाठ अगर पाठक के सन्दर्भ से हो तो वह पाठ समझने में मदद ज़रूर करता है, पर सन्दर्भ पाठकों की रुचि को बांधे रखें यह आवश्यक नहीं है। अगर हम स्वयं अपने बारे में भी सोचें तो पाएँगे कि हमें ऐसी बहुत-सी चीज़ें पढ़नी रुचिकर लगती हैं जो हमारे सन्दर्भ

में नहीं हैं और ठीक इससे उलट कुछ, ऐसी चीज़ें भी होती हैं जो हमारे सन्दर्भ से तो हैं पर हमें पढ़ने में रुचिकर नहीं लगतीं। उदाहरण के लिए हमारे शिक्षकों को ऐसे समाजों के बारे में पढ़ना रुचिकर लग सकता है जिनके रीति-रिवाज़ उनसे भिन्न हैं और शायद खेती के बारे में पढ़ना उनके लिए रुचिकर न हो। हमें यह अहसास हुआ कि पाठकों के लिए एक रुचिकर सन्दर्भ खोजना ज़्यादा मुश्किल नहीं है। सन्दर्भ को समझने में दो बातें पाठकों की मदद करेंगी। पहला, जो वे दुनिया के बारे में जानते हैं और दूसरा, अपरिचित चीज़ों के बारे में कल्पना कर पाने की क्षमता।

जल्दी ही हमें अहसास हो गया कि हम सन्दर्भ की एक अधूरी परिभाषा के साथ काम कर रहे थे। सन्दर्भ के अर्थ का एक आधारभूत हिस्सा वे भावनाएँ और मूल्य भी हैं जो हम इंसान होने के नाते अनुभव करते हैं। ये भावनाएँ और मूल्य वस्तुतः एक ऐसे सन्दर्भ का निर्माण करते हैं जो सार्वभौमिक है और जिसे भौगोलिक परिस्थितियों से बांधा नहीं है। माँ-बाप का बच्चे के लिए प्यार, दो इंसानों के बीच प्रेम, स्वतंत्रता के लिए मूलभूत इंसानी ज़रूरत आदि सब ऐसे ही सन्दर्भों के उदाहरण हैं। हमें साहित्य में ऐसे सार्वभौमिक सन्दर्भ मिले और फिर हमारे लिए इस बात का कोई महत्त्व नहीं रह गया कि पाठ ग्रामीण सन्दर्भ का है या नहीं। हमें लगा कि जो पाठ ज़िंदगी- उसकी खुशियाँ, दुःख, हार, जीत आदि से जूझते हैं, वे शिक्षकों को रुचिकर लगेंगे।

जिन पाठों का हमने चयन किया वे कभी पढ़ने वालों को दूर-दराज़ इलाकों में ले जाते थे, कभी इतिहास में और कभी ऐसे लोगों की ज़िंदगी के पास, जो उनसे ज़्यादा अलग नहीं। यह पाठ उस शीशे की तरह थे जिनमें पाठक अपना प्रतिबिम्ब देख पाते, उस खिड़की की तरह जिससे वे दुनिया की खोज कर सकते थे।

सन्दर्भ से जुड़े हुए कुछ और सवाल भी हमारे सामने आए। हमारे ज़्यादातर शिक्षक, वयस्क पुरुष थे जिनको कुछ हद तक 'मार-धाड़' पसन्द थी। इनमें से बहुतों को मिथुन चक्रवर्ती और गोविन्दा की 'एक्शन' फिल्में पसन्द थीं और गालियों का एक भंडार, जिसको शायद असभ्य माना जाए, उनके रजिस्टर का हिस्सा थीं। क्या कोर्स इन सब अनुभवों को जगह दे सकता था? क्या हमारे इन पाठकों को 'प्रेम कथाएँ' पढ़ना दिलचस्प नहीं लगता?

हमें यह लगा कि कोर्स के पाठों में इस युवा वयस्क समूह के विचारों, रुचियों और अनुभवों को जगह देने की ज़रूरत है। हमने यह करने के लिए फिर साहित्य का सहारा लिया। फणीश्वर रेणु की 'पंचलाइट' में मुनरी और गोधन का 'प्रेम', भगवती चरण वर्मा की 'प्रायश्चित' में कबरी बिल्ली के मरने के इर्द-गिर्द

रीति-रिवाज़ और अंधविश्वास और हरिशंकर परसाई की 'विकलांग राजनीति' का राजनैतिक स्वांग सभी इस आयु वर्ग की भावनाओं, महत्वाकांक्षाओं और भाषायी रजिस्टर को जगह देते हैं।

एक और मामला गौर करने योग्य है- हमने पाठों के प्रकार में विविधता का तो ध्यान रखा पर पाठकों की रुचि का ध्यान रखते हुए हमने ज़्यादा कहानियों का चयन किया। कहानियों के चयन का स्वाभाविक कारण यह भी था कि ये ज़्यादा मात्रा में उपलब्ध थीं।

आख़िर में, हमने पाठों का चयन करते समय इस बात का ध्यान रखा कि उनमें जिस प्रकार की हिन्दी का प्रयोग हो रहा है वह उस हिन्दी के आस-पास हो जो शिक्षक अपनी दैनिक ज़िन्दगी में प्रयोग करते हैं

जिस तीसरे सवाल से हम जूझे वह था- क्या हमें कुछ खास तरह के पाठ शिक्षकों को देने ही चाहिए?

क्योंकि कोर्स ऐसे शिक्षकों के लिए है जो अपने गांवों में विकास कार्य भी करते हैं, क्या हमें इन्हें शिक्षा, सामाजिक बदलाव और विकास जैसी विषय-वस्तुओं पर अकादमिक लेखन से परिचित नहीं कराना चाहिए? इसके साथ-साथ क्या पाठों में बच्चों के मतों, अनुभवों और भावनाओं को विशेष जगह नहीं देनी चाहिए?

हमें यह लगा कि शिक्षक होने के नाते, उन्हें ऐसे पाठों से जूझना चाहिए जिसमें बच्चे, मुख्य किरदार निभा रहे हों। इस उद्देश्य से हमने ऐसे पाठ भी चुने जो विभिन्न आर्थिक और सामाजिक स्तरों के बच्चों के बचपन को दर्शाते हैं और उनके संघर्षों और विचारों का आदर करते हैं। इन पाठों में बचपन की मासूमियत तो झलकती ही है और इस के साथ बच्चों को सोच-विचार करने वाले व्यक्तियों के रूप में भी दर्शाया गया है। महाश्वेता देवी की 'क्यूँ-क्यूँ छोरी', भीष्म साहनी का 'गुलेलबाज़ लड़का', जयशंकर प्रसाद का 'छोटा जादूगर' और राजेन्द्र यादव की 'भय', इस कोर्स में शामिल हैं। हमें यह भी लगा कि क्योंकि हमारे पाठक शिक्षक हैं हमें उन्हें 'शिक्षा' से संबंधित अकादमिक लेखन से भी परिचित कराना चाहिए, पर क्योंकि इस मुद्दे पर 'बच्चों के सीखने की प्रक्रिया' नामक अलग विषय इस कोर्स का हिस्सा था, हमने ऐसा नहीं किया। हमने विकास कार्यकर्ताओं की उनकी भूमिका को ध्यान में रखते हुए उन्हें जवाहरलाल नेहरू, महात्मा गांधी आदि महत्त्वपूर्ण विचारकों के विचारों से रूबरू कराने की कोशिश की। पर हम इस प्रयास में ज़्यादा सफल नहीं हो पाए और इन मुद्दों पर कोर्स में बहुत कम पाठ हैं।

चौथे और आख़िरी सवाल के उत्तर में हमें कोर्स को एक नैतिक ढाँचा देने

की ज़रूरत थी। हमारी इस बात पर सहमति बनी कि हमारे ढाँचे को भारतीय संविधान द्वारा कल्पित समाज से दिशा मिलनी चाहिए। हमने संविधान के मुख्य स्तंभों- स्वतंत्रता, समानता और न्याय के लेंस से समाज को देखने का निर्णय लिया। इसके साथ हम इस बात के बारे में भी स्पष्ट थे कि जो पाठ हम चुनेंगे वे सामाजिक वास्तविकताओं को खोजेंगे और घरों, समाजों और दुनिया को समझने का प्रयास करेंगे न कि जीने के 'सही' तरीकों पर उपदेश देंगे। इसलिए कई पाठ जो हमने चुने हैं वे आदमी-औरत, वयस्क-बच्चा, अमीर-गरीब, उच्च जाति-नीची जाति आदि जैसे सत्ता की दृष्टि से असमान रिश्तों में शोषण और संघर्ष दर्शाते हैं। कुछ और पाठों में बुराई के विरुद्ध इंसानी संघर्षों को दर्शाया गया है। पाठों में आदमी और औरत दोनों को सही और गलत होने की क्षमता रखते हुए दर्शाया गया है और इंसानों और पर्यावरण के रिश्ते को भी टटोला गया है। अंततः यह कोशिश की गई है कि पाठकों को कई विचारों से रूबरू होने का मौका मिले और वे इस प्रक्रिया में अपना दृष्टिकोण बना सकें।

निष्कर्ष

हालांकि हमने इस पूरे पर्चे में वयस्कों के लिए पाठों के चयन की बात की है, हमें यह लगता है कि इस पूरी चर्चा से बच्चों के लिए पाठों के चयन के बारे में भी बहुत कुछ सीखा जा सकता है। बच्चों के सन्दर्भ में इसमें कुछ और बिन्दु जोड़ सकते हैं, पर बिन्दुओं को हटाना मुश्किल ही होगा।

लेखिका के बारे में : नम्रता बत्रा, पिछले 10 साल से विद्या भवन शिक्षा केन्द्र उदयपुर (राज.) के लिए काम कर रही हैं। वे बच्चों और शिक्षकों के लिए शिक्षण सामग्री निर्माण और शैक्षणिक शोध से संबंधित कार्यों में रुचि रखती हैं।

namrita.batra@gmail.com

अनुवादक : अनुवाद लेखिका ने किया है।

स्रोतः लेंग्वेज एंड लेंग्वेज टीचिंग 1.2.2: 5-8, जुलाई, 2012.

पहली कक्षा में अंग्रेजी शिक्षण

निवेदिता विजय बेदादुर

भूमिका

मेरी नियुक्ति दीव के एक दूर-दराज़ इलाके में हुई- शहरी सभ्यता और उसकी सुविधाओं से कोसों दूर। जब पहली कक्षा मुझे सौंपी गई तो मैं परेशानी में पड़ गई। ''इन बच्चों को पढ़ाना व्यर्थ है। यदि ये ए, बी, सी, भी सीख लें तो आश्चर्य होगा'', ऐसी बातें सुन-सुन कर मैं थक गई थी। बच्चों को कैसे पढ़ना सिखाया जाए, मैं इस सोच में पड़ गई। मुझे तो बचपन में परम्परागत प्रणाली से पढ़ाया गया था। पहले साल भर केपिटल अक्षरों का अभ्यास, फिर स्माल अक्षरों का, फिर दो-तीन अक्षर के शब्द सिखाए गए और अंत में छोटे-छोटे वाक्य। अपनी शिक्षिका को मैं प्रिय थी क्योंकि मैंने बहुत से शब्द याद कर लिए थे। पर मेरे हाथों का दर्द और मन की ऊब मैं आज तक नहीं भूली और उन यादों से आज तक मुझे नफ़रत है।

शिक्षक प्रशिक्षण

बी.एड. के दिनों में मुझे ध्वन्यात्मक अभ्यास (Phonic drills) का महत्व समझाया गया। ध्वन्यात्मक अभ्यास कुछ इस तरह होता है- पहले "bill, pill, mill, dill" और कुछ समय बाद "at, bat, it, bit" जैसे अभ्यास सिखाए जाते हैं। हमें "sat, cat" जैसे तुकान्त (rhyming) शब्द बनाने सिखाए गए और 'sing a song' जैसे अनुप्रासों (alliterative) की लम्बी सूची बनवाई गई। जैसे किसी तोते को बोलना सिखा रहे हो। ये सब अभ्यास अंग्रेजी को अर्थपूर्ण तरीके से पढ़ने-बोलने में कैसे मदद करेगे यह सवाल मुझे अखरता रहा।

मुझे लगा कि क्या सिखाने-सीखने का उद्‌देश्य केवल वर्ण और कुछ शब्द-वाक्य लिखना-पढ़ना सिखाना था? क्या इस निरर्थक दोहराव में हम कहीं सीखने को तो नहीं खो रहे थे? मैं हमेशा ऐसे कार्य ढूँढ़ती जिनसे

बच्चों को जुड़ाव महसूस हो और जो उन्हें सीखने और खोजने की खुशी का अनुभव करवाए। मैं ये भी चाहती थी कि बच्चों के लिए सीखने का अनुभव अर्थपूर्ण और यादगार हो।

वह महत्त्वपूर्ण दिन

और फिर वह दिन आया जब मैंने खुद को बच्चों के उत्सुक और उत्साही समूह के बीच खड़ा पाया। उन्हें किसी एक जगह पर रोककर रखना बहुत कठिन था। वे अधीर थे और मुझे अपनी बात उन तक पहुँचाना मुश्किल हो गया। तो मैंने उनकी बात सुनने की सोची। मैं उनके बीच बैठ गई और उनकी बातें सुनने लगी। कुछ ही देर में हम एक गोले में बैठकर गाने लगे। ज्यादातर गाने हिन्दी (जो स्कूल की प्रमुख भाषा थी) में थे पर दो अंग्रेजी गाने भी थे। अंग्रेजी गानों को गाने की बच्चों ने कोशिश ज़रूर की पर बहुत जल्द अधिकतर का ध्यान बँट गया। तो मैंने उन्हें पास बैठा कर कहा कि मेरे पास उनके लिए असली रंग (water colours) हैं। इससे उनका ध्यान तुरन्त आकर्षित हुआ। वे क्या बनाना चाहते थे, उन्होंने कक्षा के अंदर और बाहर क्या देखा था- इन सब पर हमने चर्चा की। वैसे तो बातचीत हिन्दी में थी पर बीच-बीच में मैं, चोरी-चोरी, कुछ अंग्रेजी शब्द भी जोड़ देती - कुछ जो वे समझते-जानते थे और कुछ जो नए थे। ऐसा लगा कि सन्दर्भ से वह अर्थ पकड़ रहे थे। मैंने पूछा कि वे किसका चित्र बनाना चाहते हैं; कुछ अपने घर का चित्र तो कुछ फलों का चित्र बनाना चाहते थे और इस तरह काम शुरू हो गया। हमने सोचा कि हर चित्र को दो नाम दिए जाएँ- पहला उनकी पसन्द का और दूसरा मेरी पसन्द का। और मेरा चुना हुआ नाम मैं उन्हें बताऊँगी।

उनकी रूचि जागी, और मैंने उन्हें छोटे समूहों में बाँट, रंग के डिब्बों, पानी और कागज़ के आस-पास बैठा दिया। बच्चे चित्र बना रहे थे और मैं बारी-बारी से हर समूह में जाकर बातचीत करती। हमने रंगों के बारे में बातचीत की। Red (लाल), Green (हरा), Blue (नीला) जैसे शब्द उभकरकर आए। कुछ ही समय में मैं उनसे कुछ-कुछ अंग्रेजी वाक्य बोलने लगी जैसे नल से पानी लाओ (bring water from the tap), दरवाजा बंद करो (close the door), यहाँ हरा इस्तेमाल करो (Try green here), लाल और नीला मिलाओ (mix red and blue)। ऐसा लगा जैसे दोनों भाषाओं में वे कोई अंतर नहीं कर रहे थे। काम में मग्न वे स्वतः मेरा कहा कर देते; कुछ तो रंगों के अंग्रेजी नाम भी इस्तेमाल करने लगे।

बाद में जब उनके चित्र तैयार थे, तो उनके कागज़ों पर जो भी बना था,

उनका नाम मैंने साथ में अंग्रेज़ी में लिख दिया। हर बच्चा/बच्ची अपना चित्र मेरे पास लाता; हम चित्र के बारे में बातचीत करते, हिन्दी-अंग्रेजी में उसे नाम देते और फिर चित्र को क्लिप बोर्ड पर लगा देते। सबने एक-दूसरे के चित्र देखे, उन पर टिप्पणी दी और उनके बारे में बातचीत की। हमने चित्रों पर बातचीत करने और कौन-कौनसे अच्छे लगे, चुनने का निर्णय लिया। तो बच्चों ने चित्रों के बारे में बातचीत की, और जब मेरी राय माँगी तो मैं कुछ ऐसा कहती, "इसे और हरा होना चाहिए था, लाल बेहतर दिखता है।"

इसके बाद, हर चित्र के नीचे, बोर्ड पर मैंने बच्चे और चित्र का नाम लिख दिया। सब मुझे वस्तुओं के नाम बताने लगे- कुछ हिन्दी में, कुछ अंग्रेजी में। यह सहज ढंग से हुआ और मैंने सहजता से उसे लिख दिया। कुछ बच्चों ने नाश्ते में खाए गए बिस्कुट बनाए, तो कुछ ने अपने घरों के चित्र। कुछ दिन पहले हुए पिकनिक में लाए गए केले और गुब्बारों के चित्र भी बच्चों ने बनाए।

रोज़ हम ऐसा ही कुछ करते। कभी-कभी हम अपनी पानी की बोतलों में स्वच्छ पानी भर देते और फिर बोतलों को नाम देते- छोटी बोतल, बड़ी बोतल इत्यादि। बोतलों से ये नाम ज़रूर मिट गए, पर बच्चों की याददाश्त में ये गुद गए। और फिर बैठ कर हम उनके बारे में बात-चीत करते। बहुत ही जल्द, हमारी बातचीत अधिकतर अंग्रेजी में होने लगी।

उन्हें मैं कहानियाँ सुनाती और उनके जीवन को इन कहानियों में बुन देती। माता-पिता, मछलियाँ, मछलियों के जाल आदि– सब उनकी कहानियों में रहते हैं। अधिकतर कहानियाँ द्विभाषीय होती, जिनमें हिन्दी के वाक्य विन्यास और अंग्रेज़ी शब्दावली का इस्तेमाल होता। हिन्दी संवादों में कुछ अंग्रेज़ी के छोटे-छोटे वाक्य भी होते जैसे- come here- said the fisherman's wife (इधर आओ, मछुआरे की पत्नी बोली।)

हर शाम, हममें से बहुत से लोग समुद्र किनारे मिलते और सैर करते। समुद्र, मछलियाँ और मछुआरे की पत्नी, एक नए रंग में सामने आती। डॉलफिन मछली का दिखना, एक लम्बे सफर से पिताजी का लौटना, किसी की शादी, ऐसे अनेक किस्से बच्चे मुझे सुनाते। यही कहानियां मैं अक्सर अंग्रेजी में वापस दोहरा देती।

हमारी कक्षा की दीवार का हर कोना बच्चों के काम से सज गया और मैं बड़ी-बड़ी किताबें स्कूल लाने लगी। हमने बहुत सारी वस्तुओं को अंग्रेजी नाम दिए और उनके चित्र लगाए। तारों पर लटके ये चित्र किसी पतंग जैसे उड़ते और समुद्र से आती हवा में गाना गाते दिखते। हम उन्हें देखते और बताते कि वे

कैसे प्रतीत होते हैं। कभी-कभी एक चित्र को उतार, उसकी जगह उसका बेहतर स्वरूप भी लगा देते। यह सही है कि वस्तुओं के नाम मैंने लिखे थे। पर बच्चों ने भी अब खुद लिखना शुरू कर दिया था, गर्व के साथ। अक्सर हम आँगन में लगे बरगद के पेड़ के नीचे बैठ, अपनी बड़ी किताब से छोटी जल परी या मछुआरे की पत्नी की कहानी पढ़ते और बच्चे रेत में चित्र बनाते।

मैंने वर्णमाला (Alphabet) ज़रूर पढ़ाई पर अक्षरों को पढ़ी हुई किताब में ढूँढना एक मज़ेदार खेल था। अक्सर पाया गया कि किताब में वर्ण मिल जाने पर बच्चे खुद ही पूरा शब्द पढ़ देते। हमने ये किताबें इतनी बार पढ़ी थी कि वर्ण देखते ही बच्चे शब्द पहचान जाते।

और यह तब हुआ जब हम कक्षा में साबुन, नमकीन के पैकेट और बोतलों पर चिपके लेबल लाने लगे। हम उन्हें देखते, उन पर लगे नाम पढ़ते और कभी-कभी तो साथ में लिखे निर्देश भी पढ़ते। मैंने पुराने चार्ट पेपर और कवर्स से एक एल्बम बनाया था और इसमें हम सब पैकेटों को चिपका देते। उनके नीचे बच्चे लिखते। वर्तनी अजीबो-गरीब होती क्योंकि बच्चों ने मनगढ़न्त वर्तनी लिखी होती। शब्दों के वर्ण भी ऊँचे-नीचे होते पर काम बच्चों ने किया था। मैं हर बच्चे से पूछती की वो क्या लिख रहे हैं। हर बच्चा सचमुच कुछ खास था।

इस तरह से हमारा साक्षरता का सफर शुरू हुआ- कठिन परिश्रम और मस्ती से भरा सफ़र जिसमें सब बच्चे मेरे साथ थे और स्नेह ही वह डोर थी जिसने हमें एक मजबूत रिश्ते में बांध दिया।

लेखिका के बारे में : निवेदिता ने, देश और विदेश में, अंग्रेज़ी शिक्षण, सन्दर्भ व्यक्ति और केंद्रीय विद्यालय में प्रधानाचार्या का कार्य किया है। शोध के क्षेत्र में उनकी रुचि सीखने और शिक्षक की क्षमता बढ़ाने में है। आजकल वह अज़ीम प्रेमजी फाउण्डेशन में कार्यरत हैं।

nivedita@azimpremji.org

अनुवादक : प्रीति मिश्रा, विद्या भवन शिक्षा सन्दर्भ केन्द्र, उदयपुर (राज.)।

स्रोत : लेंग्वेज एंड लेंग्वेज टीचिंग 1.2.2: 23-25, जुलाई, 2012.

भाषा और संस्कृति : कक्षा में 'सौरा' प्राइमर का प्रयोग

महेन्द्र कुमार मिश्र

भूमिका

इस लेख में सौरा जनजाति के कक्षा एक के बच्चों के लिए एक प्राइमर तैयार करने और तत्पश्चात फील्ड में इस प्राइमर की जाँच से निकले निष्कर्षों पर चर्चा की गई है। बच्चे के सामाजिक-सांस्कृतिक सन्दर्भ को शिक्षा की बुनियाद के तौर पर देखा जाता है। प्राइमर में सौरा की लोक-कथाओं को सामग्री के तौर पर और सौरा भाषा को शिक्षा के माध्यम के रूप में इस्तेमाल किया गया है। इस प्रकार बच्चों के वातावरण से ही प्राप्त एक अन्तर्निहित सन्दर्भ सुनिश्चित किया गया है। हमारे काम से प्रदर्शित हुआ कि यदि बच्चे की भाषा को सीखने-सिखाने की प्रक्रिया में सक्रिय तौर पर प्रयोग किया जाए तो उनके लिए एक ही समय पर दो या इस से अधिक भाषाएँ सीखना सम्भव है। यह भी प्रदर्शित हुआ कि बच्चों को उन गतिविधियों में शामिल कर पाना सम्भव है जिन से उन की तार्किक और बोधात्मक क्षमताएँ बढ़ती हैं।

सौरा के सन्दर्भ में स्कूलः मुद्दे और चुनौतियाँ

सौरा भारत के ओडिशा राज्य के गजपति जिले की एक अनुसूचित जनजाति है। ज़िले की कुल जनसंख्या का 50 प्रतिशत जनजातीय है। ये लोग सौरा बोलते हैं, जो दक्षिणी मुण्डरी भाषा-समूह की एक भाषा है। ज़िले के 895 गाँवों में स्कूल हैं। इनमें से 440 गाँवों के स्कूलों में सौरा बोलने वाले बच्चों की जनसंख्या 90 प्रतिशत से भी अधिक हैं। 332 स्कूलों में 90 से 99 प्रतिशत बच्चे सौरा-भाषी हैं, और बाकी 118 गाँवों के बच्चे शत-प्रतिशत सौरा-भाषी हैं। इन गाँवों के बच्चे स्कूल की भाषा, ओड़िया, के सम्पर्क में बहुत ही कम आते हैं। इसीलिए इन गाँवों में सीखना-सिखाना एक बड़ी चुनौती है क्योंकि शिक्षकों, बच्चों और

पाठ्यपुस्तकों की भाषा में बहुत अन्तर है।

इस प्रोजेक्ट के लिए करीब 30 स्कूलों को चुना गया। सब में सौरा बच्चे ही थे। सौरा समुदाय से शिक्षक चिह्नित किए गए और उन्हें द्विभाषी प्राइमर लिखने के लिए प्रशिक्षित किया गया। सौरा गाँवों से सामुदायिक कहानियाँ और गीत इकट्ठे किए गए। स्रोत व्यक्तियों के साथ मिलकर सौरा अध्यापकों द्वारा सौरा तथा ओड़िया में द्विभाषी प्राइमर तैयार करने के लिए कार्यशालाएँ की गईं।

कक्षा-एक का प्राइमर बच्चों और शिक्षक की संस्कृति से जुड़ा हुआ था। पुस्तक का शीर्षक एरइ-एरइ (आओ- आओ) रखा गया - इस की पहली कविता का अर्थ था ''आओ-आओ, बच्चों, खेलें''। इस पुस्तक ने एक कार्यशाला में रूप-आकार लिया (देखें अन्त में दी गई टिप्पणी-1)। कार्यशाला का ध्यान ऐसी सामग्री तैयार करने पर केन्द्रित था जो बच्चों में भाषा सीखने की अपार क्षमताओं को पहचानती थी और संसाधन के रूप में उनकी सांस्कृतिक प्रथाओं को महत्व देती थी। प्राइमर के 34 पाठ सौरा स्रोत व्यक्तियों द्वारा उपलब्ध करवाए गए थे और सांस्कृतिक विषयों पर आधारित थे। इनमें घर, बगीचा, गाँव, पहाड़, फल, पक्षियों और जानवरों की लोक कथायें, खेती, शिकार, बाज़ार जैसे कई विषय शामिल थे जिनमें सौरा बच्चों और समुदाय का अनुभवजन्य ज्ञान झलकता था।

यह अनुभव परम्परागत शिक्षा-शास्त्रीय पाठ्यसामग्री और प्रथाओं से हट कर था। इस में सामग्री और प्रक्रियाएँ, सन्दर्भ और भाषा सब सौरा समुदाय से थीं। सौरा बच्चों के लिए देशीय ज्ञान के एक नए संवाद की रचना की गई थी। सौरा शिक्षकों के साथ मिल कर तैयार और चित्रित किए गए एरइ-एरइ के 34 पाठों ने शायद पहली बार स्कूल के औपचारिक क्षेत्र में बच्चों की भाषाई और सांस्कृतिक प्रथाओं को एक विशिष्ट स्थान दिया। दूसरे शब्दों में, शक्तिशाली स्कूली और सामाजिक व्यवस्था द्वारा सौरा ज्ञान-व्यवस्था और भाषा के अस्तित्व को स्वीकार किया गया, जब कि इस से पहले के इतिहास में इसे नकारा जाता रहा था। सौरा शिक्षकों और बच्चों के लिए यह वास्तव में एक नई सुबह थी।

स्थानीय मिथकों का इस्तेमाल

प्राइमर के 34 पाठों में से एक में कारण विज्ञानी (aetiological) मिथक कहानी कदन दा कका (बगुला और कौआ) का प्रयोग किया गया। इस सौरा कथा में यह बताने की कोशिश की गई है कि बगुला और कौए का जन्म किस प्रकार हुआ। प्राइमर की फील्ड जाँच के दौरान मैंने कक्षा में हुए इस कथा के आदान-प्रदान को उसी तरह दिखाने का प्रयास किया है जैसा मैंने उसे होते देखा था।

कहानी कुछ इस तरह से थी-

सौरा[3]	हिन्दी	ओड़िया
अबोइ आनिब्लिन बागु अंति दाकुन्लिन्जी	एक पेड़ पर दो पंछी रह रहे थे।	गोटिए गछरे दुईटी चड़ेई रहु थिले।
बदिना आनिन्जि रुदिलिन्जि	एक दिन उन में झगड़ा हो गया।	दिने सेमाने कळि कले।
अरुदिलिन्जि आसेल जैता गलुलिजि	झगड़ते-झगड़ते वे नीचे गिर गए।	कळि करि सेमाने तळे पडि गले।
अबोइ दुक्रिबोइ दाकुलि	एक बूढ़ी औरत थी।	जणे बुढि थिला।
अनिन बिन्दिआन बिन्दिआन्लिन कुमाबान आबोइ मुंग्बा डाकुइतिन	भोजन पकाने के बाद उसने राख को इकट्ठा कर के रख दिया।	से रान्धि सारि, पाउँस गटिए जागारे रखिला।
आसाजन बरान आबोइ मुंग्बा डाकुइतिन	उस ने चारकोल/काठ-कोयला को भी इसी प्रकार रख दिया।	अंगारकु आउ गोटिए जागारे रखिला।
आयिन्ते आवम्ति कुमब्लिंगन लग्तुले, अनि पलुदुन देय्ले।	उन में से एक पंछी राख में गिरा और बगुला बन गया।	गटिए चढेई पाउँस उपरे पडिला ओ बग हेला।
बुतिन्ते आशाजन असैलिंगन लाग्तुल्लि आनि येगादुन देय्ले।	दूसरा पंछी चारकोल/ काठ-कोयला में गिरा और कौआ बन गया।	अन्य चढ़ेई दि अंगार उपरे पडिला आउ काउ हेला।

एरइ-एरइ की फील्ड-जाँच, नुआगदा खण्ड के 24 स्कूलों में सात दिन तक चली। पाठ्यपुस्तक के लेखकों ने सभी 34 पाठ इन स्कूलों में प्रदर्शित किए और बच्चों की प्रतिक्रियाएँ एकत्र कीं।

मैं फील्ड-जाँच के अवलोकन के लिए तितिसिंग गाँव गया। सौरा शिक्षक फिलिप मण्डल ने बच्चों को कहानी सुनाई, जिसे उन्होंने एक बार में ही समझ लिया। इस के बाद शिक्षक ने बच्चों को कहानी दर्शाती तस्वीरें दिखाईं और उस पर आधारित कुछ सवाल पूछे। बच्चों ने तस्वीरों के प्रति बहुत ही अलग-अलग प्रतिक्रियाएँ दीं। कहानी की तस्वीरें लिखित पाठ के मुकाबले कहीं अधिक बोल रही थीं।

बच्चों द्वारा मूल पाठ से निर्मित नए पाठ

सौरा बच्चों ने पाठ के प्रति जोश दिखाया- बहुत स्पष्ट था कि वे उसे अपना

रहे हैं। उन्होंने कहानी और तस्वीरों को नए नज़रिए से देखा और इसे व्यक्त किया। बच्चों ने तस्वीरों से नई कहानियाँ भी बना लीं, जो उस समय तक किसी शिक्षक की कल्पना में भी नहीं आई थीं।

एक बच्चे ने पाठ्यपुस्तक की तस्वीर देखी और बोला, "उस पेड़ में, जिस पर पक्षी उठते-बैठते हैं, एक खोखली जगह है। उस में एक साँप रहता है। जब पक्षी नहीं होंगे तो साँप उन के घोंसले में जाएगा और अण्डे खा जाएगा।" (यह सामग्री पाठ्यपुस्तक में नहीं थी)।

मेरा ध्यान इस ओर गया कि बच्चों को इस बात की जानकारी थी कि साँप पक्षियों के घोंसलों में से अण्डे खा लेते हैं। और यह भी मैंने जाना कि उचित सन्दर्भ बन रहा हो तो वे इस बारे में बात करने में भी हिचकिचाते नहीं हैं। लेकिन विशेष तौर से ध्यान आकर्षित करने वाली बात यह थी कि औपचारिक स्कूली शिक्षा की शुरुआती कक्षाओं में आम तौर पर जो चुप्पी देखने को मिलती है वह यहाँ पूरी तरह से ग़ायब थी।

एक और बच्चे ने तस्वीर की ओर देखा और कहा, "झोंपड़ी पेड़ के नीचे है, और क्योंकि तन्दूर झोपड़ी के बाहर है, झोपड़ी को आग लग जाएगी।"

शिक्षक ने पूछा, "ऐसा क्यों होगा?"

बच्चे ने जवाब दिया, "बुढ़िया भोजन पकाएगी और निकट की छोटी नदी पर स्नान के लिए चली जाएगी। उस के पीछे से झोपड़ी में आग लग जाएगी। वह स्नान कर के वापिस आएगी तो उस का कोई घर नहीं होगा।"

स्पष्ट था कि सौरा बच्चों द्वारा रची गई ये दोनों घटनाएँ अनुभवजन्य थीं, और उन की सांस्कृतिक पृष्ठभूमि से आई थीं। साँप द्वारा पक्षियों के अण्डे खा लिया जाना, या आग में झोंपड़ियों का जल जाना तस्वीर में प्रदर्शित स्थिति को देख रहे सौरा बच्चों की कल्पना में उपजी घटनाएँ हैं। तस्वीरों को देखने के बाद उन की प्राथमिकता शिक्षक द्वारा वर्णित विषयवस्तु नहीं बल्कि उन की स्मृति में बस गई बात थी। इस से शिक्षक को मदद मिली और वे बच्चों के साथ हुई घटनाओं से नए ज्ञान को रच पाए। लेकिन बच्चों की प्रतिक्रियाओं से उलझन में पड़ गए शिक्षक, फिलिप मण्डल, बच्चों से नए वृत्तान्त स्वीकारने को तैयार नहीं थे। हाँ, जब उन का ध्यान इस ओर दिलाया गया कि बच्चे सीखते हुए परिचित से अपरिचित की ओर बढ़ते हैं, और पक्षी, पेड़ तथा आग के बारे में उन की बात सही थी, तो उन्हें यह अन्तर्दृष्टि मिली कि बच्चों में किसी मौजूदा पाठ से नए पाठों को रचने की काबिलियत होती है। फिलिप की आँखें अचरज से चमक रही थीं और उन्होंने माना कि उनका इस बात पर ध्यान नहीं गया था- "मुझे

लगा था कि बच्चों का ध्यान मूल पाठ से हट गया है।''

यानी बच्चों को अपने ज्ञान के आधार पर कुछ रचने की छूट मिले तो वे दिए गए पाठ के भीतर नए पाठ की रचना भी कर सकते हैं। उनके विचारों की भाषा ने उन्हें अपने अनुभवों को खोजने में मदद की, और इस के आधार पर उन्होंने अपने नए ज्ञान को रचा। इस उदाहरण में उन्होंने अपने पहले के अनुभवों को किताब में दी गई तस्वीरों से जोड़ा।

इसके साथ-साथ कक्षा के सब विद्यार्थी, शिक्षक के साथ चर्चा में गर्मजोशी से शामिल हुए क्योंकि यह सब उन की अपनी सौरा भाषा में हुआ न कि किसी ऐसी भाषा में जिस का उन्हें ज्ञान नहीं था। इस सबसे यह बात पक्के तौर पर स्थापित हो गई कि कक्षा में बच्चों की जानी-पहचानी भाषाओं के प्रयोग को प्रमुखता दी जानी चाहिए।

शिक्षकों की भाषा-शिक्षा पद्धति

कार्यशाला के कई सत्रों में प्रतिभागियों ने परस्पर-सम्बद्ध शब्दों और वाक्यों से विकसित हुए अलग-अलग पैटर्नों के विश्लेषण करने पर ध्यान केन्द्रित किया। पाठ से उभरते हुए कई द्विभाषी शब्दों और व्याकरण आधारित नियमों में पैटर्न, स्कूली शिक्षकों और बच्चों को समझ में आ रहे थे। यहाँ तक की गैर-सौरा शिक्षक भी उन्हें जान-समझ पा रहे थे।

कहानी से कुछ शब्दः सौरा से हिन्दी में

अबोइ- एक, बागु - दो, अनिन - वह (शी/ही), अनिब - पेड़, बदिना - एक दिन, अनिन्जि (बहुवचन), दुक्रि - बूढ़ी औरत, बन्दिन - तन्दूर, कुमा - राख, असज - चारकोल, डाकुइतिन - इकट्ठा कर रखा।

जब एक बार व्याकरण आधारित अवयव बच्चों के ध्यान में ला दिए गए तो वे बहुत आसानी से उन्हें समझ रहे थे। पाठ से सीखे गए व्याकरण के कुछ पैटर्नः

1. 'जि' को भूतकाल में क्रिया के बाद, बहुवचन के तौर पर प्रयोग किया जाता है।

रुदिलिन. जि	=	कलि. कले (झगड़े)
डाकुलिन. जि	=	रह्.. थिले (रहना)
		(एकवचन डाकुलिन, बहुवचन डाकुलिन्जि)
गलु लि. जि	=	पड़ि. गले (गिर गया, बहुवचन)

जब बच्चे, एक बार सौरा में 'जि' को भूतकाल के लिए प्रयोग करने का सिद्धांत सीख गए, तो वे ओड़िया में क्रिया के नियम भी बहुत आसानी से सीख गए- भूतकाल में सौरा भाषा की तरह क्रिया का प्रयोग कर के। उन्होंने यह निष्कर्ष निकाल लिया कि सौरा में 'जि' वाला काम ओड़िया में 'ले' द्वारा किया जाता है। इस तरह बच्चों के दिमाग में, क्रिया का नियम एक स्वाभाविक रूप से सौरा से ओड़िया में परिवर्तित हो गया। वे समझ गए कि 'जि' बहुवचन में प्रयोग होता है और यह वस्तुओं के लिए होता है।

2. इसी तरह व्याकरण का एक और सिद्धांत भी बच्चों द्वारा खंगाला गया। वे समझ पाए कि सौरा प्रत्यय 'आन' ओड़िया में 'कु' बन जाता है, और 'लिंगन' का ओड़िया में अर्थ 'रे' है, और इस का सम्बन्ध किसी चीज़ के स्थान से है।

कुमाब. आन = पाउँस. कु (राख में)
असज. आन = अंगार. कु (चारकोल में)
कुमाब. लिंगन =पाउँस. रे (राख पर)
असज. लिंगन = अंगार. रे (चारकोल पर)

कहानी में सौरा और ओड़िया वाक्यों के व्याकरणिक नियमों की तुलना की गई। इस प्रक्रिया से सौरा बच्चों में इस तरह की भाषा व विषय-वस्तु का निर्माण हुआ जिससे कि वे दोनों भाषाओं यानि उड़िया व सौरा में नई-नई वस्तुओं के लिए नये-नये शब्द सीख सके। इस प्रकार पाठ, सन्दर्भ और बुनावट को विश्लेषित किया गया और सीखने की नई प्रक्रियाएँ खुल कर सामने आईं।

यह पाठ पढ़ाए जाने के बाद-

बच्चे उन की जानकारी में मौजूद सौरा शब्दों को पढ़ पा रहे थे;

वे अपनी भाषा के सम्बद्ध शब्दों के विभिन्न रूपों को समझ पा रहे थे;

वे तस्वीर में ओड़िया शब्दों को समझ पा रहे थे, और उन के मौखिक और लिखित रूपों को भी सीख गए;

वे दोनों भाषाओं में कुछ शब्द पढ़, समझ और लिख पा रहे थे;

वे दोनों भाषाओं में व्याकरण के सिद्धांतों की छानबीन कर पाए और इस निष्कर्ष पर पहुँच पाए कि भाषाएँ नियमबद्ध होती हैं। वे यह भी समझ पाए कि सौरा भाषा किसी भी स्तर पर ओड़िया से निम्न नहीं है;

शिक्षकों ने सामग्री तैयार करने में सक्रिय हिस्सेदारी की।

एक अनुभवी सौरा शिक्षक, एनम गोमंगा, ने सेब खाते एक पक्षी का चित्र बनाया। यह चित्र एक बच्ची को दिखाया गया। वह पक्षी को तो पहचान गई लेकिन फल उस के लिए नया था। वह 'अन्तिदन' (मतलब पक्षी) बोली और

फिर चुप हो गई। मैंने एनम से कहा कि वह चित्र में सेब की जगह आम बना दे। बच्ची को फिर चित्र दिखाया गया। चित्र के नीचे एक वाक्य था। हम यह समझना चाहते थे कि एक बच्चा कैसे बस चित्र को देख कर उस के नीचे लिखी बात को पढ या पकड़ पाता है। उद्देश्य था कि बच्चे में चित्र पढ़ने में आत्मविश्वास विकसित हो, जो बाद में किसी भी अन्य भाषा में अन्दाज़े से चित्र-वाक्य पठन का रूप ले पाए।

परिस्थिति 1 : सन्दर्भ के बिना
अन्तिदन जान जुम्ते।
पक्षी फल खा रहा है।

परिस्थिति 2 : सन्दर्भ सहित
अन्तिदन उदा जान जुम्ते।
पक्षी आम का फल खा रहा है।

परिस्थिति 1 में लिखित पाठ बच्ची के सामने था और उससे आशा की जा रही थी कि वह वाक्य पढ़े। परिस्थिति 2 में बच्ची ने शब्द उदा (आम) का प्रयोग करते हुए नया वाक्य बनाया। यह शब्द पाठ में नहीं दिया गया था लेकिन उस ने इसे आत्मविश्वास के साथ पढ़ लिया। यह शब्द-पठन नहीं था बल्कि समझ के साथ चित्र पठन था।

ये चित्र शिक्षकों द्वारा नहीं बनाए गए थे बल्कि ऐसे कलाकारों द्वारा जो उन चीज़ों से परिचित नहीं थे जो के बच्चों की संस्कृति के भाग थे। सौरा के गाँवों में लोग 'आम' से तो परिचित थे मगर 'सेब' से नहीं।

आकलन

जब सौरा ग्रामवासी और माता-पिता स्कूल में आए तो वे हैरान थे कि शिक्षक उन्हीं के घर की भाषा में कहानियाँ सुना रहे हैं। उन्हें विश्वास नहीं था कि उन की भाषा स्कूल में सिखाई जा सकती है। बच्चों की बात करें तो वे स्कूल से अनुपस्थित नहीं रहते थे क्योंकि जो भी सिखाया-पढ़ाया जा रहा था, वे उसे आसानी से समझ पा रहे थे। कक्षा एक सांस्कृतिक स्तर पर सहज थी और शिक्षक

यह देख कर खुश थे कि प्रत्येक बच्चा कक्षा में सक्रिय है।

सौरा बच्चे कक्षा में सौरा शिक्षकों से बातचीत कर रहे थे–वे सवाल पूछ रहे थे, जवाब दे रहे थे, चर्चाओं में भाग ले रहे थे और लिखित पाठ के बारे में एक अधिसंज्ञानात्मक दृष्टिकोण से सोच रहे थे। वे, कहानी की घटनाओं पर ध्यान केन्द्रित करते हुए, एक व्यक्तिगत स्तर पर तथा छोटे समूहों में अपने अनुभवों को टटोल रहे थे। उनके लिए अपने वास्तविक जीवन के अनुभवों और अपनी कल्पनाओं को अभिव्यक्त कर पाना सम्भव हो रहा था।

जब एक कहानी को लिखा जाता है और फिर उसे बच्चों के लिए एक पाठ की तरह इस्तेमाल किया जाता है तो वह पाठ्यचर्या का हिस्सा बन जाती है। यह बात हमें समाज में मौखिक और लिखित सामग्री के बीच के शक्ति समीकरण की याद दिलाती है। ऊपर वर्णित प्रक्रिया, शिक्षक को एक साधन, एक माध्यम मुहैया करवाती है जो ऊपर से लादी गई मानकीय पाठ्यपुस्तकों को इस्तेमाल करने की प्रक्रिया में नहीं होता है। इस पूरी प्रक्रिया में बच्चों, शिक्षकों और माता-पिता की खुद की पहचान को भी स्पष्ट तौर पर बल मिला, उन्हें अपनी पहचान की पुष्टि होती दिखाई दी।

निष्कर्ष

विभिन्नता को आदर-सम्मान देने का अर्थ है स्वस्थ लोकतन्त्र को स्वीकारना- एक ऐसे समाज में जहाँ मानव, पशु और पर्यावरण का सह-अस्तित्व बना रहे। यह संसार सांस्कृतिक विविधताओं से ही बना रहता है। बच्चों को भाषा और ज्ञान के निर्माण से सम्बद्ध रखने का सब से रचनात्मक तरीका शायद यही है कि कक्षा में उन की भाषायी और सांस्कृतिक प्रथाओं को स्थान दिया जाए।

टिप्पणियाँः

1. मेरी दिलचस्पी भारत के ओडिशा प्रदेश के विभिन्न जनजातीय समुदायों की सांस्कृतिक और भाषा सम्बन्धी प्रथाओं में रही है। 1990 के दशक के अन्त के समयकाल में प्रो. रमा कान्त अग्निहोत्री और डॉ. मिनाति पाण्डा समेत कई शिक्षाविदों, समाज-भाषाशास्त्रियों और मनोविज्ञानियों द्वारा कई कार्यशालाएँ लगाई गईं। मैं प्रो. अग्निहोत्री और डॉ. पाण्डा के कार्य और नज़रियों से बहुत प्रभावित हुआ –इसी से मुझे बच्चों में छुपी सम्भावनाओं और उन के सांस्कृतिक तथा भाषायी रंगपटल पर ध्यान केन्द्रित करने के लिए प्रेरणा मिली। मुझे यह भी स्पष्ट हो गया कि बच्चों के लिए सब से सार्थक सामग्री

वह होगी जो उन की अपनी ही भाषा में हो, और लोककथाओं का निर्माण उन्हें पढ़ाने वाले शिक्षकों के साथ मिल कर ही सब से बेहतर हो सकता है। इसी पृष्ठभूमि में ओडिशा में पर्लाखेमुण्डी के निकट गुमा में एक कार्यशाला आयोजित की गई थी।

2. प्रो. अग्निहोत्री ने गुमा खण्ड में सौरा व्याकरण का विश्लेषण करने की कोशिश की। उन्होंने 1998-99 में ओडिशा में 5 कार्यशालाओं में भाग लिया।

3. कहानी सुनाने वाले श्री घासिइ साबर थे, सौरा प्राइमर लिखने में लगे हुए, रायगढ़ जिले के एक शिक्षक और स्रोत व्यक्ति।

महेन्द्र कुमार मिश्र एक लोककथाकार तथा बहुभाषीय शिक्षा पर राष्ट्रीय परामर्शदाता हैं। वे आइ.सी.आइ.सी.आइ. फाउण्डेशन इंक्लुसिव ग्रोथ, छत्तीसगढ़ की प्रोग्राम एण्ड रिसर्च टीम (एजुकेशन) के राज्य प्रमुख के तौर पर कार्यरत हैं।

mkmfolk@gmail.com

अनुवादक : रमणीक मोहन। आजकल स्वतन्त्र रूप से लेखन एवं अनुवाद का कार्य करते हैं।

स्रोत : लेंग्वेज एंड लेंग्वेज टीचिंग 2.1.3: 16-20, जनवरी, 2013.

बिना अर्थ के पढ़ना : भारतीय कक्षाओं की दुविधा

शोभा सिन्हा

पढ़ने का प्राथमिक उद्‌देश्य है, लिखे हुए से संदेश/अर्थ ग्रहण करना। पढ़ने का उद्देश्य तभी पूरा होता है जब हम उससे मतलब निकाल पाएँ, फिर चाहे हम किसी वस्तु को इस्तेमाल करने के निर्देशों को पढ़ रहे हों या फिर वनोन्मूलन से संबंधित कोई जटिल रिपोर्ट पढ़ रहे हों। लिखे हुए से अर्थ ग्रहण करने की क्षमता स्कूल की पढ़ाई के दौरान विशेष रूप से जरूरी हो जाती है क्योंकि सभी विषयों में सफलतापूर्वक ज्ञान निर्माण करने के लिए पढ़ने-लिखने की योग्यता आवश्यक होती है। इसलिए, खुद से न पढ़ पाना न केवल भाषा को प्रभावित करता है बल्कि अन्य विषयों को भी प्रभावित करता है। अतः उद्‌देश्य यह सुनिश्चित करना होना चाहिए कि बच्चे विभिन्न प्रकार की सामग्री, विवरण से लेकर वर्णन तक, को समझने की रणनीतियाँ बना सके।

पढ़कर समझने का इतना स्पष्ट महत्व होने के बावजूद, भारतीय कक्षाओं में स्थिति सामान्यतः बहुत अच्छी नहीं है। उदाहरण के लिए, नरसिम्हा (2004) ने मुम्बई के कुलीन स्कूलों के बच्चों पर एक अध्ययन किया, जिसमें उन्होंने बच्चों की विवरणात्मक, वर्णनात्मक व निर्देशात्मक सामग्री को पढ़कर समझने की क्षमता को जाँचा। इस जाँच में विद्यार्थियों की दक्षता में विविधता देखी गई और इनका प्रदर्शन सार्वजनिक परीक्षाओं के औसत से भी कम रहा। इसको स्पष्ट करते हुए नरसिम्हा ने समझाया कि ये परिणाम बताते हैं कि बच्चों में अपरिचित पाठ्यसामग्री को पढ़कर समझने की क्षमता नहीं है। एक-दूसरे सन्दर्भ में, माटरेजा (2006) ने दिल्ली के सरकारी विद्यालयों के सातवीं, नवीं और ग्यारवीं के बच्चों के अंग्रेजी को पढ़कर समझने का अध्ययन किया। उसने पाया कि अंग्रेज़ी की कक्षाओं में पढ़कर समझना प्राथमिकता पर ही नहीं था और शिक्षक समझ को सुनिश्चित करने के लिए पाठ्यसामग्री के अनुवाद पर निर्भर थे। फलस्वरूप, यह कोई आश्चर्यजनक नहीं था कि बच्चे पढ़कर समझने में कमजोर प्रदर्शन कर रहे थे। वहीं, दिल्ली के एक कुलीन विद्यालय में ग्यारवीं के बच्चों को पढ़ाने के दौरान सिन्हा (1985) ने पाया कि बच्चे

साहित्य को समझने के लिए बहुत हद तक शिक्षक पर निर्भर थे।

इन सभी समस्याओं के बावजूद, कोई भी शिक्षक कभी भी पढ़कर समझने के महत्व को नहीं नकारेगा। इन हालात को समझने व उससे अपनी संभव भूमिका को देखने के लिए किसी को भी वर्तमान में जारी कक्षा में काम के तरीकों को ध्यान से समझना होगा। स्कूल में इस्तेमाल किए जाने वाले पढ़ने-पढ़ाने के तरीके भी अनजाने में बच्चों को पढ़कर समझने में बाधक बनते हैं। इस पर्चे में सबसे पहले मैं पढ़कर समझने की प्रक्रिया का वर्णन करूंगी, तत्पश्चात् पढ़कर समझने में कक्षा-कक्ष में इस्तेमाल किए जाने वाले तरीके किस प्रकार अपनी भूमिका निभाते हैं, यह समझने के लिए प्राथमिक व उच्च प्राथमिक कक्षाओं की स्थिति का जायजा लूंगी।

पिछले कुछ दशकों में, पढ़कर समझने की क्षमता पर बहुत से शोध हुए हैं। भारतीय शिक्षक प्रशिक्षण कॉलेजों में विद्यार्थी अक्सर कहते हैं कि सुनना और पढ़ना निष्क्रिय प्रक्रियाएँ हैं। जबकि सीखना और बोलना सक्रिय प्रक्रियाएँ हैं। परन्तु सच से ज़्यादा परे कुछ और हो नहीं सकता। गहन शोध (दुर्भाग्यवश भारत में नहीं) दिखलाता है कि पढ़कर समझना एक जटिल प्रक्रिया है। पाठ्यवस्तु का अर्थ पाठक के पास उसी क्षण नहीं पहुंच जाता जिस क्षण में वह उसे डिकोड करता है! हम अपने ही किसी अपरिचित क्षेत्र में कुछ पढ़ने की प्रक्रिया के बारे में सोच सकते हैं, हम उस पाठ्य सामग्री/ वस्तु को डिकोड तो ज़रूर कर पाएंगे लेकिन उसके अर्थ को समझना मुश्किल होगा। पढ़कर समझना "पाठक के ज्ञान और क्षमताओं, पाठ्यवस्तु की मांग, पाठक द्वारा पठन कार्य के दौरान की जाने वाली गतिविधियों और सामाजिक-सांस्कृतिक परिवेश में किए जाने वाले पठन कार्य" के बीच का एक जटिल पारस्परिक संवाद है। (विलकिन्सन एवं सन्, 2011 पेज 2 59)

साथ ही यह महज़ कुछ विशिष्ट उपवाक्यों/खंडों और वाक्यों की स्मृति नहीं है बल्कि पाठक पाठ्यसामग्री और सन्दर्भ के बीच की पारस्परिक क्रिया/ संवाद द्वारा बने संपूर्ण अर्थ का मसला है (ड्यूक व कारलिसल, 2011)। साफ तौर पर यह एक सक्रिय रचनात्मक प्रक्रिया है। कुछ चीजें/गतिविधियां जो पाठक अपनी रूचि बनाए रखने के लिए कर सकता है। उनमें से एक है। पाठ्यसामग्री को अपने पूर्व ज्ञान से जोड़ना, (एन्डरसन, 1994) अपने समझने की प्रक्रिया की ओर/बारे में सजग/ सचेत रहना और यदि समझने में चूक हो रही है तो उसके लिए कुछ उपचारात्मक उपाय करना (ब्राउन 1980)। इस क्षेत्र में किए गए शोध दर्शाते हैं कि आमतौर पर बच्चे अपने पूर्व ज्ञान से संबंध नहीं बना पाते हैं और न ही वे अपने समझने में असफलता के बारे में सचेत होते हैं, और ज़्यादातर खुद को उपचारात्मक उपायों की

ज़रूरत में पाते हैं। भारत में भी हमें समझ के साथ पढ़ने के लिए अपनाई जाने वाली शिक्षण पद्धति की प्रकृति पर गौर करना होगा क्योंकि यह स्कूल/विद्यालय में बने रहने के लिए बहुत महत्वपूर्ण है। अतः यह समझने के लिए कि शिक्षण पद्धति का बच्चों की पढ़कर समझने की क्षमता पर किस तरह का प्रभाव पड़ता है हम भारतीय स्कूली कक्षाओं की परिस्थितियों की जांच करेंगे।

पहले, मैं प्राथमिक स्तर के बारे में चर्चा करूंगी जहाँ पर बच्चा पढ़ना सीखता है और फिर मैं प्रारम्भिक कक्षाओं की ओर बढ़ूंगी। प्राथमिक स्तर पर पढ़ना : निरर्थकता की ओर प्रयास प्राथमिक शिक्षा में पढ़कर समझ बनाने की शिक्षण पद्धति को ज़्यादातर नज़रंदाज किया जाता है और डिकोडिंग पर ज़ोर दिया जाता है। (पियर्सन व ड्यूक, 2002) भारत में बाकी देशों की अपेक्षा/स्थिति और भी खराब है क्योंकि अन्य देशों में शिक्षक बच्चों को कहानियाँ सुनाते हैं और उनका पाठ्यपुस्तक के अलावा व्यापक बालक साहित्य से परिचय होता है। भारत में, ज़्यादातर बच्चों के लिए स्कूल ही एक मात्र ऐसी जगह होती है जहाँ पर उनका साक्षरता से सामना होता है और स्कूलों के साक्षरता से जूझने के तरीके को पढ़ने की बहुपरती अभ्यास के तौर पर समझा जा सकता है जहाँ सबसे पहले शब्द ध्वनि को उच्चारित प्रदान करने के बारे में सोचा जाता है, फिर उसके अर्थ के बारे में सोचा जाता है और आखिर में अगर ज़रूरत पड़े तो लिखित भाषा के काम और प्रासंगिकता के बारे में सोचा जाता है। कौशिक (2004) ने अपने शिक्षकों की प्रारंभिक पठन क्रिया के बारे में अवधारणाओं के संबंध में किए गए शोध में यह पाया कि शिक्षक प्रारंभिक पठन कार्यक्रमों का मुख्य उद्देश्य अक्षरों की क्रमिकता पर प्रवीणता हासिल करना और अक्षरों को जोड़कर शब्द बनाने में पारंगत होना मानते थे। ऐसी पद्धति में अर्थ के महलों को पीछे छोड़कर कोड्स पर प्रवीणता हासिल करने पर ज़ोर दिया जाता है। पाठ्यपुस्तक, खासकर प्रवेशिकाओं (प्राइमर) को इसके लिए दोषी ठहराया गया है। लेकिन साथ ही कक्षा की कार्य प्रणाली में भी समस्याएँ हैं। इस भाग में पहले हम पाठ्यवस्तु को देखेंगे और उसके बाद प्रारंभिक प्राथमिक कक्षाओं की कार्यप्रणाली को जांचेंगे। पाठ्यपुस्तकें, पाठ्यवस्तु (Text) को सरलीकृत करने की कोशिश करती है ताकि पढ़ना सीखना शुरू करने वाले बच्चों के लिए पठन क्रिया आसान हो जाए। हालांकि काफी बार यह सरलीकरण पाठ्यवस्तु की संसक्ति, अर्थ और रूचि की कीमत पर होता है। प्रवेशिकाएँ इस पद्धति का एक उदाहरण हैं। परंपरागत रूप से प्रवेशिकाओं का ध्यान बच्चों को समझने की कला। (कैसे समझा जाए) सिखाने पर नहीं होता।

उनका ध्यान मुख्य रूप से बच्चों को डिकोडिंग सिखाने पर केंद्रित होता है। सिन्हा

(2000) ने हिंदी प्रवेशिकाओं का विश्लेषण करके पाया कि वे स्वरों (मात्रा) के इर्दगिर्द होती हैं। अतः पाठों में किसी एक मात्रा का चुनाव करके उससे संबंधित शब्दों की एक सूची दी जाती है और साथ में कुछ वाक्य जिनमें उस विशिष्ट स्वर का इस्तेमाल होता है।

उदाहरणतः इ की ध्वनि सिखाने के लिए निम्नलिखित शब्दों का उपयोग किया गया थाः

मिठास, सितार, बारिश, पालिश, तकिया, बिलाव, धनिया, लिफाफा, खटिया। (सिन्हा, 2000, पृ. 39)

हालांकि हर शब्द अपने आप में अर्थपूर्ण है लेकिन उनमें कोई आपसी संबंध नहीं है (मात्रा के सिवाय) और इसी कारणवश उनका कोई सामूहिक अर्थ/सामूहिक महत्व/संग्रहित अर्थ नहीं है। शब्दों की सूची के बाद दिए गए वाक्य भी असंबद्ध हैं और केवल ध्वनि की दृष्टि से जुड़े हुए हैं। सिन्हा (2010) प्रवेशिकाओं की गुणवत्ता पर प्रश्नचिह्न लगाती हुए कहती हैं कि "वास्तव में वे यह सिखाते हैं कि पढ़ते समय अर्थ न तलाशा जाए।" अगर कोई इस पाठ्यवस्तु को समझने की दृष्टि से पढ़ें तो उसका अनुभव बड़ा ही अजीबो-गरीब होगा क्योंकि यहाँ पर समझने लायक अनुकूल कोई सामंजस्यपूर्ण/सुसंगत पाठ्यवस्तु है ही नहीं। (पृ. 122)। अतः ऐसी स्थिति में न केवल पाठक का पाठ्यवस्तु से जुड़ाव/संवाद असंभव है। बल्कि बच्चा वास्तविक तौर पर अर्थ का निर्माण करना नहीं सीखता है। पिछले कुछ सालों में इन पाठ्यवस्तुओं को लिखने के तरीके में कुछ बदलाव हुए हैं। खासकर राष्ट्रीय शैक्षिक अनुसंधान और प्रशिक्षण परिषद द्वारा कुछ स्कूल पढ़ना सिखाने के लिए पारम्परिक प्रवेशिकाओं का इस्तेमाल करते हैं जो असंबद्धता की समस्या से ग्रसित न होने के बावजूद भी वे इतनी नीरस हैं कि वे पढ़ने लायक नहीं हैं।

यहाँ तक कि पाठ्यवस्तु अच्छे से लिखी हुई होने पर (उदाहरण के लिए, हाल ही में एन.सी.ई.आर.टी. ने किताबों में अर्थ वाले हिस्से को रखा) भी उन्हें कक्षा में इस तरह से नहीं पढ़ाया जाता कि वे अर्थ निर्माण में कुछ मदद करें। कक्षा में बच्चे सस्वर वाचन करते हैं, उत्तरों को लिखते व याद करते हैं और इसके अलावा कहानी को अन्य भाषाई कौशल सिखाने के लिए इस्तेमाल किया जाता है, जैसे- कहानी में संज्ञा और क्रिया के उदाहरण ढूँढना तथा समझ पर जरा भी ध्यान नहीं देना। अपनी इस बात को वर्णित करने के लिए हमने भारत के दो अलग-अलग हिस्सों में कक्षाओं का अवलोकन किया। पहला अवलोकन हमने झारखण्ड में कक्षा एक में किया, जहाँ शिक्षक बच्चों को एक पाठ को कई बार सस्वर पढ़ने के लिए कह रही थी। पूरा ध्यान शब्दों को सही से उच्चारित करने पर था। इसके बाद उसने बच्चों को पाठ को अच्छी लिखावट में लिखने के लिए कहा। इस पूरी प्रक्रिया में, वहाँ

अर्थ पर या पाठ्यवस्तु के अन्य किसी पहलू पर कोई चर्चा नहीं हुई। पाठ्यवस्तु बहुत ही सुसंगत व रूचिपूर्ण थी, लेकिन अर्थ की दृष्टि से उस पाठ्यवस्तु के साथ कुछ भी नहीं किया गया। इसी तरह बैंगलोर की एक कक्षा में, कहानी पढ़ाते समय, पूरा ध्यान ध्वनि जागरूकता (फोनोलोजिकल अवेयरनेस) पर केन्द्रित था। बच्चों को सिखाया जा रहा था कि किसी शब्द में से कैसे शब्दांश (सिलेबल) को ढूंढा जाता है। दूसरी कक्षा के इन बच्चों ने लगभग आधा घण्टा कहानी के एक गद्यांश को पढ़ने में लगाया और जब वे प्रत्येक शब्दांश (सिलेबल) को सुनते तो ताली बजाते। प्रत्येक शब्दांश को सुनने व शब्दों पर चर्चा करने की इस प्रक्रिया में कहानी का मूल तत्व पूरी तरह से खत्म हो गया क्योंकि बच्चों का पूरा ध्यान ध्वनि पर ही केन्द्रित था। वैसे भी, सीखने में समझ को कोई खास मुद्दा नहीं समझा जाता है। कहानियों को विभिन्न भाषाई कौशल सिखाने के लिए इस्तेमाल किए जाने के परिणामस्वरूप, बच्चे पाठ्यवस्तु के अर्थ से भटक जाते हैं। कई बार वे इस बात की अन्तर्दृष्टि को ही भूल जाते हैं कि उन्हें पाठ्यवस्तु को अर्थ के लिए भी पढ़ना है।

बच्चों को पढ़ना सिखाने के लिए इस्तेमाल की जाने वाली विभिन्न विधियों पर बहुत वाद-विवाद है। हालाँकि इस पर्चे में इस विवाद को सुलझाने का प्रयास नहीं किया गया है। केवल इस बिन्दु को उठाने की कोशिश की गई है कि जब कहानियों और पाठ्यवस्तु का इस्तेमाल अर्थ को दरकिनार करते हुए केवल भाषाई घटकों पर ध्यान केन्द्रित करते हुए किया जाता है तो बच्चे कभी भी पाठ्यवस्तु के अर्थ के साथ जुड़ाव बनाना नहीं सीख पाएंगे तथा पाठ्यवस्तु के अर्थ के साथ यह जुड़ाव न बना पाना बच्चे के लिए इस अर्थ में घातक दुष्परिणाम साबित हो सकता है कि पढ़ने के प्रति उनकी ललक ही खत्म हो जाए (ब्लॉक, रोलर, जॉय एवं गेने 2002)। भारत में अक्सर स्कूलों में इस प्रक्रिया को अपनाने के कारण बच्चे यह अहसास ही नहीं कर पाते कि उन्हें पाठ्यवस्तु को अर्थ समझने की दृष्टि से भी देखना है। उनके लिए, शुरूआती वर्षों में पढ़ना एक निरर्थक क्रिया होती है। बच्चे इस दुनिया का अपने लिए अर्थ बनाना चाहते हैं न कि निरर्थकता में संलग्न होना। इसलिए बच्चों के पढ़ना सीखने के कार्यक्रम में भी बच्चे की इस आधारभूत प्रकृति को नजरअंदाज नहीं किया जा सकता है। बच्चों को अर्थ निर्माण के लिए इन्तजार करने के लिए कहना एक समझदार प्रक्रिया नहीं है, क्योंकि बच्चों को तुरंत अर्थ निर्माण की जरूरत होती है। अर्थ निर्माण में यह विलम्ब महंगा साबित हो सकता है जिससे पाठ के साथ बच्चों का जुड़ाव टूट जाता है जिसे सुधारना/ठीक करना मुश्किल हो जाता है। बच्चे यह गहरी धारणा बना सकते हैं कि पढ़ना निरर्थक है और अपने पढ़ने लिखने की योग्यता को सफल/उपजाऊ तरीके से उपयोग करने में असफल होंगे।

पूर्व माध्यमिक शालाओं में पढ़ना

उच्च कक्षाओं में शिक्षक शब्दार्थों को लेकर ज्यादा चिंतित रहते हैं। आमतौर पर समझ के साथ पढ़ने के मुद्दे पर वे कठिन शब्दों के अर्थ बताकर, पाठ के कठिन हिस्से का वर्णन करके और पाठ्यवस्तु पर आधारित प्रश्न पूछकर इतिश्री कर लेते हैं। ऐसे में, इनकी शिक्षण प्रक्रियाओं के बारे में जो प्रश्न पूछने की जरूरत है वह है कि, क्या वे यह सुनिश्चित करते हैं कि बच्चे वह रणनीतियां सीख रहे हैं या नहीं जो उन्हें स्वतंत्र रूप से पढ़कर समझने में सक्षम बनाएं? इसी प्रश्न को ध्यान में रखते हुए, मैं यहाँ ज्यादातर भारतीय कक्षाओं में समान रूप से इस्तेमाल की जाने वाली शिक्षण पद्धतियों की चर्चा करूंगी।

यह एक प्रथा है कि पाठ के शुरूआत में कठिन शब्दों की सूची दी जाती है और पाठ पढ़ने से पूर्व उन्हें पढ़ना होता है। हालाँकि उन शब्दों को कठिन शब्दों के रूप में चुनने के आधार स्पष्ट नहीं होते हैं। संभवतया, शब्दों को इस अनुमान के आधार पर चुना जाता है कि वे बच्चों के लिए अपरिचित होंगे। हालाँकि, पढ़कर समझने में शब्दावली मददगार होती है लेकिन फिर भी किसी पाठ्यवस्तु को समझने में इसकी सीमित ही महत्ता है साथ ही किसी खास शब्द की उस पाठ्यवस्तु को सम्पूर्णता में समझने में शायद कोई सार्थकता नहीं हो सकती है। शोध ने भी दर्शाया है कि किसी पाठ्यवस्तु के शब्दों को उनके मुश्किल पर्यायवाची शब्दों से बदल देने पर भी विद्यार्थियों को उस पाठ्यवस्तु को समझने में कोई मुश्किल नहीं आती है। (फ्रीबॉडी एवं एंडरसन, 1983) इसलिए, किसी पाठ्यवस्तु को समझने की दृष्टि से अपरिचित शब्द हमेशा एक चुनौती नहीं खड़ी करते हैं। (नागी एवं हैबर्ट, 2011) वास्तव में, थीम से जुड़ी हुई गतिविधियां जैसे- ब्रेनस्टोर्मिंग और शब्दों को खोजना आदि बेहतर होती है, क्योंकि ये बच्चे के पूर्व ज्ञान को जाग्रत करने में मदद करती हैं (नागी, 1988)।

शिक्षक द्वारा पाठ का सस्वर वाचन करने के पश्चात् उस पाठ की व्याख्या करना भी भारतीय कक्षाओं की एक सामान्य शिक्षण प्रक्रिया है। शाह (2009) ने दिल्ली में छठीं कक्षाओं का अध्ययन किया और पाया कि पाठ को समझाना या उसकी व्याख्या देना हिन्दी साहित्य की कक्षाओं में एक आम प्रक्रिया है। सिन्हा (1985) ने कक्षा-11 को अंग्रेजी पढ़ाते हुए यह देखा कि बच्चे पाठ्यवस्तु का अर्थ समझने के लिए पूर्णतया शिक्षिका पर निर्भर रहते थे। और, यहाँ तक कि बच्चे बहुत व्यथित विचलित हो जाते थे जब वह पंक्ति दर पंक्ति व्याख्या देने से मना कर देती थी। वे उससे ऐसा करने की मांग करते थे।

पाठ्यवस्तु की व्याख्या प्रदान करने की यह प्रथा बहुत प्रबल व अनियंत्रित है

कि शिक्षक भी कई बार एक सीधे-साधे वाक्य को भी व्याख्यायित करने का काम करते हैं। वे ऐसा इस उद्देश्य से करते हैं ताकि पाठ्यवस्तु बच्चों को समझ में आए, उनकी पहुंच में आ जाए। हालाँकि, समस्या यह है कि हो सकता है शिक्षक द्वारा पाठ्यवस्तु को अपने शब्दों में प्रस्तुत करने पर वह बच्चों की पहुँच में भी आ जाए, लेकिन वे बच्चों के किसी भी पाठ्यवस्तु को स्वयं पढ़कर समझने के मौकों को बाधित कर रहे होते हैं। अतः इनका पढ़ने की रणनीतियों के विकास में गम्भीर प्रभाव पड़ता है। पाठ्यवस्तु को समझने व उस तक पहुंच बनाने के लिए बनी-बनाई तयशुदा व्याख्या देने की बजाय अलग तरह के तरीके सोचने की चुनौती को शिक्षकों को उठाना चाहिए। सिन्हा (1985) ने एक प्रक्रिया का वर्णन किया है जिसमें किसी थीम से संबंधित अनेक कविताएं बच्चों द्वारा पढ़ी गई व उन पर चर्चा की गई और इस प्रक्रिया के दौरान बच्चे शिक्षक पर अपनी निर्भरता को भूल गए।

थीम आधारित पढ़ना अर्थ की ओर बच्चों को प्रेरित करेगा। पूर्व ज्ञान पर चर्चा करना, उन्हीं विषयों से संबंधित पाठ्यवस्तुओं को पढ़ना और चर्चाएं, ये सभी पढ़ने में स्वतंत्रता व फोकस को विकसित करने के तरीके हैं।

कक्षाओं में पाठ्यवस्तु की समझ को जाँचने के लिए प्रश्नोत्तर को नियमित रूप से इस्तेमाल किया जाता है। वैसे, यह याद रखना महत्वपूर्ण है कि ये प्रश्नोत्तर तभी मूल्यवान हो सकते हैं यदि ये बच्चों को सोचने और निष्कर्ष निकालने के मौके दें। तथ्यात्मक व याददाश्त वाले प्रश्नों के जवाब पाठ्यवस्तु को सम्पूर्णता में पढ़कर, समझे बिना भी दिये जा सकते हैं।

अपनी बात को समेटते हुए मैं कहूंगी कि यह स्पष्ट है कि, पढ़कर समझने के बारे में इतनी चिंता व विचार के बावजूद, कक्षागत प्रक्रियाएँ पढ़कर समझने की प्रक्रिया को अनजाने में कमजोर कर सकती है। यह महत्वपूर्ण है कि हम इस पर पूर्व प्राथमिक वर्षों से ही ध्यान दें एवं कक्षाओं में पूर्व ज्ञान को जागृत करने, पढ़ने की रणनीतियों के निर्देश और-थीम आधारित चर्चाओं को शामिल करें।

सन्दर्भ :

एंडरसन. आर.सी. (1994). रोल ऑफ द रीडर्ज़ स्कीमा इन कॉम्प्रीहेन्शन, लर्निंग एण्ड मेमोरी. इन आर. बी. रूडल, एम.आर. रूडल, एण्ड एच. सींगर (एड्ज़). थ्योरेटीकल मॉडल्स एण्ड प्रोसेसेज़ ऑफ रीडिंग (चौथा अंक) (पृ. 469-482). डेलावेर : इंटरनेशनल रीडिंग एसोसिएशन.

ब्लॉक, सी.सी., स्केलर, जे.एल., जॉय, जे.ए. एंड गेन, पी. (2002). प्रोसेस- बेस्ड रीडिंग कॉम्प्रीहेन्शन : पर्सपेक्टिव ऑफ फोर रीडिंग एज्यूकेटर्स. इन सी.सी. ब्लॉक, एण्ड एम. प्रेसली (एड्ज़). कॉम्प्रिहेन्शन इंस्ट्रक्शन (पृ. 42-61). न्यू यॉर्क : द गिलफॉर्ड प्रेस.

ब्राउन, ए.एल. (1980). मेटाकॉग्निटिव डवलपमेन्ट एण्ड रीडिंग. इन आर.जे. शिप्रो, बी.सी. ब्रूस एण्ड डब्ल्यू. एफ. ब्रेवर (एड्ज़) थ्योरेटिकल इश्यूस इन रीडिंग कॉम्प्रिहेन्शन (पृ. 453-481). हिल्सडेल, एन.जे. : लोरेन्स एर्लबोम एसोसिएट्स.

ड्यूक, एन.के. एण्ड कार्लिस, जे. (2011). द डवलपमेन्ट ऑफ कॉम्प्रिहेन्शन. इन एम.एल. कमिल, पी. डी. पीयर्सन, ई.बी. मोजे, एण्ड पी.पी. आफ्लरबाक (एड्ज़), हेण्डबुक ऑफ रीडिंग रिसर्च (वॉल्यूम प्ट) (पृ. 199-228). न्यू यॉर्क : रूटलेज़.

फ्रीबडी, पी. एण्ड एण्डरसन, आर.सी. (1983). इफेक्ट्स ऑन टेक्स्ट कॉम्प्रिहेन्शन ऑफ डिफरिंग प्रोपोर्शन्ज़ एण्ड लोकेशंज़ ऑफ डिफिकल्ट वोकेबुलेरी. जर्नल ऑफ रीडिंग बीहेवियर, 15 (3), 19-39.

कॉशिक, एस. (2004). टीचर्स असम्पशंज़ अबाउट अर्ली रीडिंग (अनपब्लिश्ड एम.एड डेज़र्टेशन) यूनिवर्सिटी ऑफ दिल्ली, दिल्ली, इण्डिया.

मातरेजा, जी (2006). रीडिंग कॉम्प्रिहेंशन ऑफ इंग्लिश टेक्स्टस : अ स्टडी ऑफ सेवंथ, नाईंथ एण्ड इलेवंथ ग्रेड स्टूडेंट्स (अनपब्लिश्ड एम.एड डेज़र्टेशन) यूनिवर्सिटी ऑफ दिल्ली, दिल्ली, इण्डिया.

नरसिम्हा, आर. (2004). केरेक्टराईज़िंग लिटरेसी. न्यू देहली : सेज पब्लिकेशंज़.

नागी, डब्ल्यू.ई. एण्ड हर्बर्ट, ई.एच. (2011), टूवर्ड अ थ्योरी ऑफ वर्ड सलेक्शन. इन एम.एल. कमिल, पी.डी. पीयर्सन, ई.बी. मौजे, एण्ड पी.पी. आफरबाक (एड्ज़), हेण्डबुक ऑफ रीडिंग रिसर्च (वॉल्यूम IV) (पृ.388-404). न्यू यॉर्क : रूटलेज.

नागी, डब्ल्यू.ई. (1988). टीचिंग वॉकेबुलेरी टू इम्प्रूव रीडिंग कॉम्प्रिहेन्शन. अर्बाना, आई.एल.एन.सी.टी.ई.

पीयर्सन, पी.डी. एण्ड ड्यूक, एन.के. (2002). कॉम्प्रिहेन्शन इंस्ट्रक्शन इन द प्रायमरी ग्रेड्ज़. इन सी. सी. ब्लॉक, एण्ड एम. प्रेसली (एड्ज़), कॉम्प्रिहेन्शन इंस्ट्रक्शन (पृ. 247-258). न्यू यॉर्क : द गिलफॉर्ड प्रेस. शाह, एस. (2009). रीडिंग हिन्दी लिटरेचर इन एलिमेन्ट्री स्कूल कन्टेक्स्ट (अनपब्लिश्ड एम.फिल. डेज़रटेशन). यूनिवर्सिटी ऑफ देहली, देहली इण्डिया.

सिन्हा, एस. (1985). एक्स्प्लोरिंग लिटरेचर : एन एक्सिपीरियंस. पेरेन्ट्स एण्ड पेडागोग्ज़, मई-जून, 3-4.

सिन्हा, एस. (2000). एक्वायरिंग लिटरेसी इन इंडियन स्कूल्ज़. सेमीनार, 493, 38-42.

सिन्हा, एस. (2010). लिटरेचर इंस्ट्रक्शन इन इण्डियन स्कूल्स. इन अ. निकोलोपोलो, टी. अब्राहम एण्ड एफ. मीरबाघेरी (एड्ज़). एज्यूकेशन फॉर सस्टेनेबल डवलपमेन्ट (पृ. 117-128).

विल्किंसन, आई.ए.जी. एण्ड सन, ई.एच. (2011), अ डायलोजिक टर्न इन रिसर्च ऑन लर्निंग एण्ड टीचिंग टू कॉम्प्रिहेण्ड. इन एम.एल. कमिल, पी.डी. पियर्सन, ई.बी. मौजे एण्ड पी.पी. आफलरबाक (एड्ज़), हेण्डबुक ऑफ रीडिंग रिसर्च (वॉल्यूम प्ट) (पृ. 359-387). न्यू यॉर्क : रूटलेज़.

लेखिका के बारे में : शोभा सिन्हा, शिक्षा विभाग, दिल्ली विश्वविद्यालय में एसोसिएट प्रोफेसर हैं। उनकी शोध रूचि में प्रारम्भिक शिक्षा, खासकर निम्न सामाजिक-आर्थिक पृष्ठभूमि के बच्चों की साहित्य के लिए प्रतिक्रिया और कक्षा के सन्दर्भ में शिक्षा शामिल हैं।

sinha_shobha@hotmail.com

अनुवादक : पुष्पराज सिंह राणावत, विद्या भवन शिक्षा सन्दर्भ केन्द्र, उदयपुर (राज.) व मालविका, एकलव्य भोपाल (मध्यप्रदेश)।

स्रोत : लेंग्वेज एंड लेंग्वेज टीचिंग 1.1.1: 22-26, जनवरी, 2012.

बच्चों को पाठक कैसे बनाएँ?

आर. अमृतावल्ली

जन-गणना (यानि भारतीय सेन्सस) के अनुसार साक्षरता का तात्पर्य है अपना नाम लिख पाने की क्षमता। परन्तु साक्षरता को हस्ताक्षर करने तक ही सीमित करना उसका मज़ाक उड़ाना है। साक्षरता का तात्पर्य अक्षर पहचानने, उन्हें जोड़कर शब्द पढ़ने और पाठ (टेक्स्ट) पढ़ने तक ही सीमित नहीं है। इसमें कोई शक नहीं कि ये सब कौशल साक्षरता की यात्रा के हिस्से हैं, परन्तु सच्ची साक्षरता वह क्षमता है जिससे पाठक मनपसन्द पाठ पढ़ सकें व समझ सकें। (ध्यान देने योग्य बात यह है कि साक्षरता केवल एक पाठ्य-पुस्तक को पढ़ना व उस पर आधारित प्रश्नों का उत्तर देना नहीं है, ठीक उसी तरह जैसे कि गणित केवल कुछ सवालों व उनके हल को याद कर लेना नहीं है।)

हो सकता है कि हमारा मनपसन्द पाठ साधारण अथवा मामूली-सा हो, जैसे कि कोई मार्ग संकेत, या जैसे कि पोस्टर या अख़बार; वह एक औपचारिक दस्तावेज़ भी हो सकता है, उदाहरण के लिए नौकरी का कॉन्ट्रेक्ट या ऐसी पाठ्य-सामग्री भी हो सकती है जिसके लिए आपको ज़्यादा दिमाग़ व कल्पना का इस्तेमाल करना पड़े। पर अन्ततः यदि हम चाहते हैं कि सूचनाओं, ज्ञान व अपनी कल्पनाशीलता के लिए पढ़ें, तो हमें मानना पड़ेगा कि साक्षरता एक यात्रा है। स्कूलों में हम केवल यहीं कर सकते हैं कि बच्चों की इस यात्रा की शुरुआत करा दें। ये तय करना हमारे हाथ में नहीं है कि बच्चा कौन-सी डगर पकड़ेगा, कितनी दूर और किस गति से जायेगा। यह सब बातें व्यक्तिगत चयन या पसन्द की हैं।

हमारा काम यह है कि हम बच्चों को इतना समर्थ बनायें कि वे साक्षरता के अपने रास्ते खोज पायें और उन्हें सुदृढ़ कर पाएँ। स्कूली शिक्षा ख़त्म होने तक हर बच्चे में यह क्षमता आ जानी चाहिए कि वह जो भी पढ़ना चाहे, पढ़ सके। एक व्यक्ति, जो केवल वही पढ़ सकता है जो उसे पढ़ना सिखाया गया है, पाठक नहीं है। पढ़ना सिखाने का उद्देश्य है व्यक्ति को पाठक बनाना।

पढ़ना एक ऐसी क्षमता है जो एक व्यक्ति के साथ सारी उम्र रहती है। यह एक

ऐसी क्षमता भी है जो निरन्तर बढ़ती रहती है और जिसका निरन्तर विकास होता रहता है। बच्चे इसे पूर्ण रूप से विकसित कौशल के रूप में नहीं पाते हैं।

इस लेख में मैं सबसे पहले साक्षरता के अलग-अलग मॉडलों की चर्चा करुँगी। इसके पश्चात् मैं यह तर्क प्रस्तुत करुँगी कि हमारे स्कूलों में यह बात गायब है कि हम बच्चे को उस किताब को पढ़ने का मौका ही नहीं देते जो वह पढ़ना चाहता है और जो उसने चुनी है। पाठक निर्माण की प्रक्रिया में यह एक महत्त्वपूर्ण कदम है।

पढ़ने के मॉडल्स

विद्यार्थियों को पढ़ना सिखाने के कई मॉडल हैं। आप पढ़ाने के लिए कौनसे तरीके इस्तेमाल करते हैं, यह इस पर निर्भर करता है कि आप कौन-सा मॉडल चुनते हैं। एक तरफ तो 'बॉटम-अप' मॉडल है जिसमें आप अक्षर व वर्णमाला से शब्दों को पहचानना सीखते हैं, और दूसरी तरफ 'टॉप-डाउन' दृष्टिकोण है जिसमें कि पूरे पाठ के अर्थ को मद्देनज़र रखा जाता है। इन दोनों मॉडलों के मिलन से एक तीसरा मॉडल बनता है जिसे हम 'कम्पनसेटरी' मॉडल कह सकते हैं।

बॉटम-अप दृष्टिकोण

बॉटम-अप दृष्टिकोण में इस तरह के कौशल सम्मिलित होते हैं जिनका प्रयोग गलतियाँ सुधारने में किया जाता है। इसमें हर अक्षर पर ध्यान दिया जाता है और पढ़ने की प्रक्रिया अत्यधिक धीमी व कष्टदायक होती है। यह पढ़ने की एक ऐसी प्रक्रिया है जिसे वयस्क लोग अपरिचित शब्दों को पढ़ने के लिए इस्तेमाल करते हैं (ब्रिजन्सकी, उर्कहार्ट या चोलोमॉन्डले जैसे शब्दों को पढ़ने की या फिर ऐसे शब्द जैसे कि सेमॉर्डनिलाप, मटूटोलटपीआ, स्केफॉयड, पोकोकुरन्ते, मेटेनस्फेलिक, रेबोमेन्सी और पैरास्केवीडेकाट्रीयाफोबिया)। ये शब्द मनगढ़ंत नहीं हैं। आप इन्हें मैकमिलन इंग्लिश व रेण्डम हाऊस शब्दकोष में ऑनलाईन देख सकते हैं।

ऊपर दिए गए अपरिचित शब्दों को पढ़ते समय अधिकतर लोग पहले उन्हें वर्ण-दर-वर्ण पढ़ेंगे, फिर शब्दांश में टुकड़े करेंगे और फिर इन सबको मिलाकर शब्द पढ़ने का प्रयास करेंगे। गौ (1985) के अनुसार इसे ही बॉटम-अप की प्रक्रिया कहते हैं जहाँ कि पढ़ना, टुकड़ों से समग्रता की ओर बढ़ता है। इस मॉडल में पाठक पहले वर्ण पहचानता है, फिर हिज्जों के पैटनर्स पकड़ता है, जैसे कि 'स्प्र' या 'ब्ल' और फिर उसके बाद पूरे शब्द को पहचानता है।

इस मॉडल में पाठक के सन्दर्भ, पूर्व ज्ञान, उनके उच्च स्तरीय पढ़ने के कौशलों

को कोई विशेष महत्त्व नहीं दिया जाता। इस मॉडल में पढ़ना एक डिकोडिंग की प्रक्रिया माना जाता है। इसके अलावा यह मॉडल इस बात का सटीक चित्रण भी नहीं कर पाता कि एक कुशल पाठक वास्तव में कैसे पढ़ता है। क्योंकि यह बात सभी जानते हैं कि कुशल पाठक अच्छे प्रूफ रीडर नहीं होते!

टॉप-डाउन दृष्टिकोण

टॉप-डाउन मॉडल में हम उन कौशलों का उपयोग करते हैं जो हमें शब्दों को जल्दी से और एक समग्र रूप में पढ़ने में मदद करते हैं। इसमें पढ़ने का तरीका वही है जिसका इस्तेमाल हम लोगोज़, ब्राण्डों के नामों या उन शब्दों को पढ़ने के लिए किया करते हैं जिनसे हम भली-भाँति परिचित हैं, उदाहरण के लिए किसी जगह का नाम जैसे कि 'दिल्ली' या फिर किसी ब्राण्ड का नाम जैसे कि 'ज़िरॉक्स' या फिर किसी व्यक्ति का नाम जैसे कि 'सचिन तेन्दुलकर'। कई निरक्षर युवा या वो बच्चे भी जो अभी स्कूल ही नहीं गए हैं, दुकानों पर टंगे बोर्डों पर लिखे वस्तुओं के नाम (साबुन और दंतमंजन) पहचान लेते हैं। यही कारण है कि स्थानीय स्तर पर चीजें बनाने वाले लोग बड़े-बड़े सुपरिचित लोगोज़ व ब्राण्डों के नामों की नकल करते हैं!

हम सभी नई-नई बातें समझने के लिए पढ़ते हैं। इसके लिए हम अपने संसार का ज्ञान एवं सदंर्भ में उपलब्ध सूचनाओं का इस्तेमाल करते हैं। यही कारण है कि हम ऐसे शब्द पढ़ सकते हैं जो आधे छुपे होते हैं या जिनकी स्याही हल्की पड़ गई होती है। यदि निम्नलिखित वाक्य में कुछ शब्द या अक्षर धुंधले पड़ जाएं तब भी हम इस वाक्य को आसानी से पढ़ सकेंगे, ''कल हम बच्चों को चिड़िया घर ले गए। वहाँ हमने बाघ और शेर देखे।''

पढ़ने के टॉप-डाउन मॉडल के अनुसार पाठक एक समग्र दृष्टिकोण से टुकड़ों की तरफ बढ़ता है, अर्थ की सहायता से आगे बढ़ता, अपने संसार के ज्ञान एवं अनुभवों का इस्तेमाल करता है और अपनी भाषा के ज्ञान का भी। टॉप-डाउन मॉडल इस बात पर ज़ोर देता है कि हममें वह क्षमता मौजूद है कि पढ़ते समय हम बता सकें कि अब टेक्स्ट में आगे क्या लिखा होगा।

इंटरेक्टिव कम्पनसेटरी मॉडल

इन दोनों मॉडलों के मिश्रण पर आधारित कम्पनसेटरी मॉडल के अनुसार एक कुशल पाठक बॉटम-अप और टॉप डाउन दोनों किस्म के कौशल समूहों का आश्यकतानुसार इस्तेमाल करता है। एक व्यक्ति जो भाषा से अच्छी तरह परिचित

नहीं है उसके लिए आगे आने वाले शब्दों का अनुमान लगाना कठिन होगा बनिस्पत एक ऐसे व्यक्ति के जो भाषा अच्छी तरह से जानता है। इस तरह का व्यक्ति बॉटम-अप तरीके अपनाएगा और साथ ही अपने संसार के अनुभवों व विषय के ज्ञान के आधार पर शब्दों का अनुमान भी लगाएगा।

अलग-अलग तरह के पाठ पढ़ने के लिए अलग-अलग मॉडलों की आवश्यकता पड़ती है। उदाहरण के लिए जिस तरह के कौशलों की आवश्यकता जासूसी कहानियों को तीव्र गति से पढ़ने में होती है, वो उन कौशलों से बिलकुल अलग हैं जो सांस्कृतिक दृष्टि से अपरिचित नामों की सूची को पढ़ने के लिए चाहिए जैसे कि एक अन्तर्राष्ट्रीय सम्मेलन में आये हुए वक्ताओं के नामों की सूची। दूसरी तरफ हम किसी बस का नम्बर बहुत तीव्र गति से पढ़ लेते हैं और एक झलक में ही यह पहचान लेते हैं कि वह बस हमारे मतलब की है या नहीं। इस तरह हमारे पास पढ़ने के कौशलों का एक भण्डार रहता है और पढ़ने के मॉडलों में परस्पर एक-दूसरे से कोई विरोधाभास नहीं होता।

ये अलग-अलग मॉडल हमें ऐसी युक्तियाँ देते हैं जो एक-दूसरे की पूरक हैं। जिस प्रकार अच्छा स्वास्थ्य बनाये रखने के लिए अलग-अलग रास्ते उपलब्ध हैं, उदाहरण के लिए पौष्टिक आहार एवं व्यायाम, योगा एवं साधना, दवा-दारू एवं सर्जरी आदि, ठीक उसी तरह साक्षरता व पढ़ना सिखाने के लिए भी अलग-अलग रास्ते हैं। अलग-अलग लोगों के लिए अलग-अलग समय पर अलग-अलग तरीके उचित हो सकते हैं। इसलिए अध्यापकों को यह समझना आवश्यक है कि पढ़ना सीखने के अलग-अलग तरीके होते हैं और उनमें कोई विरोधाभास नहीं होता। वे एक-दूसरे के पूरक होते हैं। साथ ही पढ़ना सिखाने को समझने में यह जागरूकता पैदा करना आवश्यक है कि पढ़ना सिखाने के अलग-अलग मॉडल होते हैं। यह महत्त्वपूर्ण है क्योंकि अलग-अलग व्यक्तियों की पसन्द, शौक व रुझान अलग-अलग होते हैं। पढ़ना सिखाने का कोई भी एक मात्र तरीका ऐसा नहीं है जो सभी के लिए और हर वक्त उपयुक्त हो।

शिक्षार्थी स्वायत्तता एवं शिक्षार्थी-प्रिय पाठ्य सामग्री

एक कक्षा में अलग-अलग तरह के बच्चे होते हैं। शिक्षण का मतलब यह नहीं होता कि पाठ्यक्रम पूरा कर दिया जाए या कुछ कौशल या ज्ञान बच्चों तक पहुँचा दिए जाएँ। शिक्षण का मतलब होता है बच्चों के मानस पर प्रभाव डालना। जिस तरह से बच्चे खेल के मैदान में अपनी शारीरिक गतिविधियों की सम्भावनाओं को खोजते हैं, उसी तरह से कक्षा में संज्ञानात्मक गतिविधियों में संलग्न बच्चे

दिमागी कसरत में उलझ जाते हैं और इस क्षेत्र में अपनी क्षमताओं व सीमाओं का परीक्षण करते हैं। सीखना एक दिमागी गतिविधि है और इस गतिविधि के चलते दिमागी ताकत बढ़ती है। अतः शिक्षण का अर्थ है, बच्चों को ऐसी जगह देना जहाँ वे मानसिक स्तर पर गतिविधियों में उलझ सकें।

अतः पढ़ना सबसे अच्छी तरह से तभी सीखा जाता है जब बच्चा पढ़ने की कोशिश करता है और हर बच्चा अपने स्तर और अपने दिलचस्पी की किताब चुनता है। भाषा के विकास के क्षेत्र के लिए क्रेशन (1985) "i + 1" प्रतीक का इस्तेमाल करते हैं। यदि "i" को हम बच्चे का अभी का स्तर मान लें तो सीखने की प्रक्रिया सबसे अधिक अच्छी उस स्तर पर होती है जो जटिलता की दृष्टि से उसकी क्षमता से एक स्तर ऊपर है। मनोवैज्ञानिक वाईगोट्सकी (1986) ''ज़ोन ऑफ प्रोक्सिमल डवेलपमेन्ट (ज़ेड.पी.डी.)'' की बात करते हैं यानि एक ऐसा क्षेत्र जहाँ बच्चा थोड़ी बहुत मदद के साथ उन समस्याओं को हल कर सकता है जिन्हें वह स्वयं नहीं कर सकता। ये निष्कर्ष "i" या "ज़ेड.पी.डी." को समझने में हमारी मदद नहीं करते और हम अपनी-अपनी समझ के अनुसार इनके अर्थ लगाते रहते हैं। ठीक उसी तरह से जैसे कि यह निश्चित करना कठिन है कि किसी को कितनी भूख लगेगी या कितनी नींद आएगी, यह निश्चित करना भी कठिन है कि कोई क्या पढ़ पाएगा। भूख और नींद के बारे में अभिभावक बच्चों के लिए एक दिनचर्या बनाने की कोशिश करते हैं और उन्हें खाने और सोने की सुविधाएँ प्रदान करते हैं। पढ़ना सीखने के लिए भी हमें कुछ इसी तरह के तरीके इस्तेमाल करने चाहिए।

अतः हमारे स्कूलों में यह आवश्यक है कि शुरू-शुरू में बच्चों को बहुत-सी कहानियाँ पढ़ के सुनाई जाएँ और बाद में पढ़ने के लिए अतिरिक्त घंटे दिए जाएँ। पाठ्यपुस्तकें भी इस तरह से पढ़ाई जा सकती हैं कि वे सीखने वाले की स्वायत्तता को प्रोत्साहन दें। मैंने (अमृतावल्ली, 2007) कुछ वंचित बच्चों (जिनका अंग्रेज़ी का स्तर उस स्तर से बहुत नीचे था जिसकी उनसे उम्मीद की जा रही थी) को कहा 'मुझे इस किताब में वो ढूँढ कर बताओ जो तुम पढ़ सकते हो'। हर बच्चे ने कुछ न कुछ ढूँढा, चाहे वे दो-चार वाक्य ही थे। सबसे हैरानी की बात तो यह थी कि इस तरह की कई कक्षाओं के बाद हमारे पास 'पाठ्यपुस्तक के अन्दर एक पुस्तक' थी जो बच्चे खुद पढ़ सकते थे।

इस 'पाठ्यपुस्तक के अन्दर एक पुस्तक' में जो चीज़ें शामिल थीं वो हैं (1) चित्रों वाले पन्ने (जिनमें रेखा चित्र थे) (2) कोई भी ऐसा पाठ नहीं जो पहले से निर्धारित था (3) कविताएँ एवं अन्य सामग्री जैसे संवाद, शब्दावली व व्याकरण पर

आधारित अभ्यास आदि। संक्षेप में निर्धारित पाठ्यपुस्तक का वह हर हिस्सा जो देखने में छोटा लगता था, जिसमें छोटे पैराग्राफ थे, ऐसे संवाद जिनमें अलग-अलग बच्चे अपनी-अपनी बारी ले सकते थे, छोटे वाक्य थे (जैसे कविताओं में) बच्चों ने चुने। यह ऐसे पाठ नहीं थे जो दो या तीन पन्नों के थे और जिन्हें पढ़ाने के लिए दो-तीन दिन का समय चाहिए था, ये ऐसे छोटे-छोटे टुकड़े थे जिन्हें 15-20 मिनिट में पढ़ाया जा सकता था।

यदि हम थोड़ा ध्यान से सोचें तो यह बात समझ में आयेगी कि हम सभी अपनी रोज़मर्रा की ज़िन्दगी में छोटी-छोटी चीज़ें ही पढ़ते हैं, सिवाय उन लोगों के जिन्हें लम्बे-लम्बे उपन्यास पढ़ने का शौक होता है य वे लोग जो अध्यापक होते हैं और शोध कार्य में संलग्न होते हैं। रोज़मर्रा का अधिकतर पढ़ना थोड़े समय के लिए होता है, खासतौर की सूचनाओं व दिलचस्पिओं के लिए। इंग्लैण्ड में बच्चों के पढ़ने के शौक के बारे में शोध कर रहे विद्वानों को इस बात से बहुत हैरानी हुई कि बच्चे कविताएँ बहुत शौक से पढ़ते हैं और सबसे कमज़ोर बच्चे भी कविताओं में ही रुचि लेते हैं (हॉल एण्ड कॉल, 1999)। यह इसलिए की कविताएँ छोटी होती हैं और उनमें लय व तुकबन्दी होती है और इनसे यह अनुमान लगाने में बहुत मदद मिलती है कि आगे क्या आयेगा।

आखिर में, हम अपनी रोज़मर्रा की ज़िन्दगी में वही पढ़ते हैं जो हम पढ़ना चाहते हैं। फिर भी हम अपनी कक्षाओं में बच्चों को बिल्कुल ऐसे अवसर नहीं देते कि वे भी यही कर सकें। मैं अपनी बात आपको एक किस्सा सुना कर खत्म करती हूँ जिससे यह पता लगता है कि बच्चे को अपनी पसन्द का पाठ चुनने में कितनी क्षमता व परिश्रम की जरूरत होती है। कुछ नौ साल के बच्चे, लगभग तीन साल से तेलुगू एक दूसरी भाषा के रूप में सीख रहे थे। अध्यापक ने उनसे कहा कि गर्मी की छुट्टियों के बाद उन्हें कक्षा में यह बताना होता कि उन्होंने छुट्टियों में तेलुगू में क्या पढ़ा। इसका परिणाम यह हुआ कि बच्चों को ऐसी किताबें खोजनी पढ़ीं जो वो पढ़ सकते थे और अपने साथियों के साथ बाँट सकते थे। माँ-बाप भी यह देख कर बहुत खुश थे कि तेलुगू कहानियों की पत्रिकाएँ एवं किताबें जो अभी तक लावारिस पड़ी रहती थीं, अब बहुत ध्यान से देखी जा रही थीं और बच्चे उनके बारे में एक-दूसरे से खूब बातचीत कर रहे थे।

इस छोटे से लेख में मैंने 'स्कीमिंग' व 'स्केनिंग' जैसे उप-कौशलों की बात नहीं की है, पर यह स्पष्ट है कि किसी भी किताब या पाठ का चुनाव करने से पहले बच्चे इन उप-कौशलों का काफी इस्तेमाल करते हैं। बच्चों की उचित पाठों की तलाश में कार्टून व चुटकुले भी शामिल थे। अपनी संस्था में भी मैंने कई

ऐसे वयस्क अंतर्राष्ट्रीय अंग्रेज़ी सीखने वाले विद्यार्थियों को देखा है जो अंग्रेज़ी में लिखे चुटकले, किस्से और कहानियों जैसे छोटे पाठ की तलाश में रहते थे। हमारी निर्धारित पाठ्यपुस्तकों में इस तरह की पाठ्य सामग्री देखने को नहीं मिलती थी।

चाहे कोई बच्चा हो या वयस्क, उसे क्या पढ़ना है यह बात तो वह स्वयं ही निश्चित कर सकता है। हमें इंग्लैण्ड जैसे देशों में हुए शोध का निरीक्षण करना होगा यह देखने के लिए कि बच्चे क्या पढ़ना पसन्द करते हैं, ताकि हम यह अंदाज़ा लगा सकें कि अलग-अलग उम्र के कुशल पाठक क्या-क्या पढ़ना पसन्द करते हैं। इससे हमें पता लगेगा कि हम अपने स्कूलों में पढ़ने के सफल कार्यक्रम कैसे बनाएँ।

सन्दर्भ :

अमृतावल्ली, आर. (2007). इंगलिश इन डिप्रावड सरकमस्टेन्सज़ः मेक्सीमाईज़िंग लर्नर ऑटोनोमी. न्यू दिल्ली, इण्डियाः केम्ब्रीज युनिवर्सिटी प्रेस.

गौ, पी.बी. (1985). वन सैकण्ड ऑफ रीडिंग. इन एच. सिंगर एण्ड आर. रडल (एडस.), थ्योरोटिकल मॉडल एण्ड प्रोसेसेज़ ऑफ रीडिंग (सैकंड एड) (प्र.स. 509-535). डीईःआई.आर.ए. नीवार्क

हॉल, क्रिस्टाइन, एण्ड कोल्स, मॉर्टिन. (1999). चिल्ड्रनस रीडिंग चॉइसेज़. लन्दनः रुटलेज.

क्राशन, एस. (1985). दी इनपुट हाइपोथिसिज़ः इश्यूज़ एण्ड इमप्लीकेशन्ज़. कैलिफोर्नियाः लॉरेडो पब्लिशिंग कम्पनी इंक.

वाईगोतस्की, एल.एस. (1986). थाट एण्ड लेग्वेज़. केम्ब्रिजः एम.आई.टी. प्रेस.

लेखिका के बारे में : आर. अमृतावल्ली एक जानी-मानी भाषा वैज्ञानिक हैं और भाषा संरचना, प्रथम एवं द्वितीय भाषा अनुगम और संज्ञानात्मक मनोविज्ञान में उनकी विशेष रुचि है। वे इंग्लिश एण्ड फोरेन लेग्वेजेज विश्वविद्यालय, हैदराबाद में प्रोफेसर के रूप में कार्यरत हैं।

amritavalli@gmail.com

अनुवादक : रमा कान्त अग्निहोत्री, विद्या भवन सोसायटी, उदयपुर (राज.)।

स्रोत : लेंग्वेज एंड लेंग्वेज टीचिंग 1.1.1: 1-4, जनवरी, 2012.

बहुभाषीय शिक्षा और अक्षर-ज्ञान : सहारा रेगिस्तान के दक्षिण-स्थित अफ्रीका से शोध

कैथ्लीन ह्यू

परिचय

विश्व के दक्षिण-स्थित देशों में गाँवों में प्रयोग की जा रही स्थानीय या क्षेत्रीय भाषाओं के माध्यम से बच्चों को शिक्षित किए जाने का लम्बा इतिहास रहा है। इन देशों में विद्वत्ता की भी एक समृद्ध साहित्यिक परम्परा रही है जो औपनिवेशिक हस्तक्षेप के पहले से चली आ रही है व जिसके परिणामस्वरूप यहाँ योरोपीय भाषाओं, प्रशासन तन्त्रों और शैक्षिक प्रणालियों प्रवेश हुआ। आज, लोगों की गतिशीलता में बहुत तेजी से बढ़ोतरी हुई है, वैश्विक प्रौद्योगिकी का विस्तार और फैलाव हुआ है। ऐसे में योरोपीय, उत्तरी अमेरिकन तथा आस्ट्रलेशियन शिक्षा प्रणालियाँ संघर्ष कर रही हैं कि भाषाई और सांस्कृतिक विविधता को सम्भालने-संचालित करने का सब से बेहतर तरीका क्या हो। द्वि-/बहुभाषाई शिक्षा पर मुख्यतः पश्चिमी-उत्तरी नज़रियों से लिखी गई पुस्तकों में (हेलर, 2008) गार्शिया, 2009; ब्लैक्लेज और क्रीस, 2010) शिक्षा में समावेशी दृष्टिकोणों के महत्व और प्रयोग से संबधित लेख हैं। लेकिन 'दक्षिण' के देशों के लिए इन अध्ययनों का खिंचाव सीमित है क्योंकि वे तो भाषाई विभिन्नता वाले उन विद्यार्थियों की आवश्यकताओं पर ध्यान केन्द्रित करते हैं जिन्हें बहुसंख्यक मुख्यधारा की व्यवस्थाओं के उपसमूह में अल्पसंख्यक माना जाता है। 'दक्षिण के नेतृत्व' में हुए ठोस और पर्याप्त अनुसन्धान के बढ़ते प्रमाण के बावजूद (अग्निहोत्री, 2007; मोहन्ती आदि, 2009; ऊएन तथा ग्लांज़, 2010; ह्यू तथा स्कट्नब-कैंगस, 2010), 'उत्तर' के अकादमिक लेखों में 'दक्षिण' के बहुमूल्य अनुसंधान से मिली सीख और किये गये काम को लगातार अनदेखा किया जा रहा है।

इस लेख में मैं अफ्रीका की साक्षरता और बहुभाषीय शिक्षा-प्रणालियों पर हाल ही में हुए कुछ बड़े पैमाने के अनुसन्धान के बारे में चर्चा करूँगी। मेरा विश्वास है कि इन से हम कुछ ऐसे व्यापक निष्कर्ष पा सकते हैं जो शायद उन

देशों के लिए प्रासंगिक हों जहाँ बहुभाषावाद और बहुभाषीयता (अग्निहोत्री, 2007) सामान्य तौर पर मौजूद हैं न कि अपवाद की तरह। कीनिया के विद्वान अलमिन मजरूई (2002) यह तर्क देते है कि अफ्रीका के स्कूली विद्यार्थियों की आवश्यकताओं को पूरा करने में, शिक्षा की वर्तमान असफलता के कई समाधानों में से एक समाधान है इस तरह के शोधों का प्रचार-प्रसार जो यह समझने में मदद करते हैं कि ऐसा क्या है जो काम करता है व क्या ऐसा है जो काम नहीं करता। वे सूचना और जानकारी, अनुसन्धान और तजुरबे के विभिन्न दिशाओं/देशों आदान-प्रदान के महत्व पर भी बल देते हैं। यानी अफ्रीका से बाहर की ओर प्रसार- डायस्पोरा (दक्षिण-दक्षिण और दक्षिण-उत्तर) - न कि सिर्फ एकदिशात्मक उत्तर-से-दक्षिण को आदान-प्रदान जिस ने उन्नीसवीं सदी के समय से अफ्रीका के विकास को कमज़ोर किया है।

अफ्रीका की 'अदृश्य' शिक्षा प्रथाएँ

हम जानते हैं कि अफ्रीका बहुभाषीय शैक्षिक परम्परा और प्रचलन के कम से कम तीन सुपरिभाषित समयकालों से हो कर गुजरा है। ये तीनों औपनिवेशिक हस्तक्षेप से पहले के दौर थे। शुरुआत प्रारम्भिक मिस्र में चित्रलिपि (Hieroglyphics) के उपयोग से हुई, और फिर कॉप्टिक ईसाइयों द्वारा गीज (Ge'eZ) के प्रयोग से होते हुए अरबी लिपि में लिखी गई विभिन्न अफ्रीकी भाषाओं में शिक्षा के प्रसार का दौर आया जिस के प्रमाण हमें माली में टिम्बकटू की पाण्डुलिपियों में मिलते हैं। विभिन्न भाषाओं में विद्वत्ता, जो बारहवीं सदी में माली में अपने चरम पर पहुँची, इतालवी पुनर्जागरण से भी आगे थी। लेकिन उन्नीसवीं सदी के उत्तरार्ध में यूरोप द्वारा अफ्रीका के बँटवारे ने अफ्रीकी शैक्षिक प्रचलनों और इस दौर के रिकॉर्ड्स को 'अदृश्य' (स्कट्नब-कैंगस, 2000) कर दिया। विविध अफ्रीकी समुदायों पर शिक्षा के योरोपीय या उत्तरी अमेरिकन मॉडल थोप दिए गए, जब कि ये इस महाद्वीप के लिए बिल्कुल भी उपयुक्त नहीं थे, और ऐसे समाजों के लिए तैयार किए गए थे जहाँ किसी एक भाषा का प्रभुत्व था। इस प्रकार के अनुपयुक्त मॉडल, जिन में 'परिणाम-आधारित' या 'रचनावादी' पाठ्यचर्या सब से हाल के मॉडल हैं, न केवल बहुत खर्चीले हैं, और पूरे अफ्रीका को कर्ज की स्थिति में ले गए हैं, बल्कि इन्होंने पिछले 130 सालों से विद्यार्थियों के हितों को भी बहुत ही कम साधा है।

लेकिन हाल ही में 'युनेस्को' तथा 'यू.एन.डी.पी.' (यूनाइटेड नेशन्स डेवलपमेन्ट प्रोग्राम) जैसी विकास एजेंसियों के साथ मिल कर हुए अफ्रीकी अनुसन्धान ने

भाषा और साक्षरता-शिक्षा में काफी व्यापक पैमाने पर ऐसा डेटा उजागर किया है जो अन्तर्राष्ट्रीय शिक्षा तथा व्यावहारिक तौर पर लागू भाषा-शास्त्र (Applied Linguistics) में विकसित होती सैद्धान्तिक स्थितियों के लिए लाभदायक हो सकता है, खासतौर पर जब वे अफ्रीका के बाहर भाषाई विविधता से सम्बद्ध हों।

अन्तर्राष्ट्रीय स्तर पर समकालीन समझदारी का एक हिस्सा यह है कि जितना अधिक समय बच्चे स्कूल में रहते हैं, उनकी मुख्यधारा के समाज तथा अर्थव्यवस्था तक पहुँच पाने की सम्भावनायें उतनी ही अधिक बढ़ जाती है। माना जाता है कि राज्य द्वारा मुहैया, मुख्यधारा की शिक्षा के कामयाब विद्यार्थी वे हैं जो बिल्कुल अपने आस-पास के समुदाय की भाषा(ओं) में साक्षरता के उच्च-स्तरीय कौशल विकसित कर पाने में सफल होते हैं। ये उच्च-स्तरीय दक्षताएँ बाद में अंग्रेजी, फ्रेंच, स्पैनिश, रूसी, अरबी या मैण्डरिन जैसी अधिक व्यापक सम्प्रेषण वाली भाषाओं में उच्च स्तर की साक्षरता के रूप में हस्तान्तरित हो सकती हैं। उत्तरी योरोप और उत्तरी अमेरिका में हुए अनुसन्धान से मुख्यधारा का विकल्प प्रस्तुत करने वाले कार्यक्रमों (जैसे, द्विभाषीय विलय, दो-तरल विलय) में इस प्रकार के नतीजों के संकेत मिलते हैं लेकिन इन दोनों में से किसी भी सन्दर्भ में प्राप्त ब्यौरा और आँकड़ें व्यापक व्यवस्था (मुख्यधारा) के अध्ययनों से मुहैया नहीं है।

बहरहाल, इस प्रकार का ब्यौरा अफ्रीकी देशों में हुए अध्ययनों से जरूर एकत्र हुआ है, खासतौर से दक्षिणी अफ्रीका और इथोपिया से, और सब-सहारन अफ्रीका यानी सहारा रेगिस्तान के दक्षिण में स्थित अफ्रीका, के कई देशों के अध्ययन से (अलिदू आदि 2006; ह्यू आदि 2007; रीव्स आदि 2008; ऊएन तथा ग्लांज़, 2010, 2011)। इसके अलावा हाल ही में दक्षिणिय देशों में हुये अनुसन्धान के एक आदान-प्रदान के तहत इथोपिया में विशेष तौर से दिलचस्प व्यवस्थापरक अध्ययन भाषा-शिक्षा पर हुआ जिस के निष्कर्ष लातिनी तथा उत्तरी अमेरिका, भारत, नेपाल, दक्षिण-पूर्व एशिया और बुर्कीना घसो की बहुभाषीय शैक्षिक पहलकदमियों के सम्बन्ध में बहस-मुबाहिसे का हिस्सा बने हैं। इन पृष्ठभूमियों से आए विद्वानों द्वारा प्रस्तुत शोध और सिद्धान्तों ने इस विषय से संबधित हमारी सतही समझ को गहरा किया है (ह्यू तथा स्कट्नब-कैंगस, 2010)। इथोपियन तथा अन्य अध्ययनों के निहितार्थ इन बिन्दुओं की तरफ इशारा करते हैं - शिक्षा का विकेन्द्रीकरण; क्षेत्रीय तथा स्थानीय अधिकारियों को निर्णय लेने के अधिकार, स्कूलों में स्थानीय दक्षताओं के विकास तथा समुदाय की हिस्सेदारी, बहुभाषीय शिक्षा का प्रावधान, और बेहतर उपलब्धि दर। हालाँकि ये अध्ययन उत्तर या पश्चिम की ओर देखने के आदी हितधारकों के लिए हैरत का विषय हो सकते हैं, लेकिन इस से दक्षिण में हो रहे काम में अन्तर्राष्ट्रीय रुचि अवश्य पैदा हो रही है।

इथोपियन अध्ययन

इथोपिया संसार के सब से गरीब देशों में से एक है। शहरी, ग्रामीण और खानाबदोश समुदायों से एकत्रित आँकड़ें और ब्यौरे पर आधारित इथोपियन अध्ययन दर्शाता है कि ऐसे मुल्क में भी संपूर्ण शिक्षा-व्यवस्था के स्तर पर कम खर्च की भाषायी, जातीय तथा सांस्कृतिक विविधता के लिए गुंजाइश निकाली जा सकती है - और यह दस साल के समयकाल के भीतर किया जाना सम्भव है (ह्यू आदि, 2007)। इथोपिया के (संघीय) शिक्षा मन्त्रालय ने 1994 में एक नई शिक्षा नीति को अपनाया जिस में दूसरी राष्ट्रीय भाषा एम्हैरिक के साथ-साथ मातृभाषा-शिक्षा के आठ साल शामिल थे। यह उन सब विद्यार्थियों के लिए, जिन की मातृभाषा एम्हैरिक नहीं थी (और इस में दो-तिहाई स्कूली विद्यार्थी आ जाते थे)। इस के अलावा नीति में सम्मिलित था - कक्षा-एक से ही विदेशी भाषा के तौर पर अंग्रेजी-शिक्षण, और माध्यमिक शिक्षा (कक्षा 9) तक आते-आते शिक्षा के माध्यम के तौर पर अंग्रेजी का प्रयोग। दक्षिणी अफ्रीका में जैसे अफ्रीकन का प्रभुत्व है उसी तरह 1990 से पहले के इथोपिया में एम्हैरिक का प्रयोग विशेषाधिकार सम्पन्न राजनैतिक ताकत और नियन्त्रण की भाषा के तौर पर होता था। इथोपिया औपनिवेशिक शासन के अधीन नहीं रहा, इसलिए इस से पहले अंग्रेज़ी की भूमिका यहाँ पर सीमित ही रही। 1990 के दशक में इथोपिया में राजनैतिक और शैक्षिक बदलाव हुए और लगभग उसी समयरेखा के दौरान दक्षिण अफ्रीका में भी। पिछले दो दशकों में इन के बीच दिलचस्प तुलनाएँ की जा सकती हैं। 2010 के आते-आते इथोपिया के 11 में से 8 इलाकों में मातृभाषा-शिक्षा कम से कम 6 साल की प्राथमिक शिक्षा के लिए लागू हो चुकी थी। इन में से 4 इलाकों में यह 8 साल के लिए लागू थी (साथ ही 32 भाषाओं में भाषा-विकास की बात भी थी)। संघीय और क्षेत्रीय सरकारों के हाथ में न्यूनतम संसाधनों के रहते, और एक ऐसे माहौल में जहाँ बस एम्हैरिक, अफन ऑरोमो और थोड़ी-बहुत अंग्रेज़ी ही शिक्षा की भाषाओं के तौर पर इस्तेमाल होती थीं, इस नीति की तीव्र उठान सच में अद्‌भुत और चमत्कारिक है।

2006 में इथोपियाई प्राइमरी स्कूलों में शिक्षण के माध्यम पर किए गए अध्ययन के लिए आँकड़ें इकट्ठा करने के चरण में एक विशेष बात ने अनुसन्धानकर्ताओं का ध्यान अपनी ओर खींचा। यह थी स्थानीय समुदायों की भाषा में वहीं के समुदाय द्वारा तैयार की गई पाठ्यपुस्तकों और सीखने-सिखाने की सामग्री की उपलब्धता और नियमित प्रयोग की बात। इस से भी अधिक उल्लेखनीय था कि दक्षिणी अफ्रीका के स्कूलों में की गई फील्ड रिसर्च के नतीजों के विपरीत

इथोपिया में देखने में आया कि इन किताबों का इस्तेमाल कक्षा में होता था और उन्हें रोजाना गृह कार्य के लिए घर ले जाया जाता था। दक्षिणी अफ्रीका में, जहाँ प्रकाशक व्यापारिक दृष्टि को ध्यान में रखते हुए महँगी पाठ्यपुस्तकें छापते हैं, ये अक्सर तालाबन्द अलमारियों में ही पड़ी रहती हैं, कभी-कभार ही विद्यार्थियों के हाथों में दी जाती हैं, और मुश्किल से ही घर ले जाने दी जाती हैं (रीव्स आदि, 2008)। हालाँकि इथोपियाई शिक्षा व्यवस्था के भीतर बहुत सी चुनौतियाँ रही हैं, इसमें कई त्रुटियाँ और जोखिम हैं जिसमें प्रकाशन नीति में हाल में किये गए बदलाव भी सम्मिलित हैं मगर फिर भी इस संसाधन-गरीब देश से दक्षिण अफ्रीका असरदार शैक्षिक सुधार के बारे में काफी कुछ सीख सकता है। दक्षिण और उत्तर के अन्य देश भी काफी कुछ सीख सकते हैं; जहाँ ऐसे नौजवान, जिन की भाषाओं और संस्कृतियों को पहचान नहीं मिलती है, और इस वजह से या तो वे समय से पहले स्कूल छोड़ देते हैं, या सामाजिक विलगाव का सामना करने पर मजबूर हो जाते हैं।

इथोपिया का यह उदाहरण पूरे अफ्रीका तथा अन्य विविध पृष्ठभूमियों में भाषा शिक्षा हेतू लागू किए गए शैक्षिक मॉडलों की एक छोटी दुनिया प्रस्तुत करता है। यद्यपि संघीय स्तर पर भाषा की एक ही शिक्षा नीति है लेकिन अलग-अलग क्षेत्रों ने इसे अलग-अलग हद तक लागू किया है। सन 2000, 2004 और 2008 में ग्रेड 4 और ग्रेड 8 में हुए व्यवस्थापरक मूल्यांकन ने संसार भर में बहुभाषीय शिक्षा के विस्तृत डेटासेट मुहैया करवाए हैं। ये डेटासेट भाषा-शिक्षा के प्रत्येक मॉडल के तहत शिक्षण के माध्यम और विद्यार्थी की उपलब्धि के बीच सम्बन्ध को दर्शाते हैं। (इन मण्डलों में मातृभाषा में शिक्षा न होना, मातृभाषा-शिक्षा के 4 साल, मातृभाषा-शिक्षा के 6 साल, मातृभाषा-शिक्षा के 6 और 8 सालों का मिश्रण - कुछ विषय मातृभाषा में 6 साल के लिए तथा 8 साल के लिए कोई अन्य भाषा और 8 साल के लिए मातृभाषा-शिक्षा से संबंधित मॉडल शामिल हैं)। हासिल किए गए निष्कर्ष इतिहास और काल-क्रम की दृष्टि से महत्वपूर्ण हैं।

सर्वप्रथम, इन आँकड़ों से जानकारी मिलती है कि 8 साल तक मातृभाषा में शिक्षाप्राप्त करने वाले विद्यार्थियों का प्रदर्शन इस से कम वर्ष मातृभाषा-शिक्षा प्राप्त करने वालों से कहीं बेहतर है। वह समूह जिसमें 6 से 8 साल तक मातृभाषा-शिक्षण प्राप्त विद्यार्थी शामिल थे उनका प्रदर्शन 6 साल के मातृभाषा-शिक्षण वालों से बेहतर है, और 6 साल के मातृभाषा-शिक्षण प्राप्त बच्चे 4 साल मातृभाषा-शिक्षण प्राप्त करने वालों से बेहतर हैं। ये आँकड़े अफ्रीकी अध्ययनों से सम्बद्ध पूर्व आँकड़ों से मेल खाते हैं जिन से संकेत मिलते हैं कि आदर्श स्थितियों (यानी

संसाधन-समृद्ध और प्रायोगिक हालात) में प्राप्त 6 साल के मातृभाषा-शिक्षण के चलते विद्यार्थी उपलब्धि के बेहतर स्तर हासिल करते हैं (बैम्बोस, 2000), और 8 साल की कम समृद्ध संसाधनों की स्थितियों में भी (अलिदू आदि, 2006, ऊएन तथा ग्लांज़, 2010)।

इसके अलावा आँकड़ों से ये संकेत भी मिलते हैं कि स्कूली व्यवस्था में कम से कम दो लिपियों/शब्दविन्यास व्यवस्थाओं समेत तीन भाषाएँ सीखने वाले विद्यार्थी केवल दो भाषाएँ सीखने वाले विद्यार्थियों के मुकाबले अधिक ऊँचे स्तर की अकादमिक उपलब्धि हासिल करते हैं।

तीसरा, आठ से कम वर्ष की मातृभाषा-शिक्षा प्राप्त करने वाले विद्यार्थियों की विज्ञान में उपलब्धि का स्तर बहुत तेजी से घटता है।

चौथा, अंग्रेज़ी माध्यम अपनाने से पहले कम से कम 6 साल तक मातृभाषा-शिक्षा प्राप्त करने वाले विद्यार्थी गणित में बेहतरीन प्रदर्शन करते हैं।

पाँचवाँ, अधिक शहरीकृत सन्दर्भों वाले विद्यार्थियों के मुकाबले वे विद्यार्थी उपलब्धि के बेहतर स्तरों का प्रदर्शन करते हैं जहाँ ग्रामीण और छोटे शहरी केन्द्र अधिक सघनता में हैं। इन निष्कर्षों का परस्पर सम्बन्ध ग्रामीण तथा छोटे नगरों के स्कूलों और शिक्षा में समुदाय की अधिक भागीदारी की बात के साथ बैठता है। घुमन्तू समुदायों द्वारा शिक्षा में कम रुचि दिखाने सम्बन्धी बहुत बार व्यक्त की जाने वाली भ्रान्तियों के बावजूद इथोपियन अध्ययन से प्रदर्शित हुआ कि इन चरागाही समाजों के समुदाय भी शिक्षा, और शिक्षा में भाषाओं की भूमिका पर प्रबल और सूचना-सम्पन्न विचार रखते हैं।

इथोपियाई अध्ययन से उत्पन्न होने वाले आँकड़ों के सम्बन्ध में एक और महत्वपूर्ण, निर्णायक बात है। 1994 और 2002 के बीच मातृभाषा-गृहभाषा नीति को लागू किया गया जिसे संघीय सरकार का अच्छा समर्थन मिला, लेकिन 2003 के बाद शिक्षा-मन्त्री के बदलाव के साथ ही सम्पूर्ण शिक्षा व्यवस्था में अंग्रेज़ी को अधिक तरजीह दिये जाने की ओर ध्यान केन्द्रित होने लगा। अंग्रेज़ी की भूमिका को बढ़ाने के लिए नई योजनाएँ लाई गईं। प्राइमरी स्कूलों में अंग्रेज़ी- शिक्षण पर बल दिया जाने लगा। 2004 के आते-आते युनाइटिड किंग्डम से अंग्रेज़ी भाषा के एक परामर्शदाता को सेवाकालीन शिक्षकों का शिक्षक-शिक्षा कार्यक्रम विकसित करने के लिए लाया गया। मकसद अंग्रेज़ी में शिक्षकों की दक्षता बढ़ाने का था। इस के चलते 2005 से शिक्षक-शिक्षा के बजट का 42 प्रतिशत हिस्सा अंग्रेज़ी भाषा में बेहतरी लाने के लिए कैस्केड मण्डल की ओर मोड़ दिया गया जिसमें 120 घण्टे बहुत ही सघनता से अंग्रेज़ी भाषा की ट्यूशन हेतु सम्पर्क के लिए,

और 80 घण्टे दूरस्थ शिक्षा के लिए थे। दो साल के भीतर ही प्राइमरी स्कूलों के सभी शिक्षक इस कार्यक्रम में भाग ले चुके थे। 2006 में एकत्र किए गए आँकड़ों से इस कार्यक्रम के बारे में और इस के असर के बारे में चिन्ताजनक जानकारियाँ प्राप्त हुईं। रिपोर्ट (ह्यू आदि, 2007) और पुस्तक (ह्यू तथा स्कट्नब-कैंगस, 2010) से उस समय व्यवस्था में मौजूद विद्यार्थियों की उपलब्धि पर अंग्रेज़ी को अधिक तरजीह दिए जाने के असर और उस के 'Washback Effect' (यानि परीक्षाओं का पढ़ाने की विषय-वस्तु एवं तरीकों पर नकारात्मक प्रभाव) की जानकारी सामने आती है। पूरी व्यवस्था के स्तर पर सेवाकालीन शिक्षक-शिक्षा अंग्रेज़ी में प्रदान करवाने पर बड़ा व्यय किया गया। इस के बावजूद, अंग्रेज़ी पर ध्यान केन्द्रित करने के बाद 2008 में हुए व्यवस्थात्मक मूल्यांकन में निकल कर आया कि 2000 और 2004 के मूल्यांकनों के मुकाबले विद्यार्थियों की उपलब्धि में, विशेष तौर से गणित और विज्ञान में, महत्त्वपूर्ण गिरावट आई है। यह कई इलाकों में अंग्रेज़ी भाषा में बेहतरी लाने सम्बन्धी कार्यक्रम की शुरुआत, और खास तौर से गणित और विज्ञान में अंग्रेज़ी माध्यम आने के बाद हुआ है (विकासशील देशों में अंग्रेज़ी पर अत्यधिक निर्भरता की समालोचनाओं के लिए देखें, कोल्मन, 2011)।

इथोपियाई अध्ययन से मिलने वाले सबक

इथोपिया का उदाहरण अन्तर्राष्ट्रीय शैक्षिक सिद्धान्त के लिए न केवल ऐसे बड़े डेटासेट उपलब्ध करवाता है जो द्वि/बहुभाषाई शिक्षा के समकालीन सिद्धान्त को प्रामाणिक बनाते हैं, बल्कि इस से चार बहुमूल्य सबक भी मिलते हैं-

पहला सबक यह है कि न्यूनतम खर्च की मदद से भी बहुत ही कम संसाधनों वाले मुल्कों में बहुभाषाई शिक्षा को विकसित और लागू कर पाना सम्भव है।

दूसरा सबक- आवश्यक नहीं कि विदेशी विशेषज्ञों द्वारा उच्च लागत पर प्रदान किए गए हस्तक्षेप (इस उदाहरण में अंग्रेज़ी भाषा में बेहतरी के लिए कैस्केड मण्डल) से निवेश पर सकारात्मक नतीजे ही निकलेंगे। वास्तव में तो इस उदाहरण से प्राप्त प्रमाण इस ओर संकेत करते हैं कि विद्यार्थियों की उपलब्धि के स्तर कम रहे।

तीसरा सबक इस नए सिद्धान्त में योगदान का है कि तीन भाषाएँ सीखने वाले विद्यार्थियों की अकादमिक उपलब्धि के स्तर दो भाषाएँ सीखने वालों के उपलब्धि-स्तर से बेहतर हैं, विशेष तौर से गणित और विज्ञान में।

चौथा सबक संकेत देता है कि अधिक लम्बे दौर की मातृभाषा-शिक्षा के बाद अंग्रेज़ी की ओर जाने वाले विद्यार्थियों की उपलब्धि के स्तर भी, विशेष तौर

से गणित और विज्ञान में, बेहतर हैं।

अन्तिम दोनों बातें पूर्व में किए जाने वाले इन बिना सबूत के दावों को नकारती हैं कि एक से अधिक भाषा सीखने से गणित और विज्ञान में विद्यार्थियों की सम्भावित उपलब्धि से ध्यान हट सकता है।

एक आखरी बात और। अलमीन मज़रूई (2002) सिफारिश करते हैं कि अफ्रीका में शिक्षा व्यवस्था को परिवर्तित करने के लिए इस बात पर अधिक ध्यान दिया जाए कि महाद्वीप के भीतर से ही, और विशेषज्ञता के दक्षिण-दक्षिण आदान-प्रदान से, क्या कुछ सीखा जा सकता है। इस के लिए हमें अफ्रीका से बाहर की ओर देखने की ज़रूरत नहीं है। वास्तव में तो इथोपिया से ही बहुत कुछ सीखा जा सकता है - और इतिहास में पीछे प्राचीन मिस्र तक के विभिन्न समयकालों में अफ्रीकी महाद्वीप में शिक्षा की जाँच-पड़ताल से भी। इसी प्रकार, दक्षिणी एशिया और अफ्रीका में हुए शोध के अनुभव का आदान-प्रदान योरोपीय, उत्तरी अमेरिकन और आस्ट्रलेशियन जाँच-पड़ताल के लिए भी अन्तर्दृष्टि प्रदान करेगा कि शिक्षा की उत्तरी व्यवस्थाओं की पाठ्यचर्याओं में भाषाई और सांस्कृतिक विविधता को शामिल करने का बेहतरीन तरीका क्या है - स्वदेशीय और प्रवासी अल्पसंख्यक शिक्षा, दोनों के सन्दर्भ में।

सन्दर्भ :

अग्निहोत्री, आर.के.(2007). टुवर्ड्ज़ अ पेडागॉजिकल पैराडाइम रूटिड इन मल्टिलिंग्वैलिटी. इण्टरनैश्नल जर्नल ऑफ मल्टिलिंगुअल रिसर्च, 1(2), 79-88.

अलिदू,एच., बोलि,ए., ब्रॉक-उट्ने,बी., डाइअलो,वाइ.एस., ह्यू, के. एण्ड वोल्फ,एच.ई. (2006). ऑप्टिमाइज़िंग लर्निंग एण्ड् एजुकेशन इन एफ़्रिका- द लैंग्वेज फैक्टर् : अ स्टॉक-टेकिंग रिसर्च ऑन मदर् टंग् एण्ड बाइलिंगुअल एजुकेशन इन् सब-सहारन् एफ्रिका. वर्किंग पेपर्स. रिट्रीव्ड् फ्रॉम http:èèwww-adeanet-orgèadeaPortalèadeaèbiennial&2006èdocèdocumentèB3_1_ MTBLE_en-pdf

बैम्बोस,ए. (2000). लैंग्वेज एण्ड एक्स्क्लूज़न. हम्बर्गः लिट् वर्लाग्.

ब्लैक्लेज,ए. एण्ड क्रीस,ए. (2010). मल्टिलिंगुअलिज़्मः अ क्रिटिकल् पर्सपेक्टिव. लण्डन एण्ड न्यू यॉर्कः कन्टिनुअम्.

कोल्मन्,एच (एड.) (2011). ड्रीम्ज् एण्ड रिएलिटीज् : डिवेलपिंग कन्ट्रीज़ एण्ड द इंग्लिश लैंग्वेज. लण्डन : ब्रिटिश काउंसिल.

गार्शियाओ. (2009). बाइलिंगुअल् एजुकेशन इन द 21स्ट सेंचरीः अ ग्लोबल पर्सपेक्टिव. ऑक्स्फर्डः वायली-ब्लैक्वेल.

ह्यू, के. एण्ड स्कट्नब-कैंगस,टी. (2010). मल्टिलिंगुअल एजुकेशन वर्क्सः फ्रम द पेरिफ़री टु द सेन्टर. न्यू दिल्लीः ओरिएन्ट ब्लैक्स्वान.

ह्यू, के., बेन्सन, सी., बोगेल,बी. एण्ड योहन्स, एम.ए.जी. (2007). स्टडी ऑन मीडियम ऑफ इन्स्ट्रक्शन इन प्राइमरी स्कूल्स इन इथ्योपियाः फाइनल रिपोर्ट. रिट्रीव्ड् फ्रम http:èèwww-hsrc-ac-zaèresearchèoutputèoutputDocumentsè4379_Heugh_Studyonmediumo finstruction-pdf.

हेलर, एम. (एडिटर) (2008). बाइलिंगुअलिज़ः अ सोशल अप्रोच. बेसिंग्स्टोक : पालग्रेव.

मारजुई, ए.एम. (2002). द इंग्लिश लैंग्वेज इन एफ्रिकन एजुकेशन : डिपेन्डेन्सी एण्ड डीकॉलोनाइज़ेशन. इन जे.डब्ल्यू टोलेफ्सन् (एडिटर), लैंग्वेज पॉलिसीज़ इन एजुकेशन : क्रिटिकल इश्यूज़ (पेजिज़ 267-282). महवह, एन जे :लॉरिन्स अर्लबॉम.

मोहन्ती,ए., पाण्डा, एम., फिलिप्सन, आर. एण्ड स्कट्नब-कांगस, टी.(एडिटर्स). (2009). मल्टिलिंगुअल एजुकेशन फॉर सोशल जस्टिसः ग्लोबलाइज़िंग द लोकल. न्यू दिल्लीः ओरिएन्ट ब्लैक्स्वान.

ऊएन, ए. एण्ड ग्लांज़, सी. (2010). व्हाइ एण्ड हाओ एफ़्रिका शुड इन्वेस्ट इन एफ़्रिकन लैंग्वेजिज़ एण्ड मल्टिलिंगुअल एजुकेशनः एन एविडेन्स एण्ड प्रैक्टिस बेस्ड पॉलिसी एण्ड एड्वोकेसी ब्रीफ़ पैरिसः युनेस्को. रिट्रीव्ड फ्रॉम http://www-scribd-com/doc/53342036/Why&and&How & Africa & Should & Invest&in & African & Languages & and & Multilingual & Education-9789282011713

ऊएन, ए. एण्ड ग्लांज़, सी.(एडिटर्स) (2011). ऑप्टिमाइज़िंग लर्निंग, एजुकेशन एण्ड पब्लिशिंग इन एफ्रिकाः द लैंग्वेज फैक्टर. अ रिव्यू एण्ड अनैलसिस ऑफ थिअरि एण्ड प्रैक्टिस इन मदर-टंग एण्ड बाइलिंगुअल एजुकेशन इन सब-सहारन एफ्रिका. हैम्बर्ग एण्ड ट्युनिस बेल्विडिएः यूनेस्को इंस्टिट्यूट फॉर लाइफ़लौंग लर्निंग (यू.आइ.एल.) एण्ड द असोसिएशन फॉर द डवेलप्मेन्ट ऑफ़ एजुकेशन् इन एफ्रिका (ए.डी.ई.ए.)/एफ्रिकन डवलपमेन्ट बैंक. रिट्रीव्ड फ्रॉम http://unesdoc-unesco-org/images/0021/002126/212602/-pdf

रीव्ज़,सी., ह्यू,के. प्रिंस्लू,सी.एच., मक्डॉनल्ड, सी., नेत्शितंगानी,टी, अलिदू,एच, दिएदरिक्स,जी., एण्ड हर्बुस्ट, डी. (2008). इवैलुएशन ऑफ लिट्रेसी टीचिंग इन प्राइमरी स्कूल्ज़ ऑफ लिम्पोपो प्रविंस. ह्यूमन सायंसिस रिसर्च काउंसिल् (एच.एस.आर.सी), एजुकेशन, साइंस एण्ड स्किल्स डवलप्मेन्ट (ई.एस.एस.डी.) एण्ड डिपार्ट्मेन्ट ऑफ लैंग्वेज एजुकेशन, युनिवर्सिटी ऑफ लिम्पोपो. रिट्रीव्ड फ्रॉम http://www-hsrc-ac-za/research/output/output Documents /5715_Reeves_ Evaluationo fliteracy-pdf

स्कट्नाब-कांगस,टी. (2000). लिंगुइस्टिक जेनोसाइड इन एजुकेशन : ऑर वर्ल्ड्वाइड् डाइवर्सिटी एण्ड ह्यूमन राइट्स? महवह, एन.जे.रू लॉरिन्स अर्लबाम असोशिएट्स.

लेखिका के बारे में : कैथ्लीन ह्यू रिसर्च सेन्टर फॉर लैंग्वेजिज़ एण्ड कल्चर्ज़, युनिवर्सिटी ऑफ साउथ आस्ट्रेलिया में काम करती हैं और बहुभाषीय शिक्षा तथा नीति सम्बन्धी मुद्दों में दिलचस्पी रखती हैं।

Kathleen.Heugh@unisa.edu.au

अनुवादक : रमणीक मोहन। आजकल स्वतन्त्र रूप से लेखन एवं अनुवाद का कार्य करते हैं।

स्रोत : लेंग्वेज एंड लेंग्वेज टीचिंग 2.1.3: 5-9, जनवरी, 2013.

कक्षाओं का प्रजातान्त्रिकरण : अगस्टो बॉल का उत्पीड़ितों का थियेटर

एक समालोचनापूर्ण शिक्षण विधि के रूप में

चित्रा शैषाद्रि

परिचय

वे विद्यार्थी जो समाज के सुविधा वंचित तबकों से आते हैं तथा वे विद्यार्थी जो जब भी अंग्रेजी सीखने की बात होती है तो एक आंतरिक पीड़ा की स्थिति से जूझतें हैं ऐसे विद्यार्थियों हेतू उपयुक्त गतिविधियाँ बनाने की दिशा में यह लेख एक प्रयोग की तरह है। कक्षा का जनतान्त्रिकरण सभी विद्यार्थियों की कक्षा में सहभागिता बढ़ाता है, न केवल एक दूसरे से अंग्रेज़ी में बातचीत करने में बल्कि यह विद्यार्थियों को प्रोत्साहित करता है कि वे कुछ शब्दों को बोलना भी आरम्भ करें। ऐसे विद्यार्थी जिनकी विद्यालय में यह पहली पीढ़ी है अध्यापक द्वारा लगातार अंग्रेज़ी बोले जाने के कारण मन में एक डर बैठा लेते हैं। वे अपने आप को इस भषा से इतना विमुख पाते हैं कि अंग्रेजी के शब्द उनके लिए न समझ में आने वाली ध्वनियाँ-मात्र रह जाते हैं। ऐसी स्थिति में अंग्रेज़ी अध्यापक का यह कर्तव्य हो जाता है कि वह सबसे पहले अपनी कक्षा के विद्यार्थियों को अपने विश्वास में लें। ''ॲगस्टो बॉल का उत्पीड़ीतों का थियेटर'' ऐसी कक्षा के विद्यार्थियों की झिझक तोड़ने के लिए एक समलोची साधन के रूप में देखा जा सकता है।

अंग्रेजी विद्यार्थियों को प्रायः सताती है। लेकिन ऐसा होने के बाद भी उन्हें अंग्रेजी में संप्रेषण करना पड़ता है और यही स्थिति उनमें एक अन्तर्विरोध पैदा करती है। इस तरह की परिस्थितियों में ब्राजीलियन थिएटर निर्देशक एवं सक्रिय सामाजिक कार्यकर्ता अगस्टो बॉल की तकनीक दर्शकों के लिए एक प्रभावशाली माध्यम सिद्ध हो सकती है। बॉल का पालन-पोषण रियो डि जेनेरिओ में हुआ। औपचारिक रूप से वह कैमिकल इंजीनियरिंग में प्रशिक्षित थे। 1940 के अंत के वर्षों से 1950 के आरम्भ के वर्षों तक उन्होंने कोलम्बिया विश्वविद्यालय में अध्ययन

किया। यद्यपि थिएटर के प्रति उनकी रूचि युवावस्था में ही प्रारम्भ हो गई थी, कोलम्बिया विश्वविद्यालय से अपनी डिग्री पूर्ण करने के बाद उन्हें ऐरेना थिएटर में काम करने के लिए ब्राजील लौट आने का निमंत्रण मिला। ऐरेना थिएटर में उनके द्वारा किये कार्य ने उन्हें थिएटर के नए रूपों के साथ विविध प्रयोग करने के अवसर दिये, जिसने पारम्परिक थिएटर की क्रिया प्रणाली को असाधारण रूप से प्रभावित किया। इस लेख में दिये तर्क व गतिविधियां बॉल द्वारा विकसित दर्शक-अभिनेता की अवधारणा के आधार पर ही बनायी गयी हैं।

दर्शक-अभिनेता

यह बॉल के प्रयोग से पहले की बात है। एक अभिनय की प्रस्तुति के अंत में दर्शकों को नाटक के सन्दर्भ में विचार-विमर्श के लिए आमंत्रित किया गया। बॉल के अनुसार ऐसा करते वक्त वे प्रस्तुत अभिनय के सिर्फ दर्शक और प्रतिक्रियावादी (reactors) होते थे। 1960 के दशक में बॉल ने एक ऐसी प्रक्रिया विकसित की जिसमें दर्शकगण प्रस्तुत अभिनय को बीच में ही रोक कर, यातना का अनुभव करने वाले चरित्रों के लिए दूसरे हावभावों/अभिनय संकेतों का सुझाव दे सकते थे। चरित्र को निभाने वाला अभिनेता तब दर्शकों के सुझावों को ध्यान में रखते हुये अपनी प्रस्तुति जारी रखता था। इसमें एक महत्वपूर्ण विकास हुआ जब दर्शकों में से एक महिला को अत्यधिक क्रोध आ गया क्यों कि अभिनेता उसके सुझावों को समझ नहीं सका और उसी क्रोध में वह मंच पर आ गई और उस विषय का प्रदर्शन करने लगी जो कि वह समझाना चाहती थी। बॉल के अनुसार यही दर्शक का अभिनेता रूप में (spect-actor) जन्म था। इसके साथ ही बॉल का थिएटर पूरी तरह से बदल चुका था। उन्होंने दी गयी प्रस्तुती में तबदीली के सुझावों को तथा अपने विचारों को प्रस्तुत करने के लिये दर्शकों को मंच पर आमंत्रित करना शुरू किया। इस प्रक्रिया में उन्होंने यह पाया कि इस सहभागिता से दर्शक परिवर्तन की कल्पना ही नहीं करते बल्कि वास्तविक स्थितियों में भी परिवर्तन लाने का प्रयास करते हैं। ऐसा माना जाता है कि अन्तर्बाधाओं को दूर करने के लिए, प्रदर्शनात्मक प्रशिक्षण का प्रभाव, केवल विवरणात्मक/मौखिक शिक्षण के प्रभाव से अधिक होता है। इसलिए यहां पर विकसित की गई अधिकांश गतिविधियां बॉल की तकनीक पर आधारित हैं और ये मुख्य रूप से, स्थानीय, प्रादेशिक और राष्ट्रीय स्तर के विविध सामाजिक मुद्दों पर केन्द्रित है। अध्यापकों को ऐसे मुद्दों का चुनाव करना चाहिए, जिनसे विद्यार्थी परिचित हो ताकि विद्यार्थी प्रतिक्रिया व्यक्त कर सके तथा प्रक्रिया में भागीदारी कर सकें।

बॉल की तकनीक की कुछ विधियाँ इस प्रकार हैं- विद्यार्थियों के समूह द्वारा एक स्क्रिप्ट/पटकथा/ तैयार करके उसका अभिनय करना चाहिए। अभिनेताओं एवं दर्शकों के बीच में मध्यस्थ के रूप में एक जोकर या सुविधा-प्रदाता/फैसिलीटेटर होना चाहिए। अध्यापक स्वयं भी यह भूमिका निभा सकता है। दर्शकों को किसी भी स्तर पर किसी भी भूमिका के प्रदर्शन को रोकने की अनुमति दी जा सकती है या उसके सुझावों पर विचार किया जा सकता है और स्क्रिप्ट/पटकथा के वास्तविक निष्कर्ष में परिवर्तन किया जा सकता है। विद्यार्थी-दर्शकों तथा विद्यार्थी-अभिनेताओं के बीच भूमिकाओं के आदान-प्रदान की भी अनुमति दी जाती है।

गतिविधि-1

निम्नलिखित गतिविधि एक ऐसी परिस्थिति पर आधारित है जिससे कोई भी व्यक्ति जुड़ाव महसूस कर सकता है।

विषय वस्तुः सबसे व्यस्त समय में भीड़ से भरी एक बस में।

दस विद्यार्थियों को दो पंक्तियों में इस प्रकार खड़ा करें कि प्रत्येक पंक्ति में पाँच-पाँच विद्यार्थी हो। विद्यार्थियों की पीठ एक-दूसरे के सामने हो ताकि वे एक दूसरे को ना देख पाये। एक विद्यार्थी कंडक्टर की भूमिका निभाए। चलती बस जैसी स्थिती प्रस्तुत करने के लिये विद्यार्थियों को थोड़ा-बहुत इधर-उधर हिलने-डुलने का अभिनय करने को कहें।

एक पंक्ति के विद्यार्थियों को पुरूषों की और दूसरी पंक्ति के विद्यार्थियों को महिलाओं की भूमिका अदा करनी है। ये भिन्न-भिन्न आयु वर्ग के हैं ।

अचानक ड्राइवर बस में ब्रेक लगाता है; सभी महिलाएं रेलिंग को पकड़ लेती हैं और अपना संतुलन बनाए रखती हैं लेकिन दल में से तीन पुरूष अपने पीछे की महिलाओं पर गिर जाते हैं जिससे उनके बीच में उग्र कहासुनी शुरू हो जाती है।

कॉलेज छात्रा : इस तरह मुझ पर गिरते हुए आपको शर्म नहीं आती?

आदमी : जैसे कि मुझे कोई और काम नहीं है। अचानक ब्रेक लगने की वजह से ऐसा हो गया।

कॉलेज छात्रा : झटका तो सभी यात्रियों को लगा था। क्या वे सभी इस ओर गिर गए?

आदमी : ओह! तुम इतनी अधिक सुन्दर हो; कि मैं तुम पर गिर गया। उफ!

दूसरा आदमी : श्रीमान्, समस्या मत पैदा कीजिए।

कॉलेज छात्रा : ज़्यादा मत बोलिये। मैं जानती हूँ कि आपने जानबूझकर ऐसा किया है।

दूसरी महिला : ये आदमी जानबूझकर महिलाओं को नीचा दिखाते हैं।

आदमी : बैग लेकर और बसों में यात्रा करने वाली ये कॉलेज की छात्राएँ डॉक्टर और कलेक्टर बनना चाहती हैं। हम जानते हैं कि तुम क्यों इधर-उधर घूमती फिरती हो।

कॉलेज छात्रा : मिस्टर! ज़्यादा मत बोलिये। हमारा चरित्र ऐसा नहीं है। आपने गलती की है, उसे मान लीजिए। कॉलेज जाने वाले छात्रों को बदनाम मत कीजिए। बेहतर है कि अपना मुंह बन्द रखिए... अन्यथा...

दूसरा आदमी : कृपया आप दोनों शान्त हो जाएँ । हमें काम पर जाने के लिए देर हो रही है।

दूसरी महिला : क्या इन आदमियों की अपनी बहनें नहीं हैं? ये महिलाओं का इतना अधिक अपमान करते हैं।

आदमी (शरारत करते हुए) : मैडम आप क्या कर लेंगी? मैं देखता हूं। मैं देखता हूँ। (पास आकर) कंडक्टर (हस्तक्षेप करते हुए)- अरे तुम, मैं बस रूकवा दूँगा और तुम्हें यहीं उतरना होगा।

आदमी : ओह! क्या तुम इन महिलाओं के सुरक्षागार्ड हो? तुम सोचते हो कि जो तुम्हारी मर्जी हो, तुम वही कर सकते हो।

कंडक्टर : ड्राइवर, बस को पुलिस स्टेशन ले चलो।

कॉलेज छात्रा : हाँ, इस आदमी के लिए वही सही जगह है।

आदमी : तुमने क्या कहा? (गुस्से से चिल्लाता है)

फैसिलीटेटर/जोकर इस क्षण पर गतिविधि को रोकने की अनुमति दे सकता है और दर्शकों से उनके विचार पूछ सकता है। वह :

1. स्थिति को संभालने के विभिन्न तरीकों के बारे में पूछ सकता है (कम से कम 5 तरीके)।
2. विभिन्न विद्यार्थियों से समस्या के समाधान के बारे में पूछ सकता है (कम से कम 5 समाधान)

विद्यार्थियों को उनकी मातृभाषा में समाधान/सुझाव देने की अनुमति दी जा सकती है। किसी अन्य छात्र द्वारा सुझावों का अंग्रेजी में अनुवाद किया जाना चाहिए और फिर सुझाव देने वाले विद्यार्थी द्वारा इसे दोहराया जाना चाहिए। विद्यार्थियों के एक अन्य समूह द्वारा इन सुझावों के आधार पर भूमिकाओं में बदलाव के साथ एक नयी स्क्रिप्ट/पटकथा तैयार और आयोजित की जानी चाहिए। प्रदर्शन के दौरान, फेसिलीटेटर विद्यार्थियों को भूमिकाएँ बदलने के लिए कह सकता है। अतः एक समूह के भीतर भी भूमिकाओं का आदान-प्रदान संभव है।

गतिविधि-2

न्यूज़ पेपर थियेटर

इस तकनीक में, बॉल सुझाव देते हैं कि किसी भी रूचिकर समाचार अंश के आधार पर स्क्रिप्ट/पटकथा को लिखा जा सकता है। निम्न गतिविधि समाचार अंश ग्रीन गार्जियन्स/हरित अभिभावक पर आधारित है जो 26 अप्रेल, 2011 को 'द हिन्दू मेट्रो प्लस' समाचार पत्र के प्रथम पृष्ठ पर प्रकाशित हुई।

विद्यार्थी-1 : आज मैं आप सबको एक कहानी सुना रहा हूँ कि दुःख से ग्रस्त एक व्यक्ति कैसे हरित अभिभावक में बदल गया।

विद्यार्थी-2 : हरित अभिभावक क्या है? मैं समझ नहीं पा रहा हूं। (अपने मित्रों की ओर देखते हुए) क्या आप में से कोई मुझे इसका अर्थ समझा सकता है?

कम से कम पाँच छात्र दर्शकों को आपस में बातचीत करने की अनुमति दें। वे कोशिश कर सकते हैं और अंदाजा लगा सकते हैं कि हरित अभिभावक क्या है?

विद्यार्थी-1 : ठीक है। मैं आपको हरित अभिभावक का अर्थ बताऊंगा। इसका अर्थ है वह व्यक्ति जो हमारी पृथ्वी को और अधिक हरा-भरा बनाने के लिए वृक्षों और पौधों को सुरक्षित रखता है।

विद्यार्थी-3 : लेकिन आपने कहा कि एक दुःखग्रस्त व्यक्ति एक हरित अभिभावक में परिवर्तित हो गया है। इसका क्या तात्पर्य है?

विद्यार्थी-4 : मुझे बताने दो। वह एक दुःखद कहानी है। यह श्री पेरूम्बुदूर के एक किसान मुलाईवनम के बारे में है। 2006 में उसने कैंसर के कारण अपनी पत्नी धनलक्ष्मी को खो दिया था।

विद्यार्थी-5 : ओह! यह वाकई दुःख की बात है। उसके बाद उसका क्या हुआ?

विद्याथी-6 : उसका दिल टूट गया होगा वह दुःखी हो गया होगा। ऐसे दुःख से छुटकारा पाना मुश्किल है।

विद्यार्थी-3 : लेकिन उसने कहा कि वह हरित अभिभावक में बदल गया। रूको, हमें पूरी कहानी सुननी चाहिए।

विद्यार्थी-4 : मुलाईवनम ने एक सामाजिक मिशन के प्रति प्रतिबद्धता के द्वारा अपनी निराशा को दूर भगाया।

विद्यार्थी-7 : ओह! यह तो बहुत अच्छी बात है। मुझे लगता है कि पेड़-पौधों के माध्यम से ही उसने शान्ति प्राप्त की होगी। सही कहा ना?

विद्यार्थी-8 : बिल्कुल सही! मैं तुम सभी से एक प्रश्न पूछना चाहता हूँ।

अभिनेता/दर्शक : हाँ ।

विद्यार्थी 8 : रक्त जीवन बचाता है; इसलिए रक्त कोष (ब्लड बैंक) होते हैं, इसी प्रकार ...

विद्यार्थी का हस्तक्षेप : वृक्ष जीवन बचाते हैं इसलिए वृक्ष कोष (ट्री बैंक्स) होते हैं।

विद्यार्थी-1 : हाँ! बहुत बढ़िया! क्या आप में से कोई अपनी बात कहना चाहेगा?

फैसिलीटेटर किसी एक की ओर इशारा कर सकता है या विद्यार्थियों को स्वयं निर्णय लेने के लिए कह सकता है।

विद्यार्थी-9 : बहुत बढ़िया! ब्लड बैंक्स और ट्री बैंक्स। आप जानते हैं कि मुलाईवनम ने 2008 में भारत में ट्री बैंक की नींव रखी।

विद्यार्थी-10 : हाँ और इससे सामाजिक वृक्षारोपण को अत्यधिक प्रोत्साहन मिला है। क्या आप इसकी गतिविधियों के बारे में अनुमान लगा सकते हैं?

विद्यार्थी-11 : (छात्रों/दर्शकों से कम से कम पांच प्रतिक्रियाएँ मिलनी चाहिए।)

विद्यार्थी-3 : लगभग आप सभी ने सही अनुमान लगाया है। वृक्ष कोष लोगों को उनकी आवश्यकतानुसार निःशुल्क नये पौधे (सैंपलिंग्स) प्रदान करते हैं।

विद्यार्थी-4 : जिलों में वृक्ष प्रेमियों को नेतृत्व की भूमिका के लिए प्रोत्साहित किया जाता है।

विद्यार्थी-7 : ऐसा कैसे संम्भव है? कृपया विस्तार से बताइये ।

विद्यार्थी-4 : वृक्ष प्रेमी ग्रीन रिबन क्लब का संचालन करते हैं। उनके नेतृत्व में कार्य करने वाले स्वयंसेवकों को तीन भिन्न भूमिकाएँ प्रदान की जाती हैं और इसके लिए उनको तीन भिन्न रंगों के सितारों/स्टार्स द्वारा सम्मानित किया जाता है।

विद्यार्थी-8 : रूको! मुझे भी कुछ कहने दो। मुझे अभी तक कुछ भी कहने का मौका नहीं मिला है।

विद्यार्थी-4 : ठीक है, कहो।

विद्यार्थी-8 : तीन भिन्न रंगों के सितारे हैं- पेड़/पौधे लगाने वालों को हरा, पेड़/पौधे का पालन-पोषण करने वालों को पीला और नये पौधों का वितरण करने वालों को सफेद।

विद्यार्थी-9 : इस व्यक्ति को सलाम। उसका अपने जीवन और सामाजिक मिशन के प्रति सकारात्मक दृष्टिकोण वास्तव में प्रेरणादायक हैं। इस बारे में आप का क्या कहना है?

अधिक से अधिक प्रतिक्रियाओं के आधार पर एक स्क्रिप्ट तैयार की जा सकती है।

विद्यार्थी-10 : कहानी अभी खतम नहीं हुई है। कृपया बैठ जाइए। ट्री बैंक/वृक्ष कोष 'वृक्षों की सेवा की अनिवार्य आवश्यकताओं के बारे में टीमों को प्रशिक्षण

भी देते हैं। वे अंकुर नव पादप एकत्रित करते हैं, अस्थायी बैग तैयार करते हैं। उनमें पादप उगाते हैं, उनको धरती में स्थानान्तरित करते हैं और ट्री-गार्ड लगाकर उनकी सुरक्षा करते हैं।

विद्यार्थी-9 : मुलाईवनम के अनुसार, उसकी टीम पूरे भारत के लोगों को शिक्षित करने जाती है। जिन लोगों को उनकी सेवाओं की आवश्यकता होती है, उनको सिर्फ उनके स्थान तक आवागमन के लिए टिकट का भुगतान करना पड़ता है। सेवाएँ निःशुल्क होती है।

विद्यार्थी-8 : पर्यावरण की दुर्दशा के क्या कारण होते हैं? कम से कम पाँच प्रतिक्रियाओं की अनुमति दें।

विद्यार्थी-6 : हमारा एक बहुत ही महत्वपूर्ण कर्तव्य हैं कि हम अपने ग्रह पृथ्वी की रक्षा करें। इस कर्तव्य को निभाने का सबसे अच्छा तरीका सामाजिक वृक्षारोपण है।

सभी एक साथ : इस प्रकार धरती जीवन जीने की बेहतर जगह हो जायेगी।

गतिविधि-3

फोरम थिएटर

यह गतिविधि बॉल की थिएटर तकनीक पर आधारित है। जिसकी शुरूआत एक ऐसे दृश्य से होती है जिसमें मुख्य अभिनेता दर्शकों की पीड़ा के उस रूप को हटाने का असफल प्रयत्न करता है जिसे दर्शकों ने कभी ना कभी महसूस किया है। इस प्रस्तुति के दौरान किसी भी बिंदु पर जोकर दर्शकों को अभिनेताओं के स्थान पर आने का आमन्त्रण दे सकता है और दर्शक ऐसे क्रियाकलापों को कर सकता है जो एक समाधान तक ले जाते हैं। यह दृश्य विभिन्न प्रकार के परिवर्तनों द्वारा अनेक बार प्रस्तुत किया जा सकता है। इस तरह यह अभिनय उत्पीड़न पीड़ा के बारे में संवाद करने के अवसर उपलब्ध कराता है। साथ ही विभिन्न विकल्पों के परीक्षण का भी मौका देता है और इस तरह यथार्थ जीवन की परिस्थितियों से जूझने के लिए एक रिहर्सल उपलब्ध कराता है। यह गतिविधि उच्च स्तर के शिक्षार्थियों की अपेक्षाओं को पूर्ण करती है।

विषय : अन्ना हजारे का भ्रटाचार विरोधी अभियान एवं लोकपाल बिल।

विद्यार्थी-1 : ओह! भारतीय समाज बर्बादी की ओर बढ़ रहा है। यहाँ तक कि भगवान भी इसे नहीं बचा सकते। घोटालों और भ्रटाचार की ऐसी खबरें रोज़ाना अखबारों में आती हैं। यह एक सोचनीय स्थिति है।

विद्यार्थी-2 : तुम इतने निराश क्यों हो रहे हो? निराशावादी मत बनो! यह कलयुग है।

विद्यार्थी-3 : ये क्या? तुम एक बुजुर्ग आदमी की तरह बात कर रहे हो?

विद्यार्थी-4 : वो जो कह रही है बिलकुल सच है। पुराणों के अनुसार इस बात पर विश्वास किया जाता है कि पृथ्वी के भौतिक स्थान को केवल एक काली शक्ति कालिका ढक लेगी/घेर लेगी।

विद्यार्थी-3 : भौतिक स्थान से तुम्हारा क्या मतलब है?

विद्यार्थी-4 : भौतिक वस्तुएँ जैसे- जमीन, पैसा, सोना, जुआ और शराब आदि आखिरकार समाज को ह्रास की ओर ले जाते हैं।

विद्यार्थी-3 : मैं तुम्हारे इस तर्क को समझ नहीं पा रहा हूँ?

विद्यार्थी-4 : काली पुरूष इन सभी अंधकारमय स्थानों का प्रतिरूप/प्रतीक है। वह सांसारिक लोगों को इन वस्तुओं को पाने के लिए उकसाता है और पाप करने के लिए मज़बूर करता है।

विद्यार्थी-2 : इसी कारण लोग ज़मीन-जायदाद, सोना, प्लेटिनिम और करोड़ों रूपयों के पीछे भागते रहते हैं।

विद्यार्थी-1 : यह घोर पदार्थवाद है जो हमें ऐसे दृष्टिकोण देता है। लोगों को यह दृष्टि बदलनी चाहिए। वे बहुत पैसे वाले/करोड़पति बनने के लिए अपने नैतिक मूल्य दांव पर लगा रहे हैं?

विद्यार्थी-3 : तुम्हारा मतलब है कि सिर्फ़ राजनीतिज्ञ ही लालची और भ्रष्ट नहीं होते बल्कि आम आदमी भी उनकी तरह है।

विद्यार्थी-4 : तब तो तुम लोकपाल विधेयक/बिल के पक्ष में नहीं होंगे जो भ्रष्ट नेताओं की करनी की जाँच-पड़ताल करके उनको दोषी ठहराता है।

विद्यार्थी-5 : इसका अर्थ है कि केवल लोकपाल विधेयक द्वारा ही इस समाज की बुराइयों/गन्दगी को दूर नहीं किया जा सकता। लोगों में निजी तौर पर अपनी चेतना/अपनी सोच-समझ में बदलाव लाना चाहिए।

विद्यार्थी-6 : ठीक है, आइए! इस विषय पर विचार-विमर्श के लिए दर्शकों को/शामिल करते हैं।

अधिक से अधिक विचार आये इस हेतु विद्यार्थियों को विचार अभिव्यक्ति की स्वतंत्रता दें। इन विचारों के आधार पर अभिनेताओं के समूह को परिवर्तित कीजिए।

विद्यार्थियों को सम्मिलित करने के लिए अध्यापक द्वारा इसी प्रकार की अन्य गतिविधियाँ बनायी व करवाई जा सकती हैं। यह इस दिशा में पहला कदम होगा। जहाँ विद्यार्थियों को कक्षा में स्वयं को अभिव्यक्त करने का अवसर प्राप्त होगा और केवल श्रेष्ठ विद्यार्थियों की सहभागिता का एकाधिकार भी टूटेगा। इस तरह बॉल का थिएटर विद्यार्थियों को अधिकाधिक सहभागिता के मौके देता है और इस तरह कक्षा को जनतान्त्रिक बनाता है।

अगस्टो बॉल एक कार्यशाला का संचालन करते हुए (एचटीटीपी//ईन.विकीपीडिया.ओआरजी/विकीफाइलःअगस्टो.बॉल. एनवाईसीजेपीजी)

अध्यापक अपने विद्यार्थियों को पारम्परिक विधि की अपेक्षा प्रदर्शन करने वाले विद्यार्थियों के आस-पास बैठने की अनुमति दे सकता है। इससे एक दोस्ताना माहौल बनता है।

सन्दर्भ :

विस्वास, बेनिल (2009, जनवरी 24) थिएटर एण्ड परफॉरमेन्स : ए लिंक बिटविन थियोरी एण्ड प्राक्सिस. (वेब लॉग पोस्ट). रिट्रीव्ड फ्रॉम एचटीटीपीः//रंगमंच.ब्लॉगस्पोट.कॉम/2009/01/थिएटर-ऑफ-ऑपरेस्ड-ऑगस्टो बॉल.एचटीएमएल.

बॉल अगस्टो (2008). थिएटर ऑफ द आप्रेस्ड एट रीवर साइड चर्च इन न्यूयार्क सिटी. रिट्रीव्ड फ्रॉम एचटीटपीः//ईनएन.विकीपीडिया.ओरजी/विकी/फाइलः अगस्टोवॉल एनवाईसी5. जेपीजी

मेकडोनॉल्ड, सूजी एण्ड रेचेल, डेनिअल (एन.डी.) ॲगस्टो वॉल्स फोरम थिएटर फॉर टीचर्स : (नोट्स फ्रॉम ए वर्कशॉप एट एथेन्स कांफ्रेंस 2000) रिट्रीव्ड फ्रॉम एचटीटीपीः// ऑरगेनाइज़िंग फॉर पावर. फाइल्स. बर्डप्रेस. कॉम/2009/03/गेम्स-थिएटर-ऑफ-ओप्रेस्ड. पीडीएफ

पेटर्सन, डॉग (एन.डी.). ए ब्रीफ बाओग्राफी ऑफ ॲगस्टोबॉल. रिट्रीव्ड फ्रॉम एचटीटीपीः//डब्ल्यूडब्ल्यूडब्ल्यू. पीटी.ओ.वेबओरजी/बॉल. एचटीएम।

रॉस मैकीहेन लुईस (2002), क्रिटिकल परफॉरमेटिव पेडागॉजीः ॲगस्टो बॉलस थिएटर ऑफ ओप्रेस्ड इन दि इंगलिश एज़ ए सैकेण्ड लैंग्वेज क्लास रूम (डॉक्ट्रल डिज़रटेशन, लोइसिआना स्टेट यूनिवर्सिटी एण्ड एग्रीकल्चरल एण्ड मैकेनिकल कॉलेज, एल.ए.)

रिट्रीव्ड फ्रॉम एचटीटीपीः//ईटीडी.आइएसयूई.डीयू/डॉक्स/ एवेलेबल/ ईटीडी-0143102-182717 अनरिस्ट्रिक्टेड/ लॉइसऋडिस.पीडीएफ

लेखिका के बारे में : चित्रा शैषाद्रि भारतीय विमेन्स कॉलेज/भारती महिला महाविद्यालय चैन्नई, तमिलनाडु, भारत के अंग्रेज़ी विभाग में ऐसोसिएट प्रोफ़ेसर हैं। अनुवाद के साथ ही साथ, तमिल साहित्य, स्त्री/नारी लेखन वैश्नवाइट अलवर/सुक्तियां, रंगशाला/थिएटर और अंग्रेज़ी भाषा का अध्यापन आदि उनकी रूचि के विषय-क्षेत्र हैं।
अनुवादक : डॉ. के.एल. ढींगरा, दिल्ली विश्वविद्यालय।

स्रोत : स्रोत : लेंग्वेज एंड लेंग्वेज टीचिंग 1.1.2: 26-30, जुलाई, 2012.

बच्चे बतौर लेखक : लिखने के कौशलों को बढ़ाना या लेखक बनाना?

स्नेहलता गुप्ता, जोसेफ मथाई एवं प्रभात कुमार

राष्ट्रीय पाठ्यचर्या की रूपरेखा (एन.सी.एफ.) 2005 एवं राष्ट्रीय फोकस ग्रुप (एन.एफ.जी.) से हमारे देश में अंग्रेज़ी और भारतीय भाषाओं को पढ़ाने के दृष्टिकोण में निश्चित रूप से एक बदलाव आया है, हालाँकि इस महत्वपूर्ण प्रयास के बाद भी, अभी और बहुत कुछ किया जाना बाकी है। 2006 में लागू की गई एन.सी.ई.आर.टी. की किताबें भी एन.सी.एफ. 2005 व एन.एफ.जी. में वर्णित सोच को पूर्ण रूप से प्रतिबिम्बित नहीं कर पायी हैं। ये बदलाव केन्द्रीय माध्यमिक शिक्षा बोर्ड (सी.बी.एस.ई.) के दृष्टिकोण में भी पूरी तरह से नहीं झलक रहे हैं, जिसके कामों में भाषा की पाठ्यपुस्तकें प्रकाशित करना और मुख्यतः बारहवीं तक की परीक्षाएँ आयोजित करवाना व स्कूल स्तर पर सतत् एवं व्यापक मूल्यांकन की प्रक्रिया को ढाँचाबद्ध करना है।

सी.बी.एस.ई. द्वारा बारह हज़ार से भी अधिक स्कूलों को दिए मार्गदर्शनों को समझने के लिए, सी.बी.एस.ई. के माध्यमिक स्कूल स्तर की पाठ्यचर्या का अध्ययन करना ज़रूरी है। पाठ्यचर्या के 2011 के संस्करण में 'मातृभाषा हिन्दी' की बात करते हुए, शिक्षकों से 'स्वतंत्र एवं मौलिक सोच' को महत्त्व देने का आग्रह करता है। पर इसके सोलह उद्देश्यों में मात्र एक उद्देश्य ही विद्यार्थियों को स्वयं के अनुभवों को लिखने और स्वतंत्र रूप से विचारों को अभिव्यक्त करने को महत्त्व देता है। वैसे तो उद्देश्यों को उनकी प्रमुखता के आधार पर सूचीबद्ध नहीं किया गया है, फिर भी यह ध्यान देने की बात है कि दूसरे स्थान पर ही वर्णित उद्देश्य "विराम चिह्न (अर्ध विराम व पूर्ण विराम) को सही तरह से उपयोग करने" की बात करता है।

संप्रेषणात्मक अंग्रेजी वाले हिस्से में, शिक्षकों से सृजनात्मकता एवं स्वमूल्यांकन की क्षमताओं को विकसित करवाने का आग्रह है। पाठ्यचर्या के अनुसार

सृजनात्मकता की व्याख्या इस प्रकार की गई है-

''बच्चों को शिक्षक या लिखित सामग्री पर निर्भर होने देने की बजाय, अपने आप से सोचने एवं अपने अनुभव, ज्ञान और कल्पना का उपयोग कर अपने विचारों को अभिव्यक्ति करने को प्रोत्साहित किया जाना चाहिये।'' इस हिस्से के बाद बारह योग्यताओं की एक सूची है, जो कि विद्यार्थियों में विकसित होनी अपेक्षित है। इस सूची की शुरुआत इस योग्यता से होती है कि ''बच्चे स्पष्ट एवं व्याकरणीय रूप से शुद्ध अंग्रेज़ी में अपने विचारों को व्यक्त करें। उपयुक्त विराम चिह्नों एवं Coehsion devices का उपयोग करें।'' अतः ज़ोर लेखन के कौशलों और क्षमताओं पर ही है।

सी.बी.एस.ई. की ''सृजनात्मक लेखन और भाषानुवाद अध्ययन'' पर लिखी पाठ्यपुस्तक यह मानती है कि सृजनात्मक लेखन में ऐसी संज्ञानात्मक प्रक्रियाएँ शामिल हैं जिनमें अनुभवों को शब्दों में ढाला जाता है। फिर भी कोर्स का प्रमुख उद्देश्य सीखने वाले की प्रायोगिक योग्यताओं को पैना बनाना ही है। यह कोर्स, विभिन्न प्रकार के लेखों से विद्यार्थियों का परिचय करवाता है और इसके प्रायोगिक अभ्यास विद्यार्थियों को अपनी समझ को स्वयं जाँचने में मदद करते हैं। साथ ही उन्हें यह भी पता लगाने में मदद करते हैं कि उनकी समझ का कितना हिस्सा योग्यता में अनुवादित हो पाया है।

इस सब से यह पता चलता है कि एन.सी.एफ. 2005 एवं एन.एफ.जी. में भाषा के सन्दर्भ में और खासकर लेखन के क्षेत्र में जिन बदलावों की माँग की गई है, उन्हें प्राप्त करने में अभी बहुत कुछ शेष है। अतः इसमें कोई आश्चर्य कि बात नहीं है कि अभी भी कक्षाओं में लेखन कार्य एक समस्या के रूप में देखा जा रहा है।

एक सर्वे के दौरान यह देखा गया कि जैसे ही शिक्षक किसी लिखित दत्तकार्य (assignment) की घोषणा करता है वैसे ही पूरी कक्षा में एक सामूहिक आह जैसी सुनाई देती है। इससे विद्यार्थियों की लेखन के प्रति अभिवृति का पता चलता है। वे लेखन को एक उबाऊ काम मानते हैं, उससे डरते हैं, और उसे टालना पसन्द करते हैं या नहीं करने के बहाने ढूँढ़ते रहते हैं।

लेखन कार्य मिलने पर जूनियर कक्षाओं के बहुत से बच्चों की पहली प्रतिक्रिया एक कोने में जा अपनी पेंसिल छीलना शुरू करना होती है। वहीं सीनियर कक्षाओं में लिखने के लिए एक चालू पेन की तलाश शुरू हो जाती है। कभी-कभी तो बच्चे लिखने की शुरुआत करने से पहले ही 10 मिनिट तक का समय ले लेते हैं। एक पैंतीस से चालीस मिनिट के कालांश का यह एक चौथाई भाग है, जो

इस कार्य में व्यर्थ हो जाता है।

एक तरफ़ विद्यार्थी प्रायः शिकायत करते हैं कि उन्हें पता ही नहीं कि क्या लिखें और कैसे शुरुआत करें या कितने शब्द लिखने की आवश्यकता है। दूसरी तरफ शिक्षक, विद्यार्थियों की लिखने में अक्षमता का रोना रोते रहते हैं और खराब लिखावट, व्याकरणीय अशुद्धता, विराम चिह्नों का उपयुक्त स्थान पर प्रयोग नहीं कर पाना, वर्तनी की गलतियाँ, धारा प्रवाह में न लिख पाना, वाक्यों में संगतता और गठन के स्तर पर कमी आदि कारणों को व्यक्त करते हैं। ऐसा लगता है कि जैसे लिखने की प्रक्रिया में केवल यही पहलु बहुत महत्त्वपूर्ण हैं।

इतने सारे विद्यार्थी लिखने के प्रति इतनी अरुचि क्यों दिखा रहे हैं? और शिक्षक विद्यार्थियों की अपर्याप्त लेखन क्षमता का रोना क्यों रोते रहते हैं?

आइए, अब हम यह देखते हैं कि जब विद्यार्थियों से कुछ भी लिखने को कहा जाता है तो उनसे क्या अपेक्षाएँ रहती हैं। सामान्यतः उनसे अपेक्षित रहता है कि वे-

ब्लेक बोर्ड, पाठ्यपुस्तक, सहायक पुस्तिका आदि में लिखे उत्तरों व अन्य लिखित सामग्री को अपनी कॉपी में उतारें, उसे रट्टा मार कर याद कर लें और समय आने पर हु-ब-हु वही चीज़ पुनः लिख दें।

बरसात का एक दिन, पेड़ों का महत्त्व, सुबह की सैर, मेरा पसन्दीदा टी.वी. कार्यक्रम जैसे उबाऊ व घिसे- पिटे विषयों पर परिच्छेद (paragraph) या पत्र आदि लिखें एवं बीमारी में छुट्टी हेतु प्रधानाध्यापक को दरख़्वास्त लिखें।

दो सौ शब्दों की सीमा में एक रिपोर्ट, अनुच्छेद, वास्तविक घटना का विवरण, दिए गए बिन्दुओं के आधार पर लिखें।

इस सबसे ऐसा लगता है कि शिक्षकों को या तो यह विश्वास नहीं है विद्यार्थी अपने स्तर पर स्वयं लिख सकते हैं, या उनका यह मानना है कि विद्यार्थियों पर यह भरोसा नहीं किया जा सकता है कि वे स्वयं लिखेंगे। यह माना जाता है कि विद्यार्थियों को यदि स्वयं लिखने की छूट दी जाए तो वे बहुत सारी गलतियाँ करेंगे और शिक्षक का बहुत सारा समय इन गलतियों को सुधारने में ही चला जाएगा। अतः ऐसी स्थिति से बचने के लिए सबसे सही तरीका यही माना जाता है कि विद्यार्थियों को अपने आप से लिखने की छूट दी ही ना जाए। दूसरा तरीका यह है कि बच्चों की अभिव्यक्ति को शब्द सीमा व निश्चित प्रारूप के कठोर ढाँचों में बांधा जाए।

'भय' एवं 'अनिच्छा' कुछ और प्रमुख कारण हैं जो कि विद्यार्थियों के, लिखने के प्रति व्यवहार को प्रभावित करते हैं। प्रायः यह मान्यता रहती है कि जो भी

चीज़ें विद्यार्थियों द्वारा लिखी जाएँ, उन सभी को ग्रेड देना या अंक देना या उनका मूल्यांकन कर सही-गलत बताना ज़रूरी है। बमुश्किल ही कोई ऐसा लेखन कार्य किया जाता है जो कि लिखने का आनन्द लेने मात्र के लिए हो। फिर क्या यह कोई आश्चर्य कि बात है कि विद्यार्थी लेखन कार्य को जल्द से जल्द खत्म कर, इस ज़िम्मेदारी से मुक्त होना चाहते हैं? और तो और वे अपनी लिखी हुई सामग्री को पुनः देखना भी नहीं चाहते हैं। लिखने में हुई ग़लतियों को या तो काटा-पीटी करके या उन पर व्हाइटनर लगाकर उन्हें छुपा दिया जाता है।

बच्चों व वयस्कों को लिखने में संलग्न करने के प्रश्न के प्रति "अंकुर सोसायटी-शिक्षा में विकल्प" के अनुभव ऊपर लिखे अनुभवों से बिल्कुल अलग हैं।

अंकुर एक गैर सरकारी संस्था है जो कि दिल्ली में कामकाजी लोगों की छः बस्तियों के साथ काम कर रही है। इस संस्था के द्वारा 6-11 साल के आयु समूह के बच्चों के लिए लर्निंग समूह, 10-15 साल के आयु समूह के लिए क्लब और लाइब्रेरी और 15 साल के ऊपर के आयु समूह के लिए सायबर मोहल्ला एवं 'वयस्क महिला समूह' बनाए गए हैं। इसके अलावा अंकुर संस्था इन सभी बस्तियों के पूरे समुदाय के साथ भी कई मुद्दों पर कार्य करती है। जैसे कि मकान बनवाना, पुराने मकान गिरवाना एवं समुदाय में समय-समय पर विभिन्न आयोजन करवाना आदि। वर्तमान में अंकुर संस्था दिल्ली म्युसिंपल कार्पोरेशन के साथ मिलकर इन बस्तियों के छः स्कूलों की प्राथमिक कक्षाओं में भाषा शिक्षण को बेहतर करने के कार्य में संलग्न है।

अंकुर द्वारा गठित समूह नियमित कार्य कर रहे हैं; समूह के सदस्य प्रति दिन डेढ़ से दो घंटे के लिये मिलते हैं और उपस्थित अंकुर कार्यकर्त्ता इन बैठकों में सहजकर्त्ता की भूमिका निभाता है। इस दौरान किए जा रहे सृजनात्मक अभ्यासों में लिखने को लेकर बहुत ज़ोर रहता है। सामूहिक रूप से जो भी लिखा जाता है उसे पोस्टर या कविता का रूप देकर, वितरित किया जाता है। जैसे एक बैठक में पूछे गये सवाल कि "सवूदा गेवरा में आप लोग क्या-क्या चाहते हैं?" (सवूदा गेवरा विस्थापित लोगों की एक कॉलोनी है जो कि 2006 में दिल्ली के बाहरी, उत्तरी पश्चिमी भाग में स्थापित की गई थी) के उत्तरों को समूह के बच्चों द्वारा एक कविता के रूप में लिखा गया- "पार्क में घास और पेड़ चाहिए, शॉपिंग मॉल, चिड़ियाघर और दुकान चाहिए, पापा के लिए पास में काम चाहिए, नालियों में पानी का बहाव चाहिए।" बच्चे जब इस तरह के काम में, स्वयं के योगदान को एक ए-फोर आकार के लेज़र प्रिंट के रूप में देखते हैं तो अभूतपूर्व आत्मविश्वास से भर जाते हैं। साथ ही वे इस तरह के काम को अधिक-से-अधिक कर, प्रिंट

रूप में देखने के लिए उत्सुक होते हैं।

अन्य समूहों में ज़्यादातर व्यक्तिगत लेखन पर काम होता है, पर सामूहिक स्तर पर वे एक-दूसरे को सहारा देते हैं। पुस्तकालय और क्लब, लेखन को परिपक्व बनाने हेतु प्रयोग रूपी प्रयास हैं। जहाँ क्लब का मुख्य फोकस समुदाय पर है वहीं पुस्तकालय का किताबों पर। इस प्रयोग से यह सीख मिली है कि दोनों संसाधन समान रूप से उपयोगी हैं। अभी के लिए अंकुर की योजना दोनों कार्यक्रमों को मिलाने की है और एक को दूसरे से ज़्यादा प्राथमिकता देने की नहीं है। प्रैक्टिशनरों (practioners) द्वारा अपने समुदाय व अन्य स्थानों पर ''कहानी वाचन'' के बहुत से सत्र आयोजित किए गए हैं। बच्चों द्वारा लिखी गई चीज़ें अब इंटरनेट पर भी उपलब्ध करवायी जा रही हैं। (http://khichripurtalkics. blogspot.comè और http://dakshinpuridiaries.blogspot.comè).

ये लिखित सामग्री सायबर मोहल्ला के सदस्यों ने एक संकलन (anthology) के रूप में निकाली है। राजकमल प्रकाशन द्वारा हिन्दी में इसे ''बहुरूपिया शहर'' के नाम से प्रकाशित किया गया और इसका अंग्रेजी अनुवाद 'ट्रिक्स्टर सिटी' पेंगुइन इंडिया द्वारा प्रकाशित किया गया है। इसके पहले एक प्रकाशन, ''गलियों से'' (फ्रॉम द बाकलेण्ड्स) सायबर मोहल्ला द्वारा स्वयं प्रकाशित किया गया था।

सायबर मोहल्ला का महिलाओं का एक मात्र समूह है 'नवयुवक महिला समूह' जो कई कौशल सशक्तिकरण कार्यक्रमों में संलग्न हैं। हाल ही में इस संगठन के सदस्यों ने अपनी लिखित सामग्री के आधार पर ''उधेड़बुन'' नामक एक पुस्तिका प्रकाशित की है।

यह प्रयोग दर्शाता है कि बच्चों, नवयुवकों व नवयुवतियों में सृजनात्मक कौशल की अपरिमित क्षमता है, ज़रूरत है तो ऐसे अवसरों की जिनमें ये फल-फूल सकें।

अतः अंकुर के प्रयासों से सामान्य विद्यालयों व सीखने-सीखाने की प्रक्रियाओं के लिए क्या सीख ली जा सकती है? आइए, हम शुरुआत में यह पता लगाने की कोशिश करें कि लिखने की ललक आती कहाँ से है? हम लिखना सिखाते समय कभी भी यह ज़रूरी नहीं समझते हैं कि बच्चे को लिखने की ज़रूरत महसूस हो। लिखने की इच्छा तभी महसूस होती है जब हमारा, लेखक और श्रोता के रूप में स्वागत किया जाता है। तब भी जब स्वाभाविक रूप से हमारे मन में कोई विचार आता है जिसके बारे में हम लिखना चाहते हैं। अंकुर के संचालित क्लब में से किसी एक प्रैक्टिशनर के द्वारा लिखे गए अंश का उदाहरण निम्न प्रकार है-

''ना आज मैं यह सोच कर थमी की मेरे पास शब्द नहीं है। न ही इस

सवाल ने बहकाया कि मेरी सादी-सपाट भाषा किसी को पसन्द आयेगी कि नहीं? बस मन में जिन ख़यालों और अहसासों की सुनामी आयी थी, उन्हें घर जाते ही पलंग पर बैठ अपनी कॉपी के हवाले कर दिया।"

हमारी समझ में, ऊपर लिखे किस्से को बहुत-ही नज़दीकी से सिद्धांत रूप में दक्ष शिक्षाशास्त्रीय लुईस रोजेनब्लॉट ने कुछ इस तरह लिखा है-

लेखन हमेशा एक ऐसे समय की घटना है जो कि लेखक के जीवनी में विशिष्ट क्षणों, कुछ विशिष्ट परिस्थितियों, बाहरी व भीतरी दबाव की स्थितियों में घटित होता है। इस प्रकार लेखन की प्रक्रिया को दोनों व्यक्तिगत और सामाजिक या वैयक्तिक और वातावरणीय के समावेश के रूप में देखा जाना चाहिए। (रोजेनब्लॉट, 2005, पृ.17) तो ऐसे समय में जब लिखने वाला अपनी वैयक्तिक व व्यक्तिगत लय में तालमेल बैठने का इंतज़ार कर रहा होता है, एक शिक्षक उसकी मदद कैसे करे? रोजेनब्लॉट ऐसे लेखकों के लिए लिखती हैं- "लेखक, जिनके सामने रखा कागज़ कोरा है"। (रोजेनब्लॉट 2005, पृ. 16)

अंकुर नये उभरते लेखकों को उनके आस-पास उपलब्ध संसाधनों से परिचित करवाता है। उदाहरण के लिये उन्हें क्या खाना पसन्द है? वो क्या है जो उन्हें खुशी देता है, उदास कर देता है, नाराज़ बनाता है, जिज्ञासु बनाता है आदि? इस प्रक्रिया में लेखकों का उनके स्पर्श, दृश्य, गंध, ध्वनि व स्वाद आदि संवेदों से पुनः जुड़ाव भी होता है। उभरते लेखक नियमितता से अपने इन अनुभवों को लिखित रूप में रिकॉर्ड करने के अभ्यास करते रहते हैं। इससे उनके संवेदांगों से प्राप्त सूचनाएँ लिखित रूप में एक निश्चित स्थान पर अभिग्रहित हो जाती है इस अभ्यास को और अधिक प्रभावशाली व रोचक बनाने के लिए विद्यार्थियों को किसी एक संवेदांग द्वारा प्राप्त सूचनाओं को लिखित रूप में प्रस्तुत करने के लिए भी कहा जाता है। यह बिल्कुल वैसा ही है जैसे कि संगीत के विद्यार्थी किसी एक ताल का अभ्यास करते हैं या मॉर्शल आर्ट के विद्यार्थी एक आधारभूत मुक्के या किसी विरोधी से बचने के लिए किसी कदम का।

विद्यार्थियों को अलग-अलग तरह के व्यक्तियों से वार्तालाप करना व पढ़ने के लिए पुस्तकें उपलब्ध करवा कर, अंकुर विद्यार्थियों को और विकसित लिखित अभ्यासों से परिचित कराती है। अंकुर का मानना है कि सुनने और पढ़ने के कार्य में एक आधारभूत समानता है और वह प्रैक्टिशनर लोगों को इन दोनों प्रक्रियाओं में सक्रिय होने को बढ़ावा देती है। 'लोगों से बातचीत' और 'किताबों को पढ़ना' लेखन में ऊर्जा भरते हैं।

परन्तु तब क्या होता है जब उत्साह का प्रवाह धीमा हो जाता है। लेखक

द्वारा मात्र एक पैराग्राफ या आधा पृष्ठ लिखा जाता है और विचारों का झरना सूख जाता है। ऐसे समय में श्रोताओं का समूह एक सहयोगी के रूप में सामने आता है। ऐसे समय में श्रोताओं का सुनने के प्रति उत्साह, ज़िज्ञासा और सवाल, लेखक को ऊर्जा प्रदान करते हैं। शुरुआती लेखकों के लिए एक करीबी, आत्मविश्वास प्रदान करने वाला दोस्तों का समूह उपयुक्त होता है परंतु परिपक्व लेखकों के लिए कोई भी श्रोता समूह चलता है।

क्लब के एक अन्य प्रैक्टिशनर लिखती हैं-

''हमारे सामने वाले राजेश भैया के सगाई वाले दिन, उनके होने वाले ससुराल के लोग उनके घर आए हुए थे। पर घर में उतनी जगह नहीं थी कि सब मेहमान उसमें समा जाएँ। इसलिए कुछ लोग हमारे घर के सामने, पार्क में चारपाई पे बैठ, बतिया रहे थे। वहीं कोने में चारपाई पे बैठ के मैं भी लिख रही थी। मुझे देख, राजेश भैया के ससुर ने पूछा, ''यह क्या लिख रही हो।'' मैंने अपने घर की ओर ईशारा करते हुए कहा'' मैं अपने घर के बारे में लिख रही हूँ। और फिर मैं अपने लिखने की धुन में खो गयी। फिर दोबारा उनकी आवाज़ आयी,

''क्या सुनाना चाहोगी?''

''क्यों नहीं।''

मैं सुनाने लगी। जैसे ही लेख खत्म हुआ सबकी बातचीत दोबारा शुरू हो गयी। पर अब उनकी जुबान पर मेरा लेख था।

''अरे वाह क्या लिखती है।''

''एक दिन यह लेखिका बनेगी।''

''अरे बड़ा दिमाग है।''

धीरे-धीरे यह बातें मेरे पापा के कानों में भी गूंज छोड़ने लगी। वो भी मेरी तरफ नयी नज़रों से देखने लगे।

लिखना, लिखे हुए पर लोगों के साथ बातचीत करना और पुनः नये जोश से लिखने की प्रक्रिया में जुटना, इस पूरी प्रक्रिया को अंकुर ने ''उत्पादक संप्रेषण चक्र'' (Generative Communication Spiral) का नाम दिया है। यह चक्र लेखकों के समूह के अंदर से शुरू होता है और बाद में पूरे समुदाय तक फैल जाता है; आशा है कि धीरे-धीरे एक या दूसरे रूप में यह वृहद् संसार को प्रभावित करेगा।

सबसे महत्त्वपूर्ण बाद यह है कि हम लेखन के गतिविधि आधारित एप्रोच से आगे बढ़ें (इस एप्रोच में लिखने की प्रत्येक घटना को एक अलग इकाई के

रूप में देखा जाता है)। इसके लिए यह ज़रूरी है कि लिखे हुए प्रत्येक पाठ को एक अंतिम उत्पाद के रूप में देखने से पहले लिखने में प्रयासरत लोगों को अपने लिखे हुए को पुनः लिखने, पढ़ने और फिर पुनः लिखने के लिए प्रेरित किया जाये। एक स्कूल के विद्यार्थी का लेखन कार्य उसके पोर्टफोलियो की शुरुआत हो सकता है।

अंकुर के ये बहुत सारे प्रयास ऐसे लेखक समूहों की गतिविधियों में देखे जा सकते हैं, जो परिपक्व लेखक अपने समकक्ष साथियों के साथ बनाते हैं। इस लेख का महत्त्वपूर्ण बिंदु यह है कि शिक्षक अपनी कक्षाओं में ऐसी परिस्थितियाँ बनाएँ कि कक्षाओं में एक लेखन समूह का निर्माण हो। इसके साथ ही शिक्षक को, प्रत्येक लेखक के लिए एक संपादक की भूमिका भी निभाने की आवश्यकता है। इस कार्य में शिक्षक से यह अपेक्षा है कि वह लेखक का सम्मान करते हुए उसके द्वारा लिखित सामग्री का समालोचनात्मक विश्लेषण करे।

सन्दर्भ :

रोजेनब्लॉट, एल. (2005). मेकिंग मीनिंग विद टेक्ट्स. पोर्ट्समाउथ,एच एन : हाइनेमन

लेखकों के बारे में : स्नेहलता गुप्ता राजकीय प्रतिभा विकास विद्यालय (शिक्षा विभाग एन.सी.टी. दिल्ली सरकार के अधीन, सुरजामल विहार) में अंग्रेज़ी विषय की व्याख्याता हैं। आपकी रुचि शिक्षक-प्रशिक्षण, समालोचनात्मक साक्षरता और ''पढ़ना सिखाने'' से संबंधित शोध कार्यों में है।
snehlatag@gmail.com

जोसफ मथाई तीस से भी अधिक वर्षों से सामाजिक व राजनैतिक मुद्दों से जुड़े हुए हैं। ये पर्यावरण, नागरिक अधिकारों, रंगमंच व राजनीति के क्षेत्र में सक्रिय प्रतिभागी रहे हैं। बीस से भी अधिक वर्षों से वे पुस्तक प्रकाशन के व्यवसाय से भी जुड़े हुए हैं। वर्तमान में वे ''अंकुर संस्था-शिक्षा में विकल्प'' के लिए सलाहकार के रूप में कार्यरत हैं।
jomathai@gmail.com

प्रभात कुमार झा, ''अंकुर संस्था-शिक्षा में विकल्प'' के साथ 1993 से काम कर रहे हैं और वर्तमान में कार्यक्रम के संचालक है। वे एन.सी.ई.आर.टी., ऑक्सफेम और ल्यूसेंट एमप्लोइबिलिटी फंड के सलाहाकार रह चुके हैं।
altcyber@gmail.com

अनुवादक : यशोधरा कनेरिया, विद्या भवन शिक्षा सन्दर्भ केन्द्र, उदयपुर (राज.)।

स्रोत : लेंग्वेज एंड लेंग्वेज टीचिंग 1.1.1: 27-31, जनवरी, 2012.

एक बहुभाषी कक्षा में

रजनी द्विवेदी

मुझे एक सरकारी विद्यालय की कक्षा तीन को पढ़ाने का कार्य मिला था। इस कक्षा के अधिकांश छात्र निम्न मध्यम वर्गीय पृष्ठभूमि से थे और पहली पीढ़ी के विद्यार्थी थे। इन बच्चों की मातृभाषा छत्तीसगढ़ी थी लेकिन इनमें से कुछ हिंदी बोल और समझ सकते थे (हिंदी के कुछ साधारण शब्द जो कि सामान्य बोलचाल में ज्यादा प्रयोग किये जाते हैं, और कुछ कामचलाऊ वाक्य न कि पाठ्यपुस्तक की हिंदी)। मुझे स्वयं छत्तीसगढ़ी का एक शब्द भी नहीं आता था। इस लेख में इन बच्चों के साथ हिंदी सीखने-सिखाने को लेकर मेरे द्वारा किये गए कुछ शुरुआती प्रयासों का संक्षिप्त विवरण प्रस्तुत है।

कक्षा के साथ दो तीन दिन कार्य करने के बाद मुझे महसूस हुआ कि हम पाठ्यपुस्तक के साथ आगे नहीं बढ़ पा रहे हैं। मैंने निश्चय किया कि बच्चों के साथ कहानी सुनने-सुनाने को लेकर कुछ काम किया जाए। मैंने बच्चों से पूछा कि क्या वे कहानी सुनना पसन्द करेंगे। सभी ने बड़े उत्साह व रुचि के साथ सहमति जताई। मैंने कहानी सुनाने के लिए पहले स्वयं तैयारी की (और तैयारी करते हुए मुझे अहसास हुआ कि कहानी सुनाने की योग्यता को कौशल क्यों कहा जाता है) और अगले दिन कक्षा में कहानी सुनाने का कार्य शुरू हुआ। लेकिन कुछ ही मिनटों में (कहानी का चौथा हिस्सा भी पूरा नहीं हुआ था) मुझे अहसास हुआ कि बच्चों का ध्यान कहानी पर है ही नहीं। कहानी सुनने की बात को सुनकर उनमें जो रुचि व उत्साह मुझे नज़र आया था वह कहीं खो गया था। लगभग 80 प्रतिशत बच्चे अन्य कार्यों में व्यस्त थे (कोई पुस्तक से नकल करने में तो कोई बोतल व पेन से खेलने में व कोई किसी से बातचीत में) व सुन नहीं रहे थे। मैंने बच्चों से पूछा क्या कोई समस्या है? वे क्यों कहानी पर ध्यान नहीं दे रहे हैं। कोई जवाब नहीं आया। बच्चों को अभी तक की कहानी में कुछ समझ आया है या नहीं यह जानने के लिए मैंने उनसे कुछ प्रश्न किये- कहानी में कौन-कौन है? पेड़ कहाँ है? लेकिन इन प्रश्नों का भी कोई जवाब

नहीं आया। कुछ और प्रश्न पूछने के बाद मुझे यह लगा कि अधिकांश बच्चों को कहानी समझ ही नहीं आ रही थी। उनकी रुचि व उत्साह खत्म होने का कारण था कि कहानी के मुख्य शब्द ही उन्हें समझ नहीं आ रहे थे। इसी वजह से न तो कहानी में वे कोई जुड़ाव देख पा रहे थे और न ही कोई अर्थ बना पा रहे थे। इसलिए यह स्वाभाविक था कि उनकी रुचि खत्म हो गयी थी।

कुछ बच्चों, जो मुझे लगा कि कहानी को समझ पा रहे हैं उनसे मैंने कहा कि वे अपनी भाषा में कहानी का अनुवाद करके कक्षा के अन्य बच्चों को सुनाये। वे आश्चर्यचकित हो गए। उन्हें विश्वास नहीं हो रहा था कि शिक्षिका उनको कहानी का अनुवाद करने को कह रही है और वो भी उनकी अपनी भाषा में। कुछ बच्चे सोच रहे थे कि कहीं कुछ गड़बड़ है, कुछ और आगे आने से शर्मा रहे थे, कुछ मुझे देखकर मुस्कुरा रहे थे और कुछ शायद यह सोच रहे थे कि मैं उन्हें यह क्या बेतुका कार्य करने को कह रही हूँ।

तब मैंने कक्षा पाँच के एक लड़के से गुज़ारिश की कि क्या वह उस कहानी का अनुवाद कर सकता है? उसने भी मुझसे यही सवाल किया कि क्या मैं वास्तव में ऐसा ही चाहती हूँ? उसने मुझसे यही सवाल तीन बार पूछा और फिर एक शर्मिली मुस्कुराहट के साथ उसने कहानी का अनुवाद शुरू किया।

कक्षा में एकदम चुप्पी छा गयी। सभी बच्चे ध्यान से सुन रहे थे। कहानी खत्म होने के बाद मैंने बच्चों से कुछ प्रश्न भी किये (शायद ज़रूरत नहीं थी लेकिन मैं तुरन्त यह जानना चाहती थी कि क्या उन्हें कुछ समझ आया) और उन्होंने उनके उत्तर भी दिए। मैं संतुष्ट थी। कक्षा उस दिन समाप्त नहीं हुई वरन उसी दिन कक्षा की शुरुआत हुई। धीरे-धीरे बहुत से बच्चों ने अपनी भाषा में मुझसे बात करना शुरू किया। कभी-कभी जब मैं यह नहीं समझ पाती थी कि वे क्या कहने की कोशिश कर रहे हैं तब वे विभिन्न भाव भंगिमाओं, विभिन्न चित्रों अथवा किसी दूसरे बच्चे की मदद लेकर (जो उन्हें लगता कि मुझे समझाने में उनकी मदद कर सकता है) मुझे समझाने का प्रयास करते कि वे क्या कहना चाहते हैं? इसका उल्टा भी हो रहा था- यदि उन्हें मेरी कोई बात समझ नहीं आती तो अब वे बेहिचक मुझे, फिर से समझाने को कहते थे।

उन्होंने अब अपनी लड़ाइयाँ, चुटकले, गीत और घरों, त्यौहारों, खेतों के अनुभवों और उनके कार्यों को भी बाँटना शुरू किया। उन्होंने न केवल बोलना शुरू किया बल्कि कक्षा की विभिन्न गतिविधियों में भाग लेना भी शुरू किया। इस बात ने भी मेरा ध्यान आकर्षित किया कि कुछ बच्चों के व्यवहार में भी परिवर्तन हुआ, वे बच्चे जो पहले मेरी बात सुनते ही नहीं थे उन्होंने भी मेरी

मदद करनी शुरू की। वे कक्षा में होने वाली सामूहिक गतिविधियों में भाग लेने लगे, दूसरे बच्चों की मदद करने लगे और जब-तब कक्षा से बाहर जाना भी बंद कर दिया।

यह पूरी अन्तःक्रिया हम सभी के लिए बहुत अर्थपूर्ण बन गयी थी। हम सभी एक दूसरे से सीख रहे थे- न केवल एक दूसरे की भाषा के शब्द और क्रिया, बहुवचन आदि के नियम, पर यह भी कि हम अलग-अलग कामों को कैसे करते हैं, चीज़ों के बारे में कैसे कहते हैं और चीज़ों से अपना क्या रिश्ता देखते हैं। संक्षिप्त में, हमने एक-दूसरे की संस्कृति के बारे में जाना। बातचीत के दौरान उस समुदाय में मौजूद विभिन्न विविधतायें भी सामने आई यथा- लोग कैसे एक दूसरों को संबोधित करते हैं, त्यौहारों को कैसे मनाते हैं, किस तरह के कार्यों में संलग्न हैं, ये कार्य कैसे किये जाते हैं, इनको करने हेतु क्या-क्या चाहिए इत्यादि। प्रत्येक के बारे में बातचीत हुई और यह महसूस हुआ कि ये सभी महत्त्वपूर्ण हैं और एक अर्थपूर्ण तरीके से योगदान दे रहे हैं। हमने अलग-अलग भाषाओं के बारें में, भाषा व पहचान के बारें में, व्यक्ति के सम्मान के बरे में व संस्कृति और उसके भाषा के साथ सम्बन्ध के बारें में, भी बातचीत की।

इस बहुभाषी कक्षा को पढ़ाने के अनुभव ने मुझे भाषा व संप्रेषण से सम्बंधित बहुत से महत्त्वपूर्ण मुद्दों को समझने में मदद की। मैं यह समझ पाई कि एक भाषा की दीवार को तोड़ने के लिए क्या-क्या होना चाहिए। यद्यपि भाषा ही इसके लिए एकमात्र उपकरण नहीं है पर यह एक महत्त्वपूर्ण भूमिका निभाती है क्योंकि यह न केवल ऊपर वर्णित मूल्यों से सम्बंधित है वरन अर्थ निर्माण, सोचने, विचारों को कहने व एक-दूसरे से साझा करने से भी जुड़ी हुई है

इस पूरे अनुभव ने मुझे यह समझने में भी मदद की कि मेरी शुरुआती कक्षाओं में क्या हो रहा था। क्या बच्चे काम में थोड़ा-सा भी मशगूल थे और क्या उन्हें कुछ समझ आया था? बच्चे अपनी भाषा का उपयोग करने में इतना क्यों हिचकिचा रहे थे? मुझे यह भी समझने में मदद मिली की मुझे अपनी कक्षा प्रक्रिया में क्या परिवर्तन करने की ज़रूरत है और यह के मैं बच्चों से क्या सीख सकती हूँ? मैंने यह भी महसूस किया कि यदि बच्चों को अवसर दिया जाए तो वे हर संभव प्रयास करते हैं यह समझने का कि कक्षा में क्या हो रहा है और इसका भी कि वे शिक्षक द्वारा बताए गए सीखने के तरीकों का अनुसरण करें। मुख्यतया वे शिक्षक को यह समझने में मदद करते हैं कि वे क्या कहना चाहते हैं और इस तरह यह भी सुनिश्चित करते हैं कि कक्षा की प्रक्रियाएँ ज़्यादा अर्थपूर्ण बनें।

अंत में मुझे यह समझ आया कि किसी कार्य में मशगूल होने का क्या तात्पर्य है और कैसे एक अपरिचित भाषा कक्षा में बच्चे के योगदान को रोक सकती है। जबकि उनकी अपनी भाषा का प्रयोग उनकी भागीदारी बढ़ा सकता है। कक्षा के सभी बच्चों की भाषा को कक्षा में स्थान देना एक चुनौतीपूर्ण कार्य है और यह शिक्षक की तरफ से बहुत से प्रयासों की मांग करता है। लेकिन इससे जो हासिल होगा वह की गई कोशिशों से कहीं ज़्यादा होगा।

लेखिका के बारे में : रजनी द्विवेदी विद्या भवन शिक्षा सन्दर्भ केन्द्र, उदयपुर (राज.) में कार्यरत हैं। वे प्रारंभिक स्कूली स्तर पर भाषा के क्षेत्र में नवाचारी प्रयोग करने में रूचि रखती हैं।

rajni@vidyabhawan.org

अनुवादक : अनुवाद लेखिका ने ही किया है।

स्रोत : लेंग्वेज एंड लेंग्वेज टीचिंग 2.1.3: 10-11, जनवरी, 2013.

शिक्षकों के लिए बहुभाषिता व द्विभाषिता का महत्त्व

आशा अय्यर

परिचय

एक भाषा-शिक्षक दो या अधिक भाषाओं के साथ सफलतापूर्वक काम कर सकता है। केंद्रीय विद्यालय समेत, केंद्रीय माध्यमिक शिक्षा मंडल के अधिकांश विद्यालयों में अंग्रेज़ी शिक्षा का माध्यम है। अतः मनोवैज्ञानिक रूप से और भाषा शिक्षण की दृष्टि से भी शिक्षक और शिक्षार्थी दोनों के लिए यह उपयोगी है कि अंग्रेज़ी सहित अन्य स्कूली भाषाओं और बच्चों द्वारा अपने घरों में बोली जा रही भाषाओं को विद्यालय में जगह दी जाए।

ऐसा क्यों किया जाना चाहिए?

कक्षा एक में पढ़ने वाले बच्चों को अपनी मातृभाषा का अच्छा ज्ञान रहता है। इसके अलावा प्रत्येक कक्षा में औसतन 4-6 भाषा समूह होते ही हैं, जो कि इस बात पर निर्भर करते हैं कि विद्यालय देश के किस राज्य में है। इसे यूँ समझें- राज्यों में कुछ बच्चे ऐसे होते हैं जो उस राज्य की क्षेत्रीय भाषा का प्रयोग करते हैं और कुछ जो राज्य में बोली जाने वाली अन्य भाषाओं का प्रयोग करते हैं; उदाहरण के लिए, तमिलनाडु में कुछ बच्चे तमिल बोलेंगे व कुछ तमिलनाडु में बोली जाने वाली अन्य भाषाएँ बोलेंगे; पश्चिम बंगाल में कुछ बच्चे बाँग्ला बोलेंगे व कुछ बंगाल में बोली जाने वाली अन्य भाषाएँ बोलेंगे, महाराष्ट्र में भी कुछ बच्चे मराठी बोलेंगे और कुछ महाराष्ट्र में बोली जाने वाली अन्य भाषाएँ बोलेंगे। कक्षा में कुछ और भाषा समूह, पड़ोसी राज्यों के हो सकते हैं, उदाहरण के लिए, महाराष्ट्र सीमा से लगे मध्यप्रदेश के नेपानगर व बुरहानपुर जैसे शहरों में मराठी भाषी बच्चों का या छत्तीसगढ़ में उड़िया बच्चों का पंजाब में पंजाबी, हरियाणवी के साथ हिंदी का समूह इत्यादि। ऐसी स्थितियों में एक भाषा शिक्षक अच्छा काम कर सकता है, यदि उसे संबंधित भाषाओं का थोड़ा आधारभूत ज्ञान हो। किसी भी बच्चे से उसकी ही भाषा में संपर्क करना सरल होता है। विशेष रूप से प्राथमिक कक्षाओं के बच्चे अपने

शिक्षकों के प्रति अपनापन महसूस करते हैं अगर शिक्षक बच्चों की मातृभाषा के शब्दों और वाक्यों को प्रयोग करते हैं।

प्राथमिक कक्षाओं में बच्चे अंग्रेज़ी जैसी अनजान भाषा से तालमेल बिठाने में कठिनाई का अनुभव करते हैं, ज़्यादातर अंग्रेजी बोल भी नहीं पाते हैं। यदि शिक्षक उनसे उनकी ही भाषा में बात करे या कुछ शब्द बोले तो वे सहज अनुभव करते हैं। बस, इस बात का अवश्य ध्यान रखें कि उनकी मातृभाषा का कभी भी मज़ाक न उड़ाएँ। यदि आप उनकी भाषा का मज़ाक उड़ाते हैं तो वे आपसे व आपके द्वारा पढ़ाए जा रहे विषय दोनों से ही नफ़रत करेंगे।

इससे क्या मदद मिलती है?

चूँकि मेरे अधिकतर अनुभव महाराष्ट्र के नेपानगर व भुसावल केंद्रीय विद्यालयों से जुड़े हैं, मैं वहीं से उदाहरण देना चाहूँगी। नेपानगर, मध्य प्रदेश व महाराष्ट्र की सीमा पर स्थित है। नेपानगर में मैंने बच्चों को हिंदी बोलते समय मराठी के शब्द इस्तेमाल करते सुना। उनका लहज़ा व अभिव्यक्ति भी मराठी-सी थी। सबसे अचरज की बात यह थी कि उनमें से कई के लिए मराठी मातृभाषा नहीं थी। जब बच्चे हिन्दी बोल रहे होते तो मुझे प्रायः इस प्रकार की बातें सुनाई देतीं-

1. ये मेराईच है।
   ये मेरा ही है।
2. कायको रे!
   किस लिए जी!

मराठी भाषी बोलचाल में 'इच' या 'कायको' उपयोग करते हैं। मैंने लिखने में मात्रा की कई गलतियाँ पाईंः ज़्यादातर 'ई' और 'ऊ' के लघु और दीर्घ रूपों में। इन त्रुटियों को दूर करने के लिए एक भाषा के शिक्षक को पहले जानना आवश्यक है कि बच्चे यह गलतियाँ क्यों कर रहे हैं।

मैंने कई बच्चों के लिखित कार्य का अध्ययन किया और पाया कि वे लघु ध्वनियों के लिए दीर्घ मात्राएँ और दीर्घ ध्वनियों के लिए लघु मात्राएँ इस्तेमाल कर रहे हैं। मैंने वयस्क लोगों को बोलते हुए भी ध्यानपूर्वक सुना और पाया कि वे भी लघु ध्वनियों को दीर्घ और दीर्घ ध्वनियों को लघु की तरह बोलते हैं। हमें यह समझना ज़रूरी है कि ये 'त्रुटियाँ' सीखने की प्रक्रिया का हिस्सा हैं और बच्चों के आसपास बोली जाने वाली भाषा के प्रभाव से होती हैं; बच्चे शनैः शनैः इन गलतियों को सुधार लेते हैं और सही-सही लिखने लगते हैं। इस प्रकार से देखा जाए तो जिन्हें हम बच्चों की गलतियाँ समझते हैं और जिनके लिए उन्हें दंडित भी करते हैं वे अपेक्षित हैं और केवल इस

बात का प्रमाण हैं कि बच्चे अपने परिवेश से सीख रहे हैं।

फिर मैंने क्या किया?

मैंने एक मराठी भाषी पालक को खोजा और अपनी इस समस्या की चर्चा उनसे की। उन्होंने मुझे समझाया कि ये सारी गड़बड़ ग़लत विलांटी के प्रयोग के कारण हो रही है, विलांटी यानि-मात्रा। 'हिन्दू' शब्द मराठी में 'हिंदु' की भाँति बोला जाता है। इसी कारण बच्चे भी इस शब्द को हिंदी में वैसा ही लिखते हैं। बच्चे वही लिख रहे होते हैं, जो बोल रहे होते हैं।

मैंने बहुत विचार करने के बाद एक समाधान निकाला। शायद आपको बेतुका लगे, पर मुझे यह उपयोगी लगा। मैंने बच्चों को मात्राओं को अदल-बदल कर लिखने को कहा, अर्थात्- जब उन्हें 'इ' की मात्रा, लिखनी हो तो उसकी जगह 'ई' की मात्रा लिखें व जब उन्हें 'ई' की मात्रा लिखनी हो तो उसकी जगह 'इ' की मात्रा लिखें। बच्चों को प्रारंभ में मेरी बात विचित्र लगी, लेकिन धीरे-धीरे वे बात समझ गए और स्वयं ही 'उ' व 'ऊ' की मात्राओं के लिए भी यही तकनीक अपनाने लगे।

महाप्राण हिन्दी व्यंजन

आइए, अब हम कक्षा एक में पढ़ते एक तमिल भाषी बच्चे के बारे में बात करें। ऐसे बच्चे के लिए हिंदी एक अजनबी भाषा है या उसने हिन्दी के कुछ ही शब्द सीखे होते हैं। इसके साथ-साथ, हिन्दी से भिन्न, तमिल में महाप्राण ध्वनियाँ नहीं होती हैं। तो एक हिंदी शिक्षक ऐसे बच्चों को महाप्राण ध्वनियाँ बोलना कैसे सिखाए? महाप्राण ध्वनियों के उच्चारण में अधिक प्राणवायु की आवश्यकता होती है और 'काना' और 'खाना' में इसी उच्चारण के अंतर के कारण, अर्थ में भी अंतर आ जाता है।

यदि शिक्षक को यह पता है कि महाप्राण ध्वनियों को उच्चारित करने में अधिक प्राणवायु की ज़रूरत होती है तो वह अपने तमिल भाषी बच्चों की अधिक मदद कर पाएगा। ऐसे में शीघ्र हस्तक्षेप से हमेशा लाभ मिलता है क्योंकि उम्र के साथ-साथ जीभ जैसे मुख के भाग जो बोलने में काम आते हैं, एक तरह के उच्चारण के आदी हो जाते हैं। इस वजह से एक समय के बाद उच्चारण सही करना बहुत मुश्किल हो जाता है। बच्चे का मस्तिष्क भी इसके लिए तुरंत तैयार नही होता है। प्राथमिक अवस्था कक्षा 1 व 2 ही इस काम के लिए सर्वश्रेष्ठ हैं।

पूर्व ज्ञान

हम अपने बी.एड. के समय से ही जानते हैं कि किसी भी नई भाषा को सीखने

में एक और चीज़ जो आड़े आती है, वह है पूर्व ज्ञान। बच्चों के घर की भाषा उनके नई भाषा सीखने में कुछ समस्याएँ खड़ी करती हैं।

उदाहरण के लिए, तमिल में 3 लिंग हैं- पुल्लिंग, स्त्रीलिंग व नपुंसकलिंग, जबकि हिंदी में 2 ही हैं। तमिल में निर्जीव वस्तुएँ नपुंसकलिंग में रखी जाती हैं। तमिल में तीनों लिंगों के लिए अलग-अलग क्रिया रूप भी हैं-

अवन् पोरान्।	अवळ् पोराळ्।	अदु पोरदु।
वह जाता है।	वह जाती है।	हिंदी में कोई अलग रूप नहीं।

ऐसे में एक तमिल बोलने वाले परिवार से आया विद्यार्थी भ्रमित रहता है कि 'कुर्सी' या 'मेज़' किस लिंग में रखे जाएँ। तमिल में तो दोनों ही नपुंसकलिंग में आते हैं लेकिन हिंदी में 'कुर्सी' स्त्रीलिंग है और 'मेज़' पुल्लिंग। मेरे नाना जब हिंदी बोलते थे तो वे लिंग की बड़ी गड़बड़ी करते थे– ''रेलगाड़ी रोज़ सुबह समय पर आती है पर शाम को पता नहीं क्यों देर से आता है?''

हम कभी उनकी भूल सुधार नहीं पाए और अकसर नाना-नानी के संवाद सुनकर हम हँस-हँसकर लोटपोट होते रहते थे। मगर विद्यालय में हम बच्चों के प्रयासों पर हँस नहीं सकते हैं; हमें तो उन्हें सही उच्चारण सिखाना है। मैं यह नहीं कह रही कि भाषा शिक्षक को सारी भारतीय भाषाएँ आनी चाहिए। लेकिन अंग्रेज़ी सहित अपनी कक्षाओं में पढ़नेवाले बच्चों द्वारा प्रमुखतः बोली जाने वाली भाषाओं की थोड़ी-सी जानकारी रखना लाभप्रद अवश्य होगा।

इसी सन्दर्भ में मैं एक घटना और सुनाना चाहूँगी जो मेरे पिताजी ने मुझे बताई थी। मेरे पिताजी के एक बाँग्ला मित्र थे। प्रशिक्षण के बाद वे दोनों अलग-अलग शहरों में नियुक्त हुए और जब एक अरसे बाद मिले तो पिताजी ने उनसे उनके दफ़्तर के बारे में पूछा तो उन्होंने बताया कि, ''सब ठीक है लेकिन दफ़्तर में ना घोड़ा है, ना घोड़ी।''

मेरे पिता चकित थे कि कार्यालय में घोड़ा-घोड़ी की क्या आवश्यकता? आप में से कुछ लोग समझ गए होंगे कि मेरा पिताजी के मित्र का मतलब 'घड़ा' और 'घड़ी' था न कि 'घोड़ा' और 'घोड़ी'। बाँग्ला में 'अ' का उच्चारण 'ओ' की भाँति होता है।

यह उदाहरण प्राथमिक कक्षाओं से नहीं है, पर समस्या अच्छे से स्पष्ट करने में तो मदद करता है। प्राथमिक कक्षाओं में ऐसे उदाहरणों को ध्यान से इस्तेमाल करना चाहिए ताकि बच्चों की भावनाओं को ठेस नहीं पहुँचे। सभी की मातृभाषा उनके दिल के पास होती है और ज़्यादातर बच्चे और माँ-बाप अपनी भाषा के बारे में संवेदनशील होते हैं।

कुछ आधारभूत प्रयास

एक कुशल अध्यापिका, लगभग एक सप्ताह में, यह पता लगा सकती है कि उसकी कक्षा में बच्चे घर पर कौन-कौनसी भाषाएँ बोलते हैं। प्रायः एक कक्षा में 4-5 भाषा समूह होते हैं। इनकी एक सूची बना लेनी चाहिए।

सभी बच्चों से मुखर वाचन या संभाषण करवाना चाहिए। उस समय ऐसे अक्षरों और शब्दों की सूची बना लेनी चाहिए जिनमें सुधार करना है।

मातृभाषा के आधार पर बच्चों के समूह बना लेने चाहिए, जैसे 5 मराठी भाषी, 6 स्थानीय भाषा वाले, 9 हिंदी भाषी, इत्यादि।

पाठ में आने वाले शब्दों के लिए बच्चों से उनकी भाषा में समानार्थी शब्द पूछें। जैसे कि कुर्सी के लिए आपकी भाषा में कौन-सा शब्द है?

फिर पूछें कि कुर्सी 'छोटी होती है' कि 'छोटा होता है'? या पेड़ 'ऊँचा होता है' या 'ऊँची होती है। आप छोटी कक्षाओं में लिंग नहीं पूछ सकते हैं क्योंकि बच्चे, पुल्लिंग, स्त्रीलिंग जैसे शब्दों से परिचित नहीं होते हैं। इस प्रकार के प्रश्न करते रहने से बच्चे इन बातों पर ध्यान देने लगेंगे।

बच्चों को अलग-अलग भाषाओं के वाक्यों की तुलना करने को भी कहा जा सकता है। इससे बच्चे भाषाओं के व्याकरणिक नियमों के बीच समानताओं और भिन्नताओं के प्रति संवेदनशील होंगे। उदाहरण के लिए–

कुर्सी छोटी है।
The chair is small
(द चैर इज़ स्मॉल)
पेड़ ऊँचा है।
The tree is tall
(द ट्र इज़ टॉल)

इधर हम पाते हैं कि अंग्रेज़ी में सर्वनामों में लिंग अनुसार कोई बदलाव नहीं होता पर हिन्दी में होता है।

मुझे याद है कि कक्षा 9 में भी मुझे मराठी, तमिल व मलयालम बोलने वाले बच्चों को सही लिंग रूप सिखाने में बड़ी कठिनाइयों का सामना करना पड़ता था क्योंकि वे अपनी-अपनी भाषा के नियमों का आरोपण हिंदी पर करते थे।

मैंने भरसक कोशिश की कि बच्चों के मन में अन्य भाषाओं के प्रति सम्मान का भाव रहे। हालांकि खुलकर कभी किसी विद्यार्थी ने मेरी मातृभाषा का मज़ाक नहीं उड़ाया, मुझे दबी आवाज़ में कभी-कभी सुनाई देता था- 'अई-अईयो' या 'इडली-डोसा'। उन्होंने ये शब्द हिंदी फिल्मों में खूब सुने थे और उन्हें लगता था कि तमिल लोग ये

ही कुछ शब्द जानते हैं। मैंने उन्हें उकसाया कि वे दक्षिण भारतीय भाषाओं के बारे में अपने मन में उठ रही भ्रामक धारणाओं पर खुलकर बोलें। एक दिन मैंने आक्रोश से भर, उठने का नाटक करते हुए उन्हें तमिल भाषा के समृद्ध साहित्य की जानकारी दी और हिंदी व तमिल की मिलती-जुलती शब्दावली के बारे में बताया।

किसी भी भाषा को लोकप्रिय बनाना एक दो-तरफा रिश्ता है- आप मेरी भाषा को सीखो और सम्मान करो और मैं आपकी भाषा को सीखूँगी और सम्मान करूँगी।

आप किसी भी बहुभाषी क्षेत्र में रहने वाले छोटे-छोटे बच्चों को ध्यान से देखें तो पाएँगे कि वे अनायास ही 3-4 भाषाएँ सीख लेते हैं और आराम से एक से दूसरी भाषा पर आ जाते हैं। मेरे दोनों बच्चों ने मध्य प्रदेश और महाराष्ट्र की सीमा पर रहते हुए हिंदी, तमिल, अंग्रेज़ी थोड़ी बहुत उर्दू और महाराष्ट्र में रहने के कारण, बहुत-सी मराठी सीखी। बहुभाषी माता-पिता के बच्चे होने का लाभ तो मिलता ही है।

बहुभाषिता व द्विभाषिता बढ़ाने के लिए कुछ प्रोजेक्ट कार्य और दत्तकार्य (assignments)

बच्चों की भाषाओं में निम्नलिखित इकट्ठे करवाएँ-

अभिवादन करते समय बोले जाने वाले शब्द

रिश्तों के नाम व उनमें निहित समानताएँ

मातृभाषा की वर्णमाला

दैनिक जीवन में प्रयुक्त होने वाले शब्द, जैसे- सब्ज़ियों, फलों व किराने की वस्तुओं के नाम।

कक्षा में खेले जा सकने वाले खेल

(1) हम बचपन में यह खेल गरमियों की छुट्टियों में खेला करते थे। एक वर्ण चुनकर उससे आरंभ होने वाले नाम लिखने होते थे। मान लीजिए 'न' है तो-

एक लड़के का नाम- नरेंद्र; नीता- एक लड़की का नाम; नागपुर- एक शहर; नारंगी- एक फल; नाक- एक शरीर का अंग; नमक- एक वस्तु; नवरंग- एक पिक्चर; नाचना- एक क्रिया आदि।

इसी प्रकार एक वर्ण चुनकर हम बच्चों से अपनी-अपनी भाषा में एक-एक शब्द लिखने को कह सकते हैं। इससे अक्षरों की पहचान करने में; शब्द भंडार बढ़ाने में और शब्दों को विभिन्न कोटियों में वर्गीकृत करने में सहायता मिलती है।

(2) कुछ ऐसी ध्वनियाँ चुनें जो आमतौर से बच्चों द्वारा अशुद्ध ही बोली जाती

हैं या ऐसी ध्वनियाँ जो दो-तीन भाषाओं में हैं पर उनके ग़लत प्रयोग से शब्दों के अर्थ बदल जाते हैं; जैसे कि- 'ज़' व 'ज'।

तुर्की और फ़ारसी की गई ध्वनियाँ और शब्द और साथ ही कुछ अंग्रेज़ी के शब्द अब हिन्दी में भी शामिल हैं। ऐसी एक ध्वनि है 'ज़' और यह दोनों अंग्रेज़ी और उर्दू में पाई जाती है। हिन्दी में 'ज' ध्वनि है और प्रायः काफ़ी पढ़े-लिखे लोग भी 'ज़' को 'ज' बोलते हैं। इसके लिए कुछ समश्रुजि भिन्नार्थक शब्द (homophones) छाँट लें और इनके अर्थ में अन्तर के बारे में बच्चों से बात करें। बच्चों को नीचे लिखे शब्दों को वाक्यों में प्रयोग करने को कहें- 'जमाना' मतलब है 'दही जमाना' और 'ज़माना' मतलब 'एक युग'।

(3) यह बड़ा ही रोचक कार्य बच्चों को दिया जा सकता है। बच्चों से कहें कि वे ऐसे शब्द तलाशें जो सुनने में तो एक जैसे हों लेकिन अलग-अलग भाषाओं में उनके अर्थ भिन्न-भिन्न हों। उदाहरण के लिए—

मोर- इंग्लिश में इस शब्द का अर्थ तुलनात्मक दृष्टि से 'अधिक' है; हिन्दी में यह एक रंग-बिरंगा पक्षी है; तामिल में इसका अर्थ 'छाछ' है।

ही- दोनों इंग्लिश और मराठी में यह एक सर्वनाम है जो तृतीय पुरुष, पुल्लिंग के लिए इस्तेमाल किया जाता है; हिन्दी में यह शब्द तब ही इस्तेमाल किया जाता है जब किसी बात पर ज़ोर देना होता है।

भारतीय भाषाओं में ऐसे ढेरों शब्द पाए जाते हैं और ऐसे शब्दों को एकत्रित कर शिक्षक स्वयं छोटी-छोटी रोचक कहानियाँ और चुटकुले गढ़ सकती है व बच्चों से भी बनवा सकती है।

तो, कक्षा में बहुभाषिता को एक संसाधन के रूप में इस्तेमाल करने में असीमित संभावनाएँ नहीं हैं क्या? हमारे मन में विश्वास हो तो यह कोई कठिन कार्य नहीं है। एक से ज़्यादा भाषाओं को एक साथ लेकर काम करने पर हम भारत की अखंडता व एकता को ही बढ़ावा देते हैं और बच्चों के मन में स्थायी जगह भी बनाते हैं।

लेखिका के बारे में : आशा अय्यर को एम.ए. (हिन्दी) की उपाधि प्राप्त है। ये स्वतंत्र रूप से, कहानी लेखन और अनुवाद के कार्य से जुड़ी हुई हैं। वे केन्द्रीय विद्यालय में एक वरिष्ठ अध्यापिका (हिन्दी) और उप-प्रधानाचार्या के रूप में काम कर चुकी हैं।

asha.yunus52@gmail.com

अनुवादक : अनुवाद लेखिका ने किया है।

स्रोत : लेंग्वेज एंड लेंग्वेज टीचिंग 1.1.2: 13-17, जुलाई, 2012.

संवाद कौशल विकसित करने के लिए समुदाय में भाषा का प्रयोग

शैफाली रे

भाषा एक ऐसी चीज़ है जो इंसानों को जानवरों से अलग करती है। हर इंसान में भाषा के माध्यम से ज्ञान प्राप्त करने की जन्मजात क्षमता होती है। नॉम चोम्स्की जैसे सहज ज्ञानवादी प्रतिपादित करते हैं कि सभी इंसानों के दिमाग में एक भाषा ग्राही उपकरण है, जिसमें सभी भाषाओं के सार्वभौमिक व्याकरणीय नियम समाहित हैं (शेफ़र, वुड व विलोबि, 2002, पृ. 391-394)। इसलिए भाषा अधिग्रहण एक अवचेतन प्रक्रिया है और व्यक्ति जब कोई भाषा सीख रहा होता है तो वह उसके व्याकरणीय नियमों के प्रति सचेत नहीं होता है। अहमियत इस बात को दी जाती है कि हम सामने वाले की भाषा को समझें, या श्रोताओं को अपनी बात का मतलब समझा पाएं। व्यक्ति वातावरण से कुछ ऐसे सुबोध इनपुट जुटाता है जो कि उनके सन्दर्भ और अभाषीय संकेतों की सहायता से आसानी से समझे जा सकते हैं। ऐसा इसलिए भी होता है क्योंकि यह कम-तनाव वाली परिस्थिति होती हैं। जो भाषा हम सीखते हैं, चाहे वह नई शब्दावली के रूप में हो या नई अभिव्यक्ति के रूप में, हमेशा भाषा की हमारी मौजूदा जानकारी से थोड़ी ज़्यादा होती है।

पियाज़े के अनुसार, बच्चे की भाषा सीखने की क्षमता और संज्ञान उसके परिपक्वता के स्तर पर निर्भर ज़रूर करता है, पर केवल यही भाषा की समझ नहीं बनाता। वातावरण से संवाद, वयस्क की संगति में रहना जो भाषा के उपयोग में दक्ष हो और संवाद करने की, बांटने की, वयस्क संसार में स्वीकृति पाने की आन्तरिक इच्छा शक्ति ये सब कारक बच्चे के भाषा विकास में योगदान देते हैं।

भाषा सीखने की दृष्टि से, सीखने का सामाजिक आयाम, ख़ासतौर पर सहयोगी शिक्षण जिसे वायगोट्स्की 'संभावित विकास का क्षेत्र' (Zone of

Proximal Development) कहते हैं, जिसके अनुसार बच्चे ज़्यादा जानकारी रखने वाले, ज़्यादा कुशल व्यक्ति की संगति में नए कौशल व सिद्धांत सीखते हैं- बहुत कारगर हैं। 'अन्तःक्रियावादी (इन्टरएक्शनिस्ट्स)' यह भी मानते हैं कि बच्चे अत्यन्त शक्तिशाली मस्तिष्क के साथ जन्म लेते हैं जो कि जैसे-जैसे परिपक्व होता है, वैसे-वैसे बच्चे नई समझ और ज्ञान एकत्रित करते हैं, और उसे दूसरे के साथ बांटने के लिए उत्सुक होते हैं। (बेट्स, 1993; टॉमासेला, 1995 उद्धृत शेफ़र आदि 2002, पृ. 362)

उपरोक्त परिप्रेक्ष्य के मद्देनजर ऐसा कहा जा सकता है कि बच्चे को संगति देने वाले वयस्क अपनी बोली में शुद्ध व्याकरण का इस्तेमाल नहीं करते। उसमें अशुद्धियाँ, दोहरान की गलतियाँ होती है, वे जान-बूझकर बच्चों के संबोधन में खिचड़ी भाषा का प्रयोग करते हैं। उनकी भाषा में अधूरा वाक्य विन्यास, अनिश्चित शब्द क्रम और अभिव्यक्ति में भी व्यक्तिगत विविधिताएँ होती हैं लेकिन इनकी भाषा में कई अमौखिक संकेत होते हैं जैसेकि परिस्थितियां, वस्तु व व्यक्ति विशेष, भावनाएं, हाव-भाव आदि जो कि उपर्युक्त कमी की पूर्ति कर देते हैं। इसलिए बच्चे भावनाओं और यादगार चीज़ों को आत्मसात कर, अपने खुद के भाषा के साथ अनुभव पर आधारित व विशेष 'भाषा के रूप' के बार-बार सुने जाने से खुद ही वाक्य विन्यास की संरचना करने लगते हैं।

अगर बच्चे सिर्फ खिचड़ी भाषा (बच्चों के अनुकूल समझे जाने वाली भाषा) और आस-पास वयस्कों द्वारा बोली जाने वाली व्यक्तिगत हिसाब से बदली हुई भाषा के अनुभव या अनावृत्ति से ही भाषा की बेहतरीन समझ व कारगर वाक्य विन्यास करना सीख जाते हैं, तो अवश्य ही यहां भाषा की अनावृत्ति (exposure) से अलावा और भी कारक होंगे। भाषा की ज्ञानवृद्धि में सन्दर्भ, परिस्थिति, आवश्यकता, वस्तु विशेष (या उनके बदले उनके चिन्ह संकेत) और भावनात्मक और सामाजिक प्रासंगिकता सहायक होते हैं।

वातावरण में भाषा कई स्वरूपों में व्यापक हैं– संकेत और चित्र जो प्रत्यक्ष या कई बार अप्रत्यक्ष होते हैं। देखा जाए तो जीवन जीने की क्रिया भी भाषा के अनेक रूपों द्वारा निर्देशित की जाती है, जैसे- निर्देश, आदेश, रोज़मर्रा की बातचीत, संकेत, सावधानी, व्याख्यान, जनसाधारण के लिए नोटिस, पोस्टर, नेम प्लेट, साइन बोर्ड, विज्ञापन, होर्डिंग्स और ना जाने क्या-क्या। इसके अलावा कितने ही लोग हमारे इर्द-गिर्द अपने पेशे, समाज और स्वभाव विशेष से प्रभावित भाषा बोलते हैं।

इसी कारण, भाषा ज्ञान अर्जित करने के लिए यदि संकेतों और चिन्हों की समझ अनिवार्य है, तो शिक्षार्थियों को दृश्य-साक्षारता से लैस होना पड़ेगा जिससे

कि वे अलिखित संदेशों को ठीक से समझ सकें। यह कई मायनों में मौखिक बातचीत के समान होगा। (रोज़, 1982)। अमौखिक संदेश जैसे- वेशभूषा, शारीरिक हावभाव, सूचना पट्ट, सड़कों पर बने चिह्न और वातावरण या परिवेश से मिलने वाले संकेत मौन होते हुए भी स्पष्ट संदेश देते हैं।

उदाहरण के लिए- यदि किसी सूचना पट्ट पर लिखा हो- 'प्रतिबन्धित क्षेत्र' तो हम समझ जाते हैं कि यह ज़रूर कंटीले तारों से घेराबन्द सेना क्षेत्र होगा या यहाँ यातायात को रोकने के लिए बैरियर लगे होंगे। उसी तरह एक भोंपू का चिन्ह जिसे तिरछा काटा गया हो इस बात का संकेत देता है कि कोई स्कूल या अस्पताल आसपास होगा।

ऐसे घर जिनके बड़े-बड़े लॉन हों एक रईस इलाके के प्रतीक हैं। पुरूष और महिला के संकेतिक चित्र प्रसाधन जैसी जन सुविधाओं का प्रतीक हैं। अकसर ये चिन्ह लेख के साथ देखे जाते हैं जिससे भाषा से परिचितता बढ़ती है।

एक सुविकसित दृश्य-समझ मौखिक संवाद में भी असरदार सहायक होती है। एक बच्चा जो दृश्य-चिन्हों को ठीक से पढ़ पाता है, उसमें मौखिक संकेतों को अच्छे से पढ़ पाने की भी काबिलियत होती है। ये दोनों ही तरह के संकेत मौखिक और लिखित अभिव्यक्ति को प्रोत्साहित करते हैं। इससे उभरने वाली साक्षरता में बच्चे से इस समझ की भी अपेक्षा की जाती है कि वस्तु और उसका चिन्ह, (लिखित या चित्र) जहाँ तक अर्थ का संबंध है, आपस में बदले जा सकते हैं। एक-दूसरे का स्थान ले सकते हैं। जब बच्चा एक बार इस सिद्धांत से जान जाता है, तो वह भाषा सीखने की एक होड़ में लग जाता है, वह सब कुछ अवशोषित करने में जो वह देख, सुन और महसूस कर सकता है और लगातार उसका सार्थक अनुवाद करने में।

आइए कैरेल रोज़ (1982) द्वारा प्रस्तावित निम्न आरोहणबद्ध पंक्तियों को देखें-

हम देखते हैं।
हम गौर करते हैं।
जो हम देखते हैं, हम उसके बारे में सोचते हैं।
जो हम देखते हैं, हम उसके बारे में बात करते हैं।
जो हम देखते हैं, उसके बारे में लिखते हैं।
हम जितना ज़्यादा देख पाएंगे, उतना ही ज़्यादा उसके बारे में बात करेंगे या लिखेंगें।

शिक्षक बच्चों को एक अनुभूति के साथ 'देखने' में मदद कर सकती है, जिससे बच्चों के ज्ञान के भण्डार, जिस पर उनकी अभिव्यक्ति निर्भर करती है, का विस्तार

होगा। हर किशोर को ज़्यादा असरदार तरीके से देखने के लिए प्रेरित किया जा सकता है। एक व्यक्ति को जितने ज़्यादा दृश्य संकेत दिखेंगे वह उतनी ही ज़्यादा बातचीत करने में सक्षम होगा। यह उसी तरह जैसे कि एक 'वैज्ञानिक स्लाइड पर खोज को पढ़ता है, या एक जासूस संदिग्ध व्यक्ति के हाव-भाव को पढ़ता है' या एक नेता सभा के मूड को पढ़ता है। इसका यह आशय बिलकुल भी नहीं है कि दृष्टिहीन लोग अच्छे पाठक नहीं बन सकते; वास्तव में, आधुनिक तकनीकों से दृष्टिहीन व्यक्ति भी सामान्य लोगों जितने या उनसे भी बेहतर पाठक बन सकते हैं।

बच्चों को आसपास के सार्वजनिक और निजी स्थानों पर ले जाकर संदेशों और विवरण देने वाले संकेतों पर गौर करने को कहने से दृश्य साक्षरता को प्रोत्साहन मिल सकता है। उदाहरण के लिए 'प्रवेश निषेध' या 'इल्लि लॉरी प्रवेशा निषेधा' (कन्नड़ में, 'यहाँ लॉरी का प्रवेश वर्जित है') जैसी जगहें आसानी से पहचानी जा सकती है। आसपास ध्यान से देखने से जैसे कि तंग गली, कम ऊँचाई का पुल, खाली पड़ी इमारत, ऑपरेशन कक्ष, खतरनाक क्षेत्र, सेना क्षेत्र, वह स्थान जहाँ ज्वलनशील सामग्री रखी हो (धूम्रपान निषेध), स्कूल, अस्पताल, महाविद्यालय जहाँ, हर दूसरी दीवार चीख-चीख के कहती है, 'मोबाइल का प्रयोग निषेध'।

एक और उदाहरण, 'पार्किंग स्वयं के जोखिम पर' से स्पष्ट है कि वाहन चोरी होने का जिम्मेदार मैनेजमेन्ट नहीं होगा। इससे यह भी अर्थ है कि अपनी गाड़ी को ठीक तरह से ताला लगाएं क्योंकि कोई निगरानी नहीं कर रहा।

उसी तरह एक लिफ्ट पर लगी सूचना, 'आग लगने पर इसका इस्तेमाल ना करें।' जिसके साथ आग का एक चित्र हो और लिखा हो 'निकास आग' (पास में सीढ़ियां हैं) से मतलब है ''आग लगने की परिस्थिति में'।

सभी पुस्तकालयों में 'कृपया शांत रहें' का लेख एक चित्र के साथ अवश्य ही होता है। पाठक समझ जाते हैं कि यह एक विनती है 'कृपया शान्त रहने के लिए' क्योंकि लोग यहां किताबें पढ़ने के लिए आते हैं। यह शब्द 'कृपया' इन जगहों पर अकसर पाया जाता है जैसे जहाँ लोगों को कतार में खड़ा होना हो, घास पर चलना मना हो, इस्तेमाल के बाद नल बन्द करना हो, या किसी पूजा के स्थान के बाद एक सुनिश्चित जगह पर जूते उतारने हो इत्यादि।

ऐसे विद्यार्थी जो तमिल समुदाय में घुलने-मिलने के लिए तमिल भाषा सीखना चाहते हैं, बहुत जल्द दृश्य व परिवेश संकेतों से यह समझ जाते हैं कि, 'वेणम' शब्द का क्या मतलब है, जब वे ढाबों पर सुनते हैं 'मामा येन्ना इडुकू?' (अंकल, आपके पास क्या है?) 'मामा, ओनु कोक वेणम। राण्डा वडा वेणम (अंकल मुझे एक कोक चाहिए/ दो वड़े चाहिए)

जब कोई किसी प्रोजेक्ट, महोत्सव या खरीददारी की बात करते समय कहे, 'जास्ती कासु वेणम' तो शिक्षार्थी भाप लेंगे कि इसमें बहुत से पैसे (कासु) लगने वाले हैं। उसी तरह, अगर शिक्षार्थियों का सामना इस वाक्य से हो 'क्लासरूमले/वराण्डाले फुटबाल बिलयदातेंगो' (कक्षा या बरामदे में फुटबाल ना खेलें), 'बिलयदातेंगों' का मतलब परिवेश से ही साफ ज़ाहिर हो जाता है। विद्यार्थी तर्क और विचार से अर्थ का निर्माण करते हैं।

इसे कक्षा में नाट्य रूपान्तर के रूप में इस्तेमाल किया जा सकता है और 'वेणम' और... 'लें' (के अंदर, में) और बिलायदाते (खेल सकते हैं) या बिलायदातेंगो आदि शब्दों का प्रयोग और भी कई परिस्थितियों में हो सकता है। शिक्षार्थियों को ऐसे कार्ड दिए जा सकते हैं जिसमें एक तरफ चित्र या संकेत हों और दूसरी तरफ उनसे संबंधित लेख। वे उनसे उचित वाक्यों की रचना खुद ही कर पाएंगे।

इससे वे ना ही केवल वाक्य विन्यास व शब्दावली सीख जाएँगे वरन उचित परिस्थिति में उनका सही इस्तेमाल भी सीख पाएंगे। अनुभव से वे ये भी सीख जाएंगे कि तमिल में जब किसी हम उम्र से कोई टिकट, पासबुक नक्शा या आई डी कार्ड दिखाने को कहते हैं तो बोला जाता है 'कामी' और जब किसी बड़ी उम्र वाले या वरिष्ठ व्यक्ति से बात की जाती है तो बोला जाता है 'कामिंगो'। उसी तरह विद्यार्थी समझ जाते हैं कि शब्द 'पू' अनौपचारिक परिवेश में पत्तियों, कलियों या फिर खिले हुए फूलों के लिए इस्तेमाल होता है। लेकिन शब्द 'मलार' केवल औपचारिक साहित्यिक शब्द है जिसका प्रयोग शिक्षक कक्षा में सिर्फ पूरी तरह परिपक्व, खिले हुए फूलों के सन्दर्भ में ही करते हैं।

एक और शब्द जो सामान्यतः रोज़मर्रा की कन्नड़ में उपयोग होता है, 'गल्लट्ट' जिसका मतलब विरोध, शोरगुल, अफरा-तफरी और बच्चों की अफलातूनी हो सकता है। फिर कुछ बंगाली शब्द हैं जैसे- 'दारून, 'फातिए दिएचे' जो महान या विशालकाय जैसे भाव को व्यक्त करते हैं और एकाधिक सन्दर्भों में उपयोग हो सकते हैं जैसे कि पौशाक, खेल, चुनाव में जीत, एक कामयाब प्रोजेक्ट या एक अच्छी प्रस्तुति। भाषा की ये सूक्ष्म बारीकियाँ विद्यार्थी लोगों से और अधिक संवाद करके, इसी उद्देश्य के साथ अलग-अलग जगहों पर जाकर, दृश्य-साक्षरता का कौशल और तर्क का इस्तेमाल करके सीख जाते हैं। भाषा की औपचारिक अभिव्यक्ति वे लिखने से और अनौपचारिक आयाम रोज़मर्रा की बातचीत से सीख जाते हैं।

इसी तरह, औपचारिक सन्दर्भ ने 'ग्रहण' का मतलब लेना और इसका अनौपचारिक भाव जैसे, 'स्थान ग्रहण करें, थोड़ा जल ग्रहण करें' और इन दोनों

अभिव्यक्तियों में अंतर वे अनुभव से सीखते हैं।

अगर हम अंग्रेज़ी भाषा में निर्देश या सूचना की तुलना क्षेत्रीय भाषा में सूचना से करें तो पाएंगे अंग्रेज़ी के निर्देश ज़्यादातर नकारात्मक होते हैं। जैसे do notè don't (Do not pluck flowersè Do not litterè Do not enterè Do not make a noiseè Do not touch etc.) वहीं क्षेत्रीय भाषा में निर्देश ज़्यादातर सकारात्मक होते हैं, जैसे–

1. हिन्दी में
   - (i) जूते यहां रखें।
   - (ii) कृपया शान्त रहें।
2. बांग्ला में
   - (i) एइये दुआरे प्रोबेस कोरून।
   - (ii) शाबधाने बेबोहार कोरून।

हमारे आसपास पाए जाने वाली इस तरह की ज़रूरतें विद्यार्थियों को भाषा का अर्थ उसके सन्दर्भ में समझने में और धीरे-धीरे शब्द क्रम का अधिग्रहण करने में मददगार होते हैं। शिक्षक भी इसका इस्तेमाल अलग-अलग परिवेश के चित्रों के कार्ड बनाकर कर सकती है (जैसे- पार्क, धार्मिक स्थल, विद्यालय, संग्रहालय आदि)। विद्यार्थियों को ऐसे निर्देश सोचने होंगे जिनकी ज़रूरत उस जगह पर लोगों को होगी और उचित वाक्य निर्माण करना होगा।

विज्ञापन की आक्रामक दुनिया

आजकल बच्चे आक्रामक बाजारीकरण के निशाने पर हैं क्योंकि वे बहुत सारा समय टेलीविजन देखने में बिताते हैं और उसके बाद चीज़ें खरीदने के लिए अभिभावकों से जिद्द करते हैं। केवल टी.वी. पर अच्छी लगने वाली और वास्तव में उतनी अच्छी न होने वाली चीज़ें आक्रामक बाजारीकरण के परिणामवश बच्चों को बहुत जल्दी लुभाती हैं। यहां ऐसी अधिकारिक आवाज़ें हैं जो लोगों को यह बताती हैं कि क्या खरीदें, कैसे सोचें, बोलें, चलें, पहनें, काम करें या खेलें (रोज़, 1982)

इसी तरह कई प्रकार के पोस्टर (इश्तेहार) होते हैं- राजनीतिक, स्वास्थ्य, जागरूकता, कार्यक्रम की जानकारी उत्सव, खरीददारी संबंधी आदि। इन सभी में इस्तेमाल की गई भाषा अलग होती है। सामान्यतः यह आकर्षित करने वाली होती है, इसमें एक या दो स्लोगन होते हैं और एक प्रभावशाली और अकसर गुमराह करने वाले दृश्य जिनका उद्देश्य है दर्शकों को मोहित करना। इश्तेहार, टी.वी., व पोस्टर बच्चों की विचारधारा और सीखने की प्रक्रिया पर प्रभाव

डालते हैं। इसलिए यह ज़रूरी हो जाता है कि उन्हें इनके आक्रमण को समझने और तार्किक विश्लेषण करने के लिए तैयार करें। इससे उनका संवेगात्मक और संज्ञानात्मक विकास भी होगा।

विद्यार्थी ऐसे कुछ पोस्टर कक्षा में ला सकते हैं और उनके साथ निम्न बिन्दुओं पर आलोचनात्मक चर्चा करवाई जा सकती है–

लेख में प्रस्तुत उद्देश्य

पोस्टर का वास्तविक उद्देश्य

भाषा का कलात्मक उपयोग

अतिश्योक्ति (यदि कोई हो तो)

दृश्य/चित्र की भूमिका व अहमियत (क्या यह गुमराह करता है?)

पोस्टर का टार्गेट ग्रुप कौन है?

पोस्टर को पढ़ने वाले से किस प्रकार के व्यवहार की अपेक्षा की गई है?

इससे किसका फ़ायदा होगा?

नए शब्द जो इस पोस्टर से सीखे

ऐसे शब्द जो चित्रों और सन्दर्भ के संकेतों से सीखे

सुरक्षा प्रणाली के इश्तेहार का एक पृष्ठ कहता हैः

> अपनी दुनिया को सुरक्षित बनाओ
>
> माइक्रो इंटेलिजेंट सर्वेलेंस सिस्टम के साथ (CCTV कैमरा व सिक्योरिटी सिस्टम की तस्वीर)
>
> लाईन रिकॉर्डिंग
>
> ऑन लाईन मोनिटरिंग
>
> CCTV सर्वेलेंस
>
> बायोमेट्रिक एक्सेस कंट्रोल
>
> इंटीग्रेटेड सिक्योरिटी सोल्यूशन विद वेरियस टाइप्स ऑफ कैमराज़ वितरक एवं डिलर से सम्पर्क करने के लिए डायल करें...
>
> टोल फ्री नंबर...
>
> **आपकी सुरक्षा हमारी चिंता**
>
> कम्पनी का नाम, ई-मेल, वेबसाइट आदि।
>
> बिकाऊ चीज़ों के नाम...

एक और उदाहरण 'Run for a healthy tomorrow' एक स्वस्थ भविष्य

की ओर' का पोस्टर जिस पर चित्र में अलग-अलग उम्र के कुछ लोग उत्सुकता से दौड़ लगा रहे हैं- इसकी भी समीक्षा की जा सकती है। इस पोस्टर में कोनों पर उन राजनेताओं की भी तस्वीरें उनकी पार्टियों के चिह्नों के साथ होंगी, जो इसे आयोजित करवा रहे हैं।

उस पर एक स्लोगन हो सकता है, 'आइए और प्रीतपुर को स्वस्थ और खुशहाल बनाने के सहयोग दीजिए।' 'आइए, दौड़िए प्रीतपुर के स्वास्थ्य के लिए। पोस्टर पर राजनीतिक पार्टी का चिह्न स्लोगन के साथ हो सकता है। इसमें विजेताओं को दिए जाने वाले पुरस्कारों की घोषणा भी हो सकती है। ऊपर दिए गए संकेत बिंदुओं पर इस पोस्टर की भी चर्चा हो सकती है और बच्चे उसके असल मकसद और उसमें किए गए बड़े-बड़े उद्देश्य और उसमें किए गए बड़े-बड़े वायदों की समीक्षा कर सकते हैं। उपभोक्ता वस्तुओं के विज्ञापन वाले पोस्टर की भी इसी तरह समीक्षा की जा सकती है। इससे बच्चों को न केवल वास्तविक जीवन में भाषा की एक अंर्तदृष्टि मिलेगी, बल्कि यह भी समझ आएगा कि किस तरह लोग भाषा का कलात्मक उपयोग करते हैं।

जन संचार के माध्यम, अतिथि द्वारा लेक्चर, कहानी सभा, यादगार किस्से, पहेलियां पूछना आदि माध्यमों से भाषा अधिग्रहण साकार होता है क्योंकि इन सभी गतिविधियों में ध्यान भाषा-विशेष पर केंद्रित ना होकर अर्थ सन्दर्भ और उत्तर पर केन्द्रित होता है। भिन्न-भिन्न स्थानों की यात्रा करने से, लोगों से उनके काम व जीवन के बारे में बातचीत करने से भी विद्यार्थियों को काफी लाभ होगा। बच्चे अपने दादी-दादा/नानी-नाना से उनके जीवन समय के बारे में पूछ-ताछ कर सकते हैं जिसे वे चित्रों के माध्यम से दर्शा सकते हैं, कक्षा में उन चित्रों की प्रस्तुति देते समय वे उनसे 'देखो और बूझो' जैसे गतिविधियाँ कर सकते हैं।

इसलिए, ऐसा देखा जा सकता है कि भाषा के एक शिक्षक/शिक्षिका को कक्षा में सामग्री या सन्दर्भ न होने से निराश होने कि बजाए बस अपने आसपास गौर करने की ज़रूरत है। आसपास के परिवेश में पायी जाने वाली अत्यन्त रोचक सामग्री को भाषा विकास का माध्यम बनाया जा सकता है।

वायगोत्स्की बार-बार इस बात पर ज़ोर देते हैं कि वर्तमान परिस्थितियों और नए अनुभवों की समझ बनाने में पूर्व अनुभव और पहले से मौजूद ज्ञान एक अहम भूमिका निभाते हैं। इसलिए, सभी प्रकार का नवार्जित ज्ञान और कौशल प्रत्येक विद्यार्थी की पारिवारिक परिस्थितियों से प्रभावित होता है। (दाम्स एवं अन्य 2008)

आभार : इंदू बाला, सेवानिवृत स्कूल प्राचार्या, श्यामली रॉय, कॉपीराइटर और

विमला रामू, लेखिका व ब्लॉगर को क्रमशः तमिल, बंगाली व कन्नड़ में इनपुट्स देने के लिए बहुत-बहुत धन्यवाद।

सन्दर्भ :

दाम्ज़, एम.जी.के.: पासालाक्वा, डी.; : सिल्क, जे.एन. ; वेजेल, ए. : जुल्कोस्की, एम. (2008). द एज्यूकेशनल थ्योरी ऑफ लेव वॉयगोत्स्की : एन एनालिसीस. रिट्राइव्ड फ्रॉम http://www. newfoundations. com/ GALLERY/vygotsky.html

रोज़ के. (1982). टीचिंग लेंग्वेज आर्ट्स टू चिल्ड्रन. न्यू यॉर्क : हारकॉर्ट ब्रेस जेवेनोविक इंक.

शैफर, डी.आर., कीप, के., वूड. ई, एण्ड विलोबि, टी. (2009). डेवलपमेन्टल साइकोलॉजी : चाइल्डहूड एण्ड एडोलिसेंस. (थर्ड केनेडियन एडिशन). टॉरंटोः नेल्शन.

लेखिका के बारे में : शैफाली रे इ.एल.टी. कंसल्टेंट है जो एस.सी.ई.आर.टी. दिल्ली की फैकल्टी रही है। आप विभिन्न सरकारी एवं गैर सरकारी संस्थाओं की शिक्षकों के लिए अंग्रेज़ी भाषा शिक्षण से जुड़ी सामग्री एवं स्कूली पुस्तकों की लेखिका एवं सह-लेखिका रही हैं। इसके अतिरिक्त आपके कई वैज्ञानिक लेख राष्ट्रीय एवं अंतर्राष्ट्रीय स्तर पर प्रकाशित हुए हैं। वर्तमान में आप जैक्स मेन्टरिंग ग्रुप के लिए मॉडरेटर के रूप में काम कर रही हैं।

अनुवादक : पुष्पराज सिंह राणावत व पंखुरी अरोड़ा, विद्या भवन शिक्षा सन्दर्भ केन्द्र, उदयपुर (राज.)।

स्रोत : लेंग्वेज एंड लेंग्वेज टीचिंग 1.1.1: 12-17, जनवरी, 2012.

साक्षात्कार

के. एन. आनन्दन से पी. के. जयराज की बातचीत

डॉ. आनन्दन, चॉम्स्की के विचारों से प्रभावित एक भाषा-वैज्ञानिक हैं जो वर्तमान समय में ELT के क्षेत्र में कार्यरत हैं। आपके द्वारा SLAP (Second Language Acquisition Programme) क्रियान्वयन में लाया गया, जिसने भाषा की संरचना और शब्दावली सिखाने के लिए खंडों में बंटी हुई और कौशलाधारित विधियों से आगे बढ़ने में और भाषा अर्जन की प्रक्रिया को अधिक संपूर्णता से समझने में महत्त्वपूर्ण भूमिका निभाई है। आपकी किताब Chomskyan Revolution in Linguistics को 2006 में केरल साहित्य एंडाओमेंट अवार्ड से सम्मानित किया गया। डॉ. आनन्दन की अगली किताब Tution to Intution द्वितीय भाषा शिक्षण-शास्त्र से संबंधित उनके विचारों को प्रस्तावित करेगी।

पी.के. जयराज (पी.के.जे.) : आपने अपने कैरियर की शुरुआत केरल के एक सुदूर गाँव में एक अध्यापक के रूप में की थी और बाद में उसी विद्यालय के प्रधानाध्यापक भी बने। कृपया अपनी पृष्ठभूमि, अकादमिक रुचियों और शैक्षिक ऐक्टिविस्ट बनने के सफर के बारे में कुछ बताइए।

के.एन. आनन्दन (के.एन.ए.) : मैंने अपने कैरियर की शुरुआत 1969 में एक प्रधानाध्यापक के रूप में की थी। जब मैंने कक्षाओं में पढ़ाना और उनका अवलोकन करना शुरू किया, तो मैंने शिक्षण-अधिगम प्रक्रिया से जुड़े हुए अनेक भ्रमों को टूटता हुआ पाया। मैंने महसूस किया कि मुझे अपनी स्वतंत्रता का इस्तेमाल करते हुए कुछ नया, कुछ अलग करना चाहिए। मैंने विज्ञान और भाषा पढ़ाने के लिए कुछ नई शिक्षण-विधियों का प्रयोग करना शुरू किया। इसके लिये मैंने कुछ कामचलाऊ और कम लागत वाले उपकरणों और सामग्री का जुगाड़ किया। साथ ही साथ बच्चों को विज्ञान 'करके सीखने' के लिए प्रोत्साहित भी किया। आज जब मैं पीछे मुड़कर देखता हूँ तो महसूस करता हूँ कि मेरा हमेशा से अपना एक नज़रिया रहा है।

पी.के.जे. : भाषा शिक्षण शास्त्र में आपकी दिलचस्पी कैसे पैदा हुई?

के.एन.ए. : दरअसल उन दिनों भाषा-शिक्षण शास्त्र में मेरी रुचि का एक कारण तो मेरे अन्दर यह भावना थी कि मैं अंग्रेज़ी सिखाने के लिए अंग्रेज़ी भाषा का

प्रयोग करने में सक्षम हूँ। शिक्षण सामग्री का प्रयोग करते हुए बच्चों को भाषायी संरचनाएँ सिखाने के लिए मैंने अथाह प्रयास किए। पर बावजूद इसके, मैंने महसूस किया कि बच्चे अच्छा नहीं कर पा रहे हैं। वांछित फल नहीं मिल रहे हैं और उबाऊ दफ़्तरशाही के चलते प्रधानाध्यापक के रूप में मेरा आरंभिक उत्साह भी कुछ क्षीण होने लगा। अतः मैंने CIEFL (EFID) के Post Graduate Certificate in the Teaching of English (PGCTE) में अपना नामांकन करवाया और उसके M.Litt और Post graduate Diploma in the teaching of English (PGDTE) में दाख़िला लिया। कैम्पस में बिताया जीवन और वहाँ हुए अनुभवों से अंग्रेज़ी भाषा सीखने-सिखाने के प्रति मेरे दृष्टिकोण में बहुत बदलाव आया। मैं स्वयं को भाग्यशाली समझता हूं कि M. Litt और Ph.D. करते समय प्रोफ़ेसर जयसीलन, जो कि एक जाने-माने चॉम्स्कियन भाषा-वैज्ञानिक हैं, मुझे अपने रिसर्च गाइड के रूप में प्राप्त हुए। चॉम्सकी के विचारों को पढ़ते हुए मैं पूरे ELT के क्षेत्र के बारे में अधिक संशयवादी होने लगा, जो मेरे विचार से बेहद संदेहास्पद दावों पर आधारित था। मुझे इस बात का भी अचरज था कि ELT के तमाम शोधकर्ता चॉम्सकी के विचारों को इतने बड़े पैमाने पर अनदेखा कर रहे थे।

मैं कैम्पस से बाहर निकला। "अब क्या?" ये सवाल मुझे उलझाए हुआ था। क्या ज़्यादा सिद्धान्तवादी भाषा- वैज्ञानिक बनकर मैं संतुष्ट हो सकूँगा? क्या चॉम्सकी के सिद्धान्त केरल के गाँवों के गरीब बच्चों को बेहतर रूप से अंग्रेजी सीखने में मदद कर सकेंगे? चॉम्सकी से प्राप्त अंतर्दृष्टि की सहायता से मैंने अंग्रेजी भाषा सिखाने के लिए विभिन्न शैक्षणिक मॉडलों का विकास करना और उनका प्रयोग करना शुरू किया।

पहला मॉडल ACE (Acquiring Competency in English) स्कूलों में आज़माया गया। ACE में विद्यार्थियों के लिए प्रेरणा का प्रमुख स्रोत दो शिक्षकों के बीच होने वाली बातचीत थी, जो कुछ चुनिंदा चित्रों के इर्द-गिर्द होती थी। अन्ततः बच्चों ने भी इस बातचीत में हिस्सा लेना शुरू कर दिया। एक नवीन और प्रगतिशील शैक्षणिक मॉडल होने के कारण। CE मीडिया में काफ़ी चर्चा में भी रहा।

पी.के.जे. : जिस भाषा शिक्षण शास्त्र की आप वकालत करते हैं, उसके बारे में न केवल केरल, अपितु केरल के बाहर भी व्यापक विचार-विमर्श व चर्चाएँ की जा चुकी हैं। इस शिक्षण-शास्त्र के इतने दृढ़-समर्थक बनने के लिए आप किस प्रकार प्रेरित हुए?

के.एन.ए. : मैं पूरी तरह आश्वस्त था कि चॉम्सकी को कक्षा के परिदृश्य में उतारा जा सकता है। वे एकमात्र भाषा-वैज्ञानिक हैं जिन्होंने यह दावा किया कि मनुष्यों में innate language system होता है। जब मेरी नियुक्ति DPEP (केरल) के सलाहकार के रूप में हुई, तब मुझे चॉम्सकी के व्यावहारिक मॉडल को एक विस्तृत समूह के सामने रखने का एक बेहतर मंच प्राप्त हुआ। यही वह समय था जब मैंने SLAP (Second language Acquisition Programme) की कल्पना करनी शुरू की। जिसने आगे चलकर खंडित और कौशलाधारित विधियों द्वारा भाषा की संरचनाएँ और शब्दावली सिखाने को खारिज करते हुए, पूर्णतावादी पद्धतियों को मूर्त रूप देना शुरू किया और भाषा-अर्जन की प्रक्रिया को अधिक महत्त्वपूर्ण माना। SLAP ने बहुत से प्रतिरोधों का भी सामना किया। पाठ्यपुस्तक के स्थान पर मैं एक निरन्तर विकसित होने वाली पाठ्यपुस्तक (ETB- Evolving textbook) की कल्पना कर रहा था, जिसमें प्रत्येक विद्यार्थी स्वयं अपनी पुस्तक का रचयिता होता। पर मेरे सामने एक प्रमुख बाधा थी- मेरे इस स्वप्न को वास्तविकता में बदलने में कौन मेरी मदद करेगा? कार्यशालाओं की एक लम्बी शृंखला के बाद कुछ लोगों का एक ऐसा समूह बनकर तैयार हुआ जो ELT की परिपाटी को खारिज करने के मूल-आधार पर एकमत था और अन्ततः इस प्रकार SLAP अस्तित्व में आया।

पी.के.जे. : मेरे विचार से शायद वह DPEP का ही दौर था जब भाषा-शिक्षण के तरीकों में बदलाव दिखाई देने लगे। जहाँ अंग्रेज़ी पहले ध्वनियों व अक्षरों के माध्यम से सिखाई जाती थी, वहीं अब इसके लिए भाषायी संवाद और बातचीत का सहारा लिया जाने लगा था। दूसरे शब्दों में भाषा-शिक्षण के लिये पूर्णतावादी पद्धति पर ज़ोर दिया जाने लगा था। क्या आप इस संवाद-पद्धति के कुछ मुख्य बिन्दु बता सकते हैं?

के.एन.ए. : 1990 के बाद के दशकों में भाषा-शिक्षण के तरीकों में परिवर्तन होने लगे। पर भारत में ELT में काम कर रहे समूहों ने कहा कि, "द्वितीय भाषा के सन्दर्भ में यह संभव नहीं है।" पर मेरे अनुभवों ने कक्षागत प्रक्रियाओं को अधिक धारदार बनाने में मदद की और अन्ततः संवाद आधारित पद्धति अस्तित्व में आई। 2000 से 2005 की अवधि में मैंने अपना शोध ज़ारी रखा। इस दौरान मैंने विभिन्न शैक्षणिक मॉडलों को विकसित किया, जैसे RACE (Rapid Acquisition of Competence of English), REAP (Rapid English Acquisition Programme) और FACE (Facilitating Acquisition of Competence in English.) इन सभी मॉडलों में दो प्रमुख शैक्षणिक तरीकों का इस्तेमाल किया

गया। पहला, विवरणों को महत्त्वपूर्ण उद्दीपन के रूप में प्रयोग करना और दूसरा, आरंभिक विद्यार्थियों के लिए code-switching की सहायता लेना।

राज्य के कई सौ स्कूलों में ये प्रोग्राम आज़माए गए और सभी स्कूलों में ये प्रोग्राम विद्यार्थियों के प्रदर्शन में ठोस बदलाव लाने में सफल रहे।

संवाद आधारित पद्धति मूलतः इस दावे पर आधारित है कि कोई भी भाषा केवल उस भाषा के तत्वों को याद करके और भाषायी कौशलों का अभ्यास करके नहीं सीखी जा सकती। चूंकि वास्तविकता में भाषा केवल अर्थपूर्ण सन्दर्भों में ही विद्यमान होती है, अतः प्रेरणा और उत्पादन भी अर्थपूर्ण संवादों के रूप में ही होना चाहिए। इन किताबों में भाषायी तत्वों और शब्दावली के अभ्यास नहीं हैं। बजाय इसके, इन पाठ्यपुस्तकों में संवादों पर आधारित अभ्यास दिये गये हैं, जो मूल भाषायी तत्वों और कौशलों, दोनों में निपुणता हासिल करने में मदद करते हैं।

पी.के.जे. : आपने इस शिक्षण-विधि को अभ्यास में लाना कैसे शुरू किया? हम उन परिस्थितियों के बारे में थोड़ा जानना चाहेंगे जिनमें आपने इस विधि को अमल में लाना शुरू किया और ऐसा करते हुए, किस प्रकार की चुनौतियों का सामना आपको करना पड़ा? विशेष रूप से प्रशासनिक अधिकारियों और शिक्षक-समूह की क्या प्रतिक्रिया रही?

के.एन.ए. : केरल और आन्ध्रप्रदेश में संवाद आधारित पद्धति में काम करने का अनुभव होने के फलस्वरूप, मुझे सर्व शिक्षा अभियान, केरल, 2006, में सम्मिलित होने के लिए आमंत्रित किया गया। इसी दौरान मुझे KCF (Kerela Curriculum Framework) की अध्यक्षता का कार्यभार भी सौंपा गया। KCF के अनुरूप पाठ्यक्रम व पाठ्यपुस्तकें संशोधित करने के पूर्व सर्व शिक्षा अभियान द्वारा ACE (Acquisition of Competence in English) प्रोग्राम शुरू किया गया। केरल के 1300 विद्यालयों में ACE के परीक्षण के अनुभव ने अंग्रेज़ी पाठ्यपुस्तकों के निर्माण से जुड़ी राज्य की टीम को नए जोश और ऊर्जा से भर दिया और उनके प्रयासों को एक गति प्रदान की।

पी.के.जे. : तमाम दिशाओं से भारी विरोध के बावजूद आप केरल के पाठ्यपुस्तक नियोजन व पाठ्यपुस्तक निर्माण की प्रक्रिया में इतनी महत्त्वपूर्ण भूमिका निभाने में कैसे सफल हुए?

के.एन.ए. : केरल की पाठ्यपुस्तक निर्माण समिति ने NCF 2005 और NCERT की किताबों की गहराई से समीक्षा की। उन्होंने NCERT की तरह प्रसंग आधारित पद्धति न अपनाते हुए मुद्दा-आधारित पद्धति को अपनाया। सभी किताबें ऐसे

सामाजिक मुद्दों के इर्द-गिर्द बुनी थीं जिनका स्थानीय महत्त्व के साथ-साथ वैश्विक महत्त्व भी था। इनमें माध्यमिक स्तर पर प्रामाणिक विषयवस्तु का प्रयोग किया गया; जिसमें साहित्य को विशेष महत्त्व मिला। कुछ प्रतिष्ठित भाषा वैज्ञानिकों, जैसे प्रोफ़ेसर जयसीलन ने इस पद्धति का समर्थन किया और समूह के साथ काम भी किया। काफ़ी विरोध भी हुआ, पर यह प्रतिरोध केवल अंग्रेजी के लिए नहीं था। विभिन्न समूहों ने मुद्दा आधारित पाठ्यक्रम की भी तीखी आलोचना की। इस पूरी बहस से राज्य में जो विवाद की स्थिति उत्पन्न हुई, उसे केरल सरकार ने लोकतांत्रिक तरीके से संभाला। पर चूंकि मुझे अपने साथ काम करने वाले एक उत्प्रेरित और दृढ़ विश्वासी लोगों के समूह का समर्थन प्राप्त था, मैं इन आलोचनाओं का सामना आसानी से कर सका। इसके अतिरिक्त, जो लोग आलोचना कर रहे थे, वे किसी भी प्रकार के बौद्धिक तर्क-वितर्क के लिए तैयार नहीं थे; और न ही वे कोई विकल्प सुझा पाने में सक्षम थे।

पी.के.जे. : वर्तमान में केरल के राज्य स्तरीय विद्यालयों की अंग्रेज़ी की पाठ्यपुस्तकों में आपके विचारों को किस हद तक शामिल किया गया है? क्या आप इससे खुश हैं?

के.एन.ए. : मैं पाठ्यपुस्तकों से खुश हूँ। हालांकि अभी भी ऐसे कई आयाम हैं, जिन पर पुनः विचार करने की आवश्यकता है। किनी भी हालत में कोई भी पाठ्यपुस्तक 5 साल से अधिक समय तक नहीं चलाई जानी चाहिए। साथ ही, मैं शीर्ष स्तर पर बनने वाले मॉडलों का समर्थन नहीं करता। मेरे विचार से मॉडलों का विकास ज़मीनी स्तर पर शिक्षकों, लोगों और समुदाय की देख-रेख और सहभागिता से होना चाहिए।

पी.के.जे. : केरल के शिक्षा जगत में आपके विचारों के प्रति बढ़ती हुई स्वीकार्यता के बावजूद आपके मार्गदर्शन में लिखी गई पुस्तकों को काफी आलोचना का शिकार होना पड़ा। आप पर अति आदर्शवादी होने और केरल के यथार्थ को न समझने का आरोप भी लगा। आप इनका प्रति उत्तर किन प्रकार देते हैं?

के.एन.ए. : स्वप्नदृष्टा और आदर्शवादी होने के लिए मेरी काफ़ी आलोचना की जा चुकी है। लोकतंत्र में हर उस व्यक्ति, जो कोई बदलाव लाने का प्रयत्न करता है, को आलोचनाओं का शिकार होना पड़ता है। चूंकि मैं समीक्षात्मक शिक्षाशास्त्र का विद्यार्थी रहा हूँ। मुझे लगता है कि मेरे मॉडलों की भी समीक्षात्मक विवेचना होनी चाहिए और साथ ही कार्यक्षेत्र में जो बदलाव हो रहे हैं, उन्हें नज़रअन्दाज नहीं किया जा सकता।

पी.के.जे. : आपकी लोकप्रियता के चलते Andhra Pradesh State Council of Educational Research ने अंग्रेज़ी की किताबों के निर्माण में आपका मार्गदर्शन मांगा। क्या आप बताएंगे कि किस हद तक पाठ्यक्रम व पाठ्यपुस्तक निर्माण समितियों ने आपकी सैद्धान्तिक समझ को स्वीकार किया? क्या आपने किसी प्रकार का प्रासंगिक अवरोध या दबाव भी महसूस किया? क्या आपने अपने स्टैंड को कुछ हद तक बदला?

के.एन.ए. : मैंने Andhra Pradesh State Council of Educational Research के पाठ्यक्रम और पाठ्यपुस्तकों के संशोधन का काम रमाकान्त अग्निहोत्री और अमृत लाल खन्ना जैसे विशेषज्ञों के साथ किया है। व्यक्तिगत तौर पर मुझे लगता है कि आन्ध्रप्रदेश की संशोधित पाठ्यपुस्तकें कौशलाधारित शिक्षण से संवाद आधारित पद्धति की ओर बढ़ चुकी हैं।

पी.के.जे. : आप राष्ट्रीय स्तर पर अपने एजेंडा को कैसे कार्यान्वित करना चाहते हैं?

के.एन.ए. : हमारे सामने बहुत-सी चुनौतियाँ हैं। मैं जानता हूँ कि पूरे विश्व में इस प्रकार के प्रयास किये जा रहे हैं, पर शिक्षा जगत में बाज़ार से प्रेरित कुछ तत्व हैं जो कॉर्पोरेट हितों के लिए काम करते हैं। ऐसे भी तत्व हैं जो भाषायी imperialism को बढ़ावा दे रहे हैं। मैं उन सबका समर्थन करता हूँ जो इन ताकतों के ख़िलाफ हैं।

साक्षात्कारकर्ता के बारे में : पी.के. जयराज ने Regional Institute of English, South India, Bengluru में केरल, आन्ध्रप्रदेश के पाठ्यक्रम निर्माण और अंग्रेज़ी पाठ्यपुस्तकों के उत्पादन में विशेष योगदान किया है। मातृभूमि पब्लिकेशन्स ने अंग्रेज़ी में उनकी तीन पुस्तकें Say what you mean, Grammar and Grammar wars और when words bloom प्रकाशित की हैं।

अनुवाद : स्नेहा शर्मा, विद्या भवन शिक्षा सन्दर्भ केन्द्र, उदयपुर (राज.)।

स्रोत : लेंग्वेज एंड लेंग्वेज टीचिंग 1.2.2: 37-39, जुलाई, 2012.

नवनीत कुमार से विजय कुमार की बातचीत

नवनीत कुमार दिल्ली के सरकारी स्कूल में प्राथमिक कक्षाओं के भाषा अध्यापक (पी.जी.टी., हिन्दी) हैं। उन्होंने शिक्षा विभाग, दिल्ली विश्वविद्यालय (सी.आई.ई.) से शिक्षक प्रशिक्षण प्राप्त किया है।

विजय कुमार : अधिकांश लोगों की सोच है कि शिक्षण एक बहुत ही आरामदायक और अंशकालिक पेशा है। क्या आप इससे सहमत हैं?

नवनीत कुमार : नहीं, बिल्कुल नहीं। अगर इसे गम्भीरता से लिया जाए तो यह बहुत ही थकाऊ, चुनौतीपूर्ण लेकिन संतोषप्रद पेशा है, इसीलिए मैंने इसे चुना। वास्तव में मेरा पूरा परिवार इस पेशे से जुड़ा है और मेरी भी इसमें रुचि थी। इसीलिए मैं एक शिक्षक हूँ और सरकारी स्कूल में पढ़ा रहा हूँ।

विजय कुमार : क्या आप अपने स्कूली जीवन के बारे में मुझे कुछ बताएंगे? सीखने-सिखाने की प्रक्रिया, पाठ्यचर्या, पाठ्यपुस्तकों आदि के मामले में वह आज के परिदृश्य से कैसे अलग थी?

नवनीत कुमार : मैंने अपनी पूरी स्कूली शिक्षा बिहार के एक सरकारी स्कूल से की है। हमारे समय में शिक्षा, पाठ्यपुस्तक केन्द्रित हुआ करती थी। सामान्यतः विद्यार्थी को पाठ पढ़ना होता था और शिक्षक उसे सम्झाते थे। हालांकि जब कभी किस्से-कहानियों का उपयोग किया जाता था तब विद्यार्थी अवधारणाओं को अधिक सरलता से समझ पाते थे और कक्षा भी काफी रुचिकर हो जाती थी। उस समय कुछ ही पब्लिक स्कूल थे, इस कारण विभिन्न सामाजिक-आर्थिक परिवेश के अधिकांश बच्चे एक साथ मिलकर पढ़ते थे सरकारी स्कूल में। एक प्रकार से समान स्कूली शिक्षा थी। यह स्थिति आज के दिल्ली के सरकारी स्कूलों की स्थिति से बहुत अलग है जहाँ अधिकांश गरीब और बहुत गरीब परिवारों के बच्चे पढ़ते हैं।

विजय कुमार : कक्षा में विद्यार्थियों का भाषायी परिवेश क्या था? निर्देश किस माध्यम में दिए जाते थे और ये कितने असरदार थे?

नवनीत कुमार : स्कूल स्तर पर पढ़ाने का माध्यम हिन्दी था। मेरी कक्षा में

अधिकांश विद्यार्थी घर में हिन्दी (मानक खड़ी बोली) बोलते थे। परन्तु कुछ घरों में मैथिली, भोजपुरी, बांग्ला या मगही (हिन्दी का प्रकार) बोली जाती थी। इन भाषाओं का शब्दकोश, थोड़े-बहुत अन्तर के साथ, हिन्दी जैसा ही है। वास्तव में 18 से ज़्यादा भाषाएँ हिन्दी के जैसी हैं। इसलिए निर्देशों का माध्यम हिन्दी था लेकिन कभी-कभी हम हिन्दी पर घरेलू भाषा का प्रभाव आसानी से देख पाते थे। उदाहरण के लिए हिन्दी में क्रिया का स्वरूप लिंग के अनुरूप बदलता है लेकिन मगही में क्रिया लिंग से प्रभावित नहीं होती।

विजय कुमार : उस समय की भाषा कक्षाएँ कैसी होती थीं? भाषा शिक्षण में कौन सी शिक्षण विधियाँ/रणनीतियाँ अपनाई जाती थीं? दूसरी भाषा पढ़ाने के सन्दर्भ में ये किस हद तक सफ़ल होती थीं?

नवनीत कुमार : हमें अक्सर भाषा की कक्षाएँ, खासकर गद्य (कहानियाँ, उपन्यास आदि), में मज़ा आता था। तुलनात्मक रूप से पद्य (कविता) भाग कम रुचिकर होता था। इसका मुख्य कारण था कि ज़्यादातर कविताएँ आदिकाल से रीति काल के बीच की थीं जो कि ब्रजभाषा, अवधी या मैथिली में लिखी गई थीं। एक ऐसे बच्चे के लिए, जिसकी घरेलू भाषा हिन्दी नहीं पर हिन्दी का ही एक प्रकार है, मानक हिन्दी को समझना कोई मुश्किल बात नहीं, क्योंकि वह इसे पाठ्य-पुस्तकों, अख़बार, पत्रिकाओं, टीवी, रेडियो, फिल्म आदि के द्वारा भी जानता है। लेकिन एक बिल्कुल अलग तरह की भाषा को समझना बहुत मुश्किल है। परम्परागत रूप से भी कविता पढ़ाते समय छंद, अलंकार आदि पर ज़ोर दिया जाता है जो कि एक बच्चे के लिए नीरस और अरुचिकर होता है। मैं चाहता हूँ कि कविता के इन तकनीकी पहलुओं को अधिक रुचिकर तरीकों से पढ़ाया जाए।

विजय कुमार : आपके शिक्षण अनुभव की ओर बढ़ते हैं, क्या आप अपने विद्यार्थियों की सामाजिक-आर्थिक एवं भाषायी पृष्ठभूमि के बारे में कुछ बता सकते हैं?

नवनीत कुमार : मेरे ज़्यादातर विद्यार्थी अपने परिवार में पढ़ने वालों की पहली पीढ़ी हैं। ज़्यादातर के अभिभावक दिहाड़ी मज़दूर, कारीगर आदि हैं। वास्तव में ज़्यादातर, दिल्ली, उत्तरप्रदेश, उत्तराखंड, बिहार, राजस्थान और हरियाणा के दूर-दराज़ के गाँवों से आये हैं। ज़्यादातर बच्चे अपने घरों में हिन्दी या हिन्दी की कोई बोली बोलते हैं।

विजय कुमार : इतनी भाषायी विविधता वाले बच्चे होने पर आप अपनी कक्षा का संचालन कैसे करते हैं? क्या आपको कोई समस्या आती है?

नवनीत कुमार : मेरे ज़्यादातर विद्यार्थी कक्षा में हिन्दी की विभिन्न बोलियों का उपयोग करते हैं। जिसका असर उनके बोलने और लिखने दोनों पर पड़ता है।

कभी-कभी वे अपनी भाषा और मानक भाषा में अंतर होने के कारण, गलतियाँ भी करते हैं। मैं उन्हें समझाता हूँ कि उनकी कुछ गलतियाँ सामान्य हैं और वे स्कूल की भाषा पर घरेलू भाषा के प्रभाव को दिखाती हैं। फिर मैं उन्हें दिखाता हूँ कि उनकी गलतियों में भी एक खास तरह का पैटर्न है। इरादा यह है कि उन्हें अपनी घर की भाषा पर गर्व हो और साथ ही वे इसके और मानक भाषा के बीच के अन्तर से भी वाकिफ़ हों ताकि वे शब्द को सही बोल एवं लिख पाएँ।

विजय कुमार : अन्य भाषाओं के अर्जन पर घरेलू भाषा के प्रभाव के बारे में आप क्या सोचते हैं? यह नकारात्मक है या सकारात्मक?

नवनीत कुमार : मैं महसूस करता हूँ कि घरेलू भाषा, दूसरी भाषा के अर्जन में मदद करती है। घरेलू भाषा के ज़रिए बच्चा एक भाषा प्रणाली को पहले ही सीख चुका होता है। इसीलिए दूसरी भाषा का कोई शब्द, घर की भाषा के समानार्थक शब्द के रूप में सीखा जा सकता है। इसी प्रकार स्कूली भाषा और घर की भाषा के व्याकरण में अंतर और समानताएँ खोजी जा सकती हैं। लेकिन जैसा कि मैंने पहले कहा कि दूसरी भाषा पर घरेलू भाषा का प्रभाव होता ही है। जैसे घरेलू भाषा के प्रभाव के चलते बच्चे हिन्दी के उच्चारण एवं व्याकरण में गलतियाँ करते हैं; एक बच्चा जिसकी घरेलू भाषा हरियाणवी है 'बल्ब' का उच्चारण 'बलब' कर सकता है। एक बच्चा जिसकी घरेलू भाषा 'मगही' है, क्रिया के प्रयोग से जुड़ी गलती कर सकता है क्योंकि उसकी घरेलू भाषा लिंग भेद नहीं करती।

विजय कुमार : स्कूल में हिन्दी पढ़ाते समय आप कौन-सी शिक्षण विधियाँ/रणनीतियाँ अपनाते हैं? ये आपके स्कूली समय में अपनायी जाने वाली विधियों से कैसे अलग हैं?

नवनीत कुमार : हमारे स्कूली समय में सारा ध्यान पाठ्य-पुस्तक पर दिया जाता था। वहाँ साहित्य के तकनीकी पहलुओं पर भी काफ़ी ज़ोर था। मुझे लगता है कि हालांकि ये तकनीकी पहलू महत्त्वपूर्ण हैं, इन्हें जिस तरीके से पढ़ाया जाता था, वह उपयुक्त नहीं था। मैं इनको चर्चा, उदाहरणों, किस्सों, वाद-विवाद आदि के माध्यम से पढ़ाने का प्रयास करता हूँ। मैं अपने विद्यार्थियों को अख़बार, पत्रिकाएँ, उपन्यास, कहानियाँ आदि पढ़ने की सलाह देता हूँ क्योंकि कोई भी केवल पाठ्य-पुस्तक पर ही केन्द्रित रहकर भाषायी प्रवीणता हासिल नहीं कर सकता। मैं उन्हें उन विषयों के बारे में भी पढ़ने को कहता हूँ जो पाठ में इंगित हैं। मेरे हिसाब से विषयों के प्रति समेकित नज़रिया (अन्तर्विषयात्मक नज़रिया) हमेशा बेहतर होता है।

विजय कुमार : मुझे अम्बेडकर विश्वविद्यालय, दिल्ली में आपके प्रस्तुतीकरण को

सुनने का मौका मिला था। आपने समझाया कि कैसे हजारी प्रसाद द्विवेदी द्वारा लिखित एक मुश्किल पाठ 'कुटज' (पौधे का नाम) को बच्चों के लिए रुचिकर बनाया जा सकता है। क्या आप उस तरीके के बारे में थोड़ा और बताएँगे?

नवनीत कुमार : जब मैं स्कूल में था तो दुर्भाग्य से इस पाठ को बड़े रेखीय (linear), एकायामी (one-dimensional) और अरुचिपूर्ण तरीके से पढ़ाया गया। मैंने पाया कि 'कुटज' भूगोल, इतिहास, धर्म, व्यावहारिक बुद्धि, जीवनरस (Zest for Life), भ्रष्टाचार पर व्यंग्य आदि विविध क्षेत्रों को छूता है। इसलिए इस पाठ को बच्चों को पढ़ाते समय मैंने इन सभी क्षेत्रों को छुआ। इसी तरह अगर पाठ में 'प्लेट टेक्टोनिक थ्योरी' का कोई ज़िक्र है तो मैं विद्यार्थियों को अपनी भूगोल की पुस्तकों में से इस अवधारणा को समझने के लिए प्रोत्साहित करता हूँ। अगर वहाँ इण्डो-यूरोपियन भाषाओं का सन्दर्भ दिया गया है तो मैं उन्हें विविध भाषाओं में स्वतन्त्र रूप से समानताएँ ढूँढ़ने के लिए प्रोत्साहित करता हूँ। इसी तरह यदि वहाँ रहीम का सन्दर्भ मिलता है तो एक बच्चा उसे तभी अच्छे से समझ सकता है जब वह रहीम की कहानी और कवि के रूप में उनकी उपलब्धियों आदि को जानता हो। यदि लेखक ने भ्रष्टाचार पर कोई व्यंग्य लिखा है, तो शिक्षक को इस पर चर्चा की शुरुआत करनी चाहिए। विद्यार्थियों से यह पूछा जा सकता है कि क्या उनका किसी प्रकार के भ्रष्टाचार से सामना हुआ है और उस भ्रष्टाचार पर काबू पाने के लिए क्या बदलाव किए गए हैं। अतः मैं इस आधार पर काम करता हूँ कि भाषा की कक्षाओं में एक अन्तर्विषयक पद्धति ज़रूरी है।

विजय कुमार : स्कूल के विभिन्न स्तरों पर भाषा पाठ्यचर्या के बारे में आपका क्या मत है? क्या यह प्रासंगिक एवं रुचिकर है?

नवनीत कुमार : जहाँ तक हिन्दी की बात है, प्रासंगिक बदलाव हुए हैं। उदाहरण के लिए उच्च माध्यमिक स्तर पर सृजनात्मक लेखन एवं पत्रकारिता से जुड़े कुछ प्रासंगिक विषय शामिल किए गए हैं। पर छोटी कक्षाओं में प्राचीन और अप्रचलित भाषा में लिखे गद्य और पद्य की जगह भाषा के समकालीन स्वरूपों में लिखे गए पाठों को शामिल किया जाना चाहिए। इन कक्षाओं में कविताओं में छंदों एवं अलंकारों पर दिए जाने वाले अतिरिक्त ज़ोर से बचा जाना चाहिए।

विजय कुमार : बच्चे व्याकरण से डरते हैं। असल में मुझे भी व्याकरण से डर लगता है। क्या आपको लगता है कि व्याकरण वैसे ही पढ़ाया जाना चाहिए, जैसे- पढ़ाया जा रहा है?

नवनीत कुमार : अपने स्कूली दिनों में मुझे संस्कृत सबसे कठिन विषय लगता था। इसमें बहुत से धातु-रूप, शब्द-रूप, नियम आदि होते थे और इन सबको याद

करना ही पड़ता था। हिन्दी में व्याकरण वाला हिस्सा, और विशेषकर तकनीकी हिस्सा विद्यार्थियों के लिए अरुचिकर होता है। पर इसका मतलब यह नहीं है कि व्याकरण को पूरी तरह से नकार देना चाहिए। वास्तव में उपसर्ग, प्रत्यय आदि व्याकरण के शब्द-रचना से जुड़े हिस्सों को रुचिकर तरीके से पढ़ाया जाना चाहिए। विषय इस तरह से चुने जाने चाहिए कि व्याकरण पढ़ाना थकाऊ और उबाऊ अभ्यास न बनकर रह जाए।

विजय कुमार : आप हिन्दी पाठ्यपुस्तकों में किस तरह के संशोधन करना चाहेंगे कि वे एन.सी.एफ. 2005 के सुझावों के अनुरूप बन जाएँ?

नवनीत कुमार : एन.सी.एफ. 2005 के सुझाव अच्छे हैं परन्तु समस्या इसे लागू करने और प्रशिक्षण की है। जैसा कि मैं पहले भी कह चुका हूँ, भाषा के केवल तकनीकी पहलुओं पर ही ज़ोर नहीं दिया जाना चाहिए। भाषा की पाठ्यचर्या ऐसी होनी चाहिए कि यह प्रत्यक्ष और परोक्ष रूप से समाजशास्त्र, राजनीति विज्ञान, दर्शनशास्त्र, इतिहास, प्राकृतिक विज्ञान, गणित आदि विभिन्न क्षेत्रों एवं विषयों को छू सके।

विजय कुमार : इस सारी बातचीत के लिए धन्यवाद।

नवनीत कुमार : इतनी जीवंत चर्चा के लिए धन्यवाद।

साक्षात्कारकर्ता के बारे में : विजय कुमार ने दिल्ली विश्वविद्यालय से एम.ए. (भाषा विज्ञान) और एम.फिल (पुस्तकालय विज्ञान) की उपाधि प्राप्त की है। वे भाषा और पुस्तकालय विज्ञान के क्षेत्र में शोधकर्ता और एक्टिविस्ट हैं।

vkbooks@gmail.com

अनुवादक : कामिनी उपाध्याय, विद्या भवन शिक्षा सन्दर्भ केन्द्र, उदयपुर (राज.)।

स्रोत : लेंग्वेज एंड लेंग्वेज टीचिंग, 2.1.3: 54-56, जनवरी, 2013.

एम. एल. टिक्कू से पुष्पिन्दर स्याल की बातचीत

एम.एल.टिक्कू CIEFL (अब इंग्लिश एण्ड फॉरेन लैंग्वेज युनिवर्सिटी), हैदराबाद में 1963 से 1984 तक प्रोफ़ेसर एण्ड हेड, रिसर्च कोऑर्डिनेशन एण्ड मटीरियल के तौर पर कार्यरत रहे। वे 1983 से 1996 तक आर.ई.एल.सी., सिंगापुर में स्पेशलिस्ट्स डिपार्टमेंट के अध्यक्ष और 1985 से 1996 तक आर.ई.एल.सी जर्नल के सम्पादक भी रहे। उन की रुचियों में भाषा-शिक्षा, ई. एल.टी हिस्ट्री एण्ड मटीरियल्स शामिल हैं।

अक्तूबर की एक गुनगुनी दोपहर। चण्डीगढ़ में प्रोफेसर एम.एल.टिक्कू के घर पर श्रीमती चम्पा टिक्कू दोपहर बाद की चाय बना रही हैं। हम एक ऐसे विषय पर बात करने की तैयारी में हैं जिस पर प्रो. टिक्कू ने कई सालों तक सोचा और लिखा ही नहीं, पढ़ाया भी है। यानी भारत में अंग्रेज़ी-शिक्षण। उनसे हुई बातचीत का कुछ सार यहाँ दे रहे हैं।

पुष्पिन्दर स्याल : प्रोफेसर टिक्कू, आजकल एक शब्द ख़ास तौर पर चर्चा में है- 'मल्टिलिंगुअलिज़्म'। हमारी कक्षाओं में मल्टिलिंगुअलिज़्म, यानी बहुभाषीयता, होने के क्या अर्थ हैं?

प्रो. टिक्कू : यदि आप ऐसी स्थिति में हैं जहाँ कई भाषाएँ हैं, तो आप अपने इर्द-गिर्द मौजूद भाषाओं को बस प्रयोग में ले आइए, फिर वे तीन हों चाहे चार- आप को एक बहुभाषाई कक्षा विशेष तौर से रचने की ज़रूरत नहीं है। वह तो मौजूद ही है- जो सब से बेहतर तरीका सम्भव हो, उस के माध्यम से इस्तेमाल किए जाने के लिए।

पुष्पिन्दर स्याल : आप के ख़्याल से क्या यह आशंका मौजूद है कि बच्चे यदि दूसरी भाषा सीखना शुरू कर देते हैं तो अपनी मातृभाषा में उन की रुचि समाप्त हो जाएगी या फिर वे उस में सामर्थ्य खो देंगे?

प्रो. टिक्कू : इस प्रकार के डर हैं तो सही मगर ये बिल्कुल अनावश्यक हैं। किसी ने भी आज तक यह सिद्ध नहीं किया है कि मातृभाषा किसी अन्य भाषा के सीखे जाने में बाधा उत्पन्न करती है। इस बात में तो सच्चाई है कि ध्वनियों की ओर ध्यान दिए जाने की ज़रूरत है, और मातृभाषा की कुछ ध्वनियाँ दूसरी

भाषा में अनुचित तरीके से घुस सकती हैं। लेकिन हमें यह नहीं भूलना चाहिए कि मातृभाषा दूसरी भाषा सीखने के लिए बहुत मददगार हो सकती है - वह दूसरी भाषा सीखने का एक ऐसा बड़ा संसाधन है जिस में छुपी सम्भावनाओं को अब तक प्रयोग में नहीं लाया गया है। हमें यह भी याद रखना चाहिये कि इस सीखने के दौरान दक्षताओं का हस्तान्तरण होता है। यह भारत में सबसे पहले 1926 में माइकल वेस्ट द्वारा किए गए काम में सामने आया। जब उन्होंने पश्चिमी बंगाल में कक्षाओं के लम्बी अवधि के प्रयोग किए तो वे इस निष्कर्ष पर पहुँचे कि पठन एक सामान्य योग्यता है। इस के लिए कुछ सामान्य रणनीतियाँ, कुछ रचना कौशल हैं। फिर वह चाहे प्रथम या फिर द्वितीय विदेशी भाषा की बात हो। मुख्य बात तो यह है कि प्रथम भाषा - फिश्मैन के शब्दों में 'ताकतवर' भाषा - में जो कुछ भी हासिल किया जा चुका है उसमें और सुधार किया जाए; और यह 'ताकतवर' भाषा 'कमज़ोर' भाषा में तभी हस्तान्तरण कर सकती है जब, कमिन्ज़ के शब्दों में, सीखने वाला व्यक्ति CALP (कॉग्निटिव एकेडेमिक लैंग्वेज प्रोफिशिएंसी-यानी, भाषा सम्बन्धी बोधात्मक- अकादमिक कुशलता) की अवस्था में पहुँच गया हो। शिक्षक से अपेक्षा रहती है कि वह कक्षा में इस उपलब्धि तक पहुँच पाए। लेकिन बीसवीं सदी के पाँचवें दशक में हमें सिखाया गया कि 'मातृभाषा का शैतान इन्तज़ार में है' और बुराई को हमें बिल्कुल शुरुआत में ही दबा देना चाहिए - एक बार गलतियों का प्रवेश हो जाये तो कभी बाहर नहीं निकलतीं, वे जीवाश्म की तरह पथरा जाती हैं। इसलिए हमें सुनिश्चित करना होगा कि गलतियाँ कभी न हों। यहाँ एक हद तक व्यवहारवाद काम में आ रहा था। विचार बी.एफ. स्किनर से आया था जिन्हें यह सुनिश्चित करने की ज़रूरत महसूस हुई कि 95 प्रतिशत बच्चे 95 प्रतिशत बातें 'सीखें'। इस के साथ ही यह मिथक सम्बद्ध था कि ज़रूरी नहीं है कि काम में जुटा हुआ शिक्षक भागीदारी करने वाले, अच्छा प्रदर्शन करने वाले शिक्षार्थी को ही बेहतर सिखा सकता है, बल्कि माना गया कि वह किसी भी शिक्षार्थी को बेहतरीन सिखा सकता है। जितना अधिक तेज़ और पुरजोश शिक्षक, उतना ही अधिक यह विश्वास और मान्यता कि भाषा का सीखना हो रहा है। लेकिन सच्चाई तो यह थी कि शिक्षक जितना अधिक आक्रामक होता, उतना ही शिक्षार्थी की सीखने में भागीदारी कम होती। बहुत बार तो न के बराबर ही कुछ सीखा जाता था, हालाँकि शिक्षक खुश होता कि उस ने अपना काम कर दिया है। हाँ, ध्वनि व्यवस्था का एक छोटा हिस्सा है जिस पर ध्यान देने की ज़रूरत रहती है और यह कर पाने के तरीके भी हैं।

पुष्पिन्दर स्याल : निर्भर तो यह भी करता है कि द्वितीय भाषा कौन-सी है?

अगर यह अंग्रेज़ी है तो उस से सम्बद्ध बातों, ताकत और सामाजिक रुतबे के साथ...?

प्रो. टिक्कू : हाँ, लेकिन अंग्रेज़ी पर आएँ तो बात असल में उलटी ही है। अंग्रेज़ी भाषा मातृभाषा के अस्तित्व के लिए खतरा बन सकती है, खास तौर पर तब जब मातृभाषा भारत में अल्पसंख्यक है या जनजातीय भाषा है। यह हमें बेचे गए उस विश्वास की वजह से है कि अंग्रेज़ी को अच्छे से बढ़ना है तो स्वतन्त्र तौर पर बढ़ना होगा। जो माता-पिता अपने बच्चों की आर्थिक बेहतरी और कल्याण चाहते हैं, वे इसे सुनिश्चित करने के लिए पूरा ज़ोर लगाते हैं। इस के अलावा, शिक्षक भी बच्चे द्वारा हिन्दी या पंजाबी या कश्मीरी का प्रयोग करने पर कभी-कभी सजा देते हैं। मगर माता-पिता ही नहीं, द्विभाषीय विशेषज्ञों ने भी ऐसी ही बात कही है। उदाहरण के लिए, 1984 में डब्ल्यू.एफ. मैकी, जिन्होंने द्विभाषीयता पर बहुत काम किया था, ने कहा कि भाषाएँ उत्पादक और अनुत्पादक, दोनों तरह की होती हैं और माता-पिता को तय करना चाहिए कि वे अपने बच्चे को उत्पादक भाषा की बजाए अनुत्पादक भाषा पर समय लगाने की इजाज़त देंगे या नहीं। इस लिए, यदि हम मान्यताओं की एक ऐसी व्यवस्था का निर्माण करते हैं जिस के तहत भाषाओं को दुश्मनों की तरह देखा जाता है, तो यह एक समस्या वाली बात है।

कुछ बातों में भाषाओं के बीच श्रेष्ठता की जंग के बहुत ही हास्यास्पद रूप देखने को मिलते हैं। मुझे याद आती है एक अमेरिकन भाषाविज्ञानी द्वारा वियतनाम के बच्चों के लिए लिखी गई किताब की बात। किताब का शीर्षक था 'इंग्लिश नेम्स' और इस में एक सौ 'इंग्लिश' नाम थे, और प्रत्येक बच्चे को एक अंग्रेज़ी नाम अपनाना था, क्योंकि ऐसा न होने पर कक्षा का 'विशुद्ध' वातावरण बिगड़ जाता। इसी तरह मेरी बेटी ने बताया कि चीन में, जहाँ वह पढ़ाती है, बच्चों ने 'टेबल', 'चेयर', यहाँ तक कि 'येस' और 'नो' जैसे नाम भी अपनाए। नाम कुछ भी हो सकता था, बस उस का 'अंग्रेज़ी' शब्द होना ज़रूरी था। एक बच्ची ने कहा, 'मेरा नाम मियाओ है।' इन बेचारों को अपनी पहचान और नाम छुपाने पड़े। केवल इस लिए, कि शिक्षक के मुताबिक नाम दो तरह के होते हैं। अंग्रेज़ी नाम और गैर-अंग्रेज़ी नाम। और उन्हें अंग्रेज़ी नाम रखने थे।

पुष्पिन्दर स्याल : एक मान्यता है कि दूसरी भाषा से परिचय शुरुआती उम्र में ही करवा दिया जाना चाहिए क्योंकि 5 से 14 वर्ष के बच्चे नई भाषा को अधिक बेहतर तरीके से सीख पाएँगे। क्या इस बात के हक में कोई सबूत हैं?

प्रो. टिक्कू : हाँ, एक सवाल जल्द शुरुआत करने का भी है। बीसवीं सदी के पाँचवें से आठवें दशक तक यही माना जाता था कि जितना जल्दी हो, उतना

ही बेहतर। उदाहरण के लिए, मद्रास (अब तमिलनाडु) सरकार द्वारा प्राइमरी स्कूलों में अंग्रेज़ी लगा दी गई। इसी का नतीजा था मद्रास इंग्लिश लैंग्वेज टीचिंग अभियान, जिस की वजह से 70,000 प्राइमरी शिक्षकों का प्रशिक्षण आवश्यक हो गया। लगता है कि जल्द शुरुआत के इस विश्वास को इस अभियान द्वारा बहुत गम्भीरता से लिया जाना कैनेडा में न्यूरोसर्जन्स की एक टीम के प्रभाव की वजह से था, जिस के नेता विल्बर पेनफील्ड का कहना था कि 12 साल की उम्र के आस-पास दिमाग में कुछ बदलाव आते हैं और वह अकड़ जाता है, लचकहीन हो जाता है, और इस लिए शरीर-क्रिया विज्ञान के हिसाब से एक और भाषा सीखना मुश्किल हो जाता है। (विल्बर पेनफील्ड को आकाशवाणी - ऑल इण्डिया रेडियो - पर वार्ताएँ देने के लिए आमन्त्रित किया गया था)। कई लोगों ने इस बात को सही न मानते हुए चुनौती दी, विशेष तौर से माइकल वेस्ट ने, जिन्होंने अनुसन्धान में एकत्रित आंकड़ों पर आधारित दलील दी कि देरी से शुरुआत करने वाला अधिक तेज़ी से सीखता है, बोधात्मक क्षमताओं और विभिन्न रणनीतियों को प्रयोग में लाता है। इस के अलावा जितना जल्दी आप स्कूल में आते हैं, अंग्रेज़ी पढ़ाने वाले शिक्षक उतने ही कम काबिल और कार्यकुशल होते हैं। सम्बद्ध भाषा आप की मूल भाषा न होने के सन्दर्भ में प्राइमरी शिक्षक को अंग्रेज़ी का कुछ विशेष ज्ञान नहीं होता था (स्थिति आज भी यही है)। इस लिए बुनियाद ही ठीक नहीं डलती थी। इस सब के चलते बेहतर है कि शुरुआत देर से ही हो। सैद्धान्तिक दलील से अलग एक राजनैतिक दलील भी है, जैसा कि 'जन आदेश' का कथन हैः स्कूल में प्रत्येक बच्चे के लिए प्रयोग हेतु अंग्रेज़ी मुहैया करवाने को राष्ट्र प्रतिबद्ध है और हम शिक्षकों को इस के लिए कार्य करना होगा कि यह प्रभावशाली तरीके से हो प.ए। जब तक स्कूलों में अंग्रेज़ी के पर्याप्त ज्ञान वाले शिक्षक नहीं हैं, तब तक इस की जल्द शुरुआत शायद कोई अच्छा विकल्प साबित न हो।

राष्ट्रीय पाठ्यचर्या ढाँचा 2005 (एन.सी.एफ. 2005) की भाषाओं के लिए सिफारिशें स्पष्ट तौर पर कहती हैं कि अंग्रेज़ी को एक द्विभाषीय या बहुभाषीय कक्षा का हिस्सा होना चाहिए। बच्चा स्कूल में आता है तो मातृभाषा पहले से ही अपना स्थान ले चुकी होती है, इस लिए अंग्रेज़ी-शिक्षण सीधे ही शुरू किया जा सकता है। हम यह तो नहीं कह सकते कि शुरुआत देर से ही होनी चाहिए, मगर 6 या 7 साल की उम्र में अंग्रेज़ी शिक्षण शुरू हो जाता है, तो ठीक ही रहना चाहिए।

पुष्पिन्दर स्याल : बच्चों की भाषाओं का प्रयोग अंग्रेज़ी, हिन्दी या तेलुगु जैसी दूसरी भाषा सिखाने में किस प्रकार किया जा सकता है, इस बारे में आप के

क्या सुझाव होंगे? क्या द्विभाषीय सामग्री मददगार होगी?

प्रो. टिक्कू : बहुत सा ऐसा काम हुआ है जिस में दो भाषाएँ एक साथ ले आयी गयी हों। भारत में इस के सब से पहले उदाहरणों में बीसवीं सदी के दूसरे दशक में वायट (1923) का है जिन्होंने प्रदर्शित किया कि किस प्रकार दो भाषाओं की व्याकरण को एक साथ अच्छी तरह प्रयोग किया जा सकता है। जहाँ भी उन्हें स्पष्ट तौर पर कोई तुलना की बात दिखाई देती, वे उसे शिक्षण के आधार के तौर पर प्रयोग में लाते। उदाहरण के लिए उन्होंने उर्दू और अंग्रेज़ी संज्ञा में वचन (नम्बर) और लिंग (जेण्डर) को शिक्षण के लिए आधार बनाया। लेकिन जहाँ उन्हें अन्तर दिखाई दिए, वहाँ उन्होंने इस अन्तर को व्यावहारिक रूप में काम करते दिखाया। जहाँ इन दोनों में से कोई बात नहीं थी, वहाँ उन्होंने मातृभाषा को बाहर रखा तथा किसी अन्य भाषा से किसी तत्व के न होने या उस के जोड़े जाने की ओर ध्यान दिलाया। अंग्रेज़ी भाषा शिक्षण के एक अन्य कामयाब व्यक्ति डब्ल्यू.एम. राइबर्न ने धारणा के इसी ढाँचे के आधार पर चण्डीगढ़ के समीप पंजाब में खरड़ में काम किया। वे एक कदम आगे गए। साल के शुरु में ही उन्होंने मातृभाषा और अंग्रेज़ी के शिक्षकों से निबन्धों की एक सूची तैयार करवाई। ये निबन्ध बच्चों द्वारा दोनों भाषाओं में लिखे जाने थे। पाया गया कि बच्चे मातृभाषा में तो अधिक विस्तार से लिख रहे थे लेकिन अंग्रेज़ी में निबन्ध छोटे थे। मातृभाषा में लिखी गई बात की मदद से वे अपने ही लिखे अंग्रेज़ी के निबन्ध में बेहतरी कर पाए। इस प्रकार सिद्ध होता है कि हस्तान्तरण सम्भव है, और दो भाषाएँ वास्तव में एक-दूसरे की मदद कर सकती हैं। कुछ न कुछ जोड़ने न कि घटाने वाली द्विभाषीयता का यह सिद्धान्त 1920 से 1940 के समयकाल में ही समझ लिया गया था। किसी भी सूरत में अगर मातृभाषा का शिक्षण सुधार होता है तो भाषाओं की बुनियाद भी सुधार होती है, और इस से मदद ही मिलती है। इस से भी पहले 1917-19 में कलकत्ता विश्वविद्यालय आयोग ने - जिस में अकादमिक लोग शामिल थे - सिफारिश की थी कि मातृभाषा-शिक्षकों को प्रशिक्षित किया जाए, और इस के शिक्षण के सिद्धान्तों और व्यवहार में बेहतरी लाने के तरीके तलाशे जाएँ। यह भी कहा गया कि मातृभाषा और अंग्रेज़ी सामंजस्य में काम कर पाएँ, इस के लिए कदम उठाए जाएँ। लेकिन न जाने क्यों 1950 के दशक के दौरान और उस के बाद यह सब भुला दिया गया।

पुष्पिन्दर स्यालः आप के विचार में यह त्रिभाषा फार्मूला की वजह से हुआ या भाषा सम्बन्धी अन्य नीतियों की वजह से?

प्रो. टिक्कू : हाँ, शायद। लेकिन सम्भव है कि हमें कुछ विशेष नीतियाँ बेची

गईं, और इतिहास ने हमें बेबस कर दिया। 1943 में विन्स्टन चर्चिल ने कहा था कि वह वक्त आ गया है जब उन्हें देशों पर जीत हासिल करने की आवश्यकता नहीं है। लोगों के दिमागों पर विजय हासिल कर के देशों को ही नहीं जीता जा सकता बल्कि इस के अलावा भी बहुत कुछ पाया जा सकता है। अंग्रेज़ी भाषा उन का सब से अधिक ताकतवर हथियार था और यही कोशिश की गई। अब भारत आज़ाद था और संविधान ने पहले से कहीं अधिक संख्या में बच्चों के लिए शिक्षा उपलब्ध करवा दी थी लेकिन अंग्रेज़ी के बहुत कम योग्य शिक्षक उपलब्ध थे। रामबाण औषधि की बहुत ज़रूरत थी। ब्रिटिश काउन्सिल आगे आयी। उस ने एकभाषीय नज़रिए को बढ़ावा दिया, उदाहरण के लिए महाबलेशवर 1950 और नागपुर 1957। इस एकभाषीय दृष्टिकोण को भारत में स्ट्रकचरल अप्रोच का नाम दिया गया था और हम कह सकते हैं कि इसे सिद्ध करने के नाम पर कोई सिद्धान्त नहीं ही था। जहाँ तक पाठ्यपुस्तकों की बात है, ऐसा लगता था कि ब्रिटिश काउन्सिल भारतीयों द्वारा स्वयं पुस्तकें लिखे जाने से प्रसन्न नहीं थी। जब उस समय के सी.आइ.ई. यानी सेन्ट्रल इंस्टिट्यूट ऑफ इंग्लिश (बाद में सी. आइ.ई.एफ.एल. सेन्ट्रल इंस्टिट्यूट ऑफ इंग्लिश एण्ड फॉरेन लैंग्वेजिज़) ने प्रोफ़ेसर गोकक के नेतृत्व में इस तरह की पहलकदमी ली (इस विचार के तहत कि हमें पुस्तकें लिखना शुरू करना चाहिए, फिर चाहे वे सब से बेहतरीन न भी हों) तो हमारे साथ आम तौर पर दोस्ताना सम्बन्ध रखने वाले और सहयोग करने वाले युनाइटिड किंगडम के साथियों ने साथ नहीं दिया । वे बाहर ही रहे। फिलिप्सन द्वारा अपनी किताब (1992) में दिये गये विवरण से हम समझ सकते हैं कि असल में क्या हुआ होगा। लंदन में मन्त्री-स्तर की बैठकें हुईं और स्पष्ट तौर पर कहा गया कि विदेशियों को अंग्रेज़ी पुस्तकें लिखने को प्रोत्साहित नहीं किया जाना चाहिए। उन्हें अपनी रोज़ी-रोटी प्रभावित होती दिखाई दे रही थी। उन्होंने हमें बताया कि केवल वे ही यह कर सकते हैं, क्योंकि वे अंग्रेज़ी भाषा हमें बेचना चाहते थे। इस से पहले प्रोफ़ेसर ब्रूस पैटिसन की तरह अब प्रोफेसर रैण्डल्फ क्वर्क 'अपने कर्तव्य और पूंजी, दोनों के तौर पर' अंग्रेज़ी भाषा के विस्तार के हक में खड़े थे। बहुत बाद में यही परिदृश्य फिर से उभरा, एन.ई.एल.टी.एस. (नैश्नल इंग्लिश लैंग्वेज टेस्टिंग सिस्टम) के साथ । हम में से कुछ को यह मानने को तैयार किया गया कि हमें इस बात की जानकारी नहीं है कि भाषा में कुशलता क्या होती है। हम उपलब्धि की जाँच तो कर सकते थे लेकिन कुशलता की नहीं और यह कोशिश केवल 'जानकारों' को ही करनी चाहिए।

पुष्पिन्दर स्याल : 1970 के दशक तक परम्परागत व्याकरण और अनुवाद विधि

प्रयोग में थी। दूसरी भाषा सीखने के लिए बच्चों की भाषाओं को प्रयोग में लाने के तरीके इस विधि से किस प्रकार अलग हैं?

प्रो. टिक्कू : यह सही नहीं है कि 'परम्परागत व्याकरण अनुवाद' विधि 1970 के दशक तक ही रही। वह उस के बाद भी प्रयोग की जाती रही है। शिक्षकों को असल में इस बारे में निश्चित होना होगा कि कहाँ और किस तरह से मातृभाषा को एक सहायक भाषा के रूप में इस्तेमाल किया जाना चाहिए। जहाँ भी शिक्षक को आवश्यकता महसूस होती है और वह उस के प्रयोग का महत्त्व देखता है, उसे अन्तर्भाषीय अनुवाद का इस्तेमाल करना चाहिए। हमें अपनी ही एक विधि विकसित करने की ज़रूरत है, जो हमारी बहुभाषीय कक्षाओं के लिए उपयुक्त हो। डॉड्सन की द्विभाषीय विधि में हमें इस बाबत सुझाव मिलता है - उन्होंने अपनी इस विधि में प्रत्यक्ष विधि (डायरेक्ट मेथड) के बेहतरीन हिस्से को शामिल करते हुए, जहाँ ज़रूरत महसूस हुई मातृभाषा से मदद लेने की बात की। यह विधि काफी सफल रही, हालाँकि ब्रिटिश काउन्सिल ने इस के महत्त्व को कम कर के दिखाया । शायद इस लिए, कि काउन्सिल एकभाषीय नज़रिए की पैरवी कर रही थी और डॉड्सन की विधि उन्हें अपने इस नज़रिये के लिए एक ख़तरा महसूस हुई होगी। शिक्षक प्रत्यक्ष विधि का पालन कर रहे थे और इसी वजह से उन्हें इस बात में गर्व महसूस होता था कि वे मातृभाषा से एक भी शब्द का प्रयोग नहीं करते हैं। हमें यह समझना होगा कि प्रत्यक्ष विधि पवित्र गाय की तरह नहीं है। लेकिन मातृभाषा का प्रयोग करने का अर्थ है कि शिक्षार्थी स्वयं काम कर रहे हों, वे स्वयं भाषाएँ इस्तेमाल में ला रहे हों। इस क्षेत्र में कुछ प्रयोग हुए हैं। कोशिश होनी चाहिए कि किया गया यह अच्छा काम एकत्र किया जाए। पिछले सालों में लिखे गये शोध-पत्रों को सम्भवतः किसी एजेन्सी के माध्यम से इकट्ठा किया जाए। और फिर बड़ा प्रोजेक्ट है, अपनी विधि को विकसित करने और उसे व्यवहार में उतारने का काम।

पुष्पिन्दर स्याल : क्या शिक्षक को बच्चों की भाषा या भाषाओं से परिचित और उन में सहज होना चाहिए?

प्रो. टिक्कू : जापान में आधुनिक ई.एल.टी. (इंग्लिश लैंग्वेज टीचिंग) विधि (1922-1936) के संस्थापक हैरल्ड ई.पामर ने कहा था कि ई.एफ.एल. (इंग्लिश एण्ड फॉरेन लैंग्वेजिज़) के सन्दर्भ में अंग्रेज़ी सिखाने के लिए ज़रूरी नहीं है कि शिक्षक मूल भाषा बोलने वाला हो। यह भी ज़रूरी नहीं है कि मूल भाषा बोल पाने या युनाइटिड किंगडम में भाषा-शिक्षण करने से ही व्यक्ति एक अच्छे ई.एफ.एल शिक्षक के तौर पर योग्य हो जाएगा। गैर-देशीय होने का अनुभव भी होना होगा- यानी सम्बद्ध भाषा के देश का मूल निवासी न होने का अनुभव। पामर ने यही किया। जापान जाने से पहले उन्होंने जापानी भाषा सीखी। वेस्ट, जिन्होंने भारत में ई.एल.टी. के क्षेत्र के लिए रास्ता तैयार

किया, ने भारतीय शिक्षा सेवा में आने से पहले बंगाली का ज्ञान प्राप्त किया। दोनों का मानना था कि शिक्षक को शिक्षार्थी की भाषा सीखनी ही चाहिए। इस से शिक्षार्थी का आत्म-विश्वास बढ़ता है और सीखने-सिखाने का अधिक दोस्ताना माहौल बनता है। अगर भारत को अंग्रेज़ी शिक्षक चाहिए तो ये वे शिक्षक होने चाहिए, जो शिक्षार्थियों की भाषा(ओं) में कुशल हैं। अंग्रेज़ी के अधिकतर शिक्षक इस बात में गर्व महसूस करते हैं कि उन्हें 'शिक्षार्थी' की भाषा नहीं आती। उन्हें लगता है कि यदि वे उस भाषा में बोलेंगे तो अंग्रेज़ी-शिक्षण के अपने पेशे में 'नीचे आ जाएँगे'। यदि हमारे पेशे को राष्ट्र की ज़रूरतों के प्रति बेहतर और सहज प्रतिक्रिया में आना है, उन के प्रति संवेदनशील होना है, तो रवैये और नज़रिये में एक बड़ा बदलाव आना ज़रूरी है।

पुष्पिन्दर स्याल : अंग्रेज़ी की ज़रूरत तो स्पष्ट और परिभाषित तौर पर दिखाई देती है, लेकिन लोग मातृभाषा की ज़रूरत को उसी प्रकार महसूस नहीं करते। और यदि उस की ज़रूरत विशेष उद्देश्यों के लिए नहीं है, तो क्या उसे सीखने के लिए प्रेरणा और प्रोत्साहन कम नहीं होगा?

प्रो. टिक्कू : हमें यह तो स्वीकारना होगा कि अंग्रेज़ी एक अति आवश्यक हथियार बन गया है। एक ऐसा हथियार जिस के बिना काम चलता नहीं दिखाई देता। लेकिन इस का यह अर्थ नहीं है कि हमारे पास जो है, उसे छोड़ दिया जाए। बच्चों को मातृभाषा के बारे में जागरूक होना चाहिए, कि उसी से उन की पहचान भी है। केवल अनुवाद करने के लिए नहीं, बल्कि जैसा गुरुदेव टैगोर ने बहुत पहले शिक्षकों से कहा था, पुनः अनुवाद भी, सीखना शुरू करना कि जो भाषा वे सीख रहे हैं, उस में क्या करने की ज़रूरत है। जैसा कि हेनरी स्वीट ने कहा था - इतना भर कहना बहुत नहीं है कि इसे प्रयोग करना चाहिए। असल में तो भाषा का इस्तेमाल करना होगा। मातृभाषा तो आप के दिमाग में है ही, तो फिर क्यों न वहाँ उस का प्रयोग किया जाए जहाँ वह मददगार हो सकती हो, और वहाँ छोड़ दिया जाए जहाँ उस की ज़रूरत न हो?

पुष्पिन्दर स्याल : जिन सालों में बच्चे अपने सम्भावित काम-धन्धे और आजीविका सम्बन्धी ज़रूरतों पर ध्यान दे रहे होते हैं, जैसे कि उच्च विद्यालय के बाद के वर्षों में, तब वे अपनी मातृभाषा के सम्पर्क में कम ही आ पाते हैं। क्या वे किसी बाद के समय में वापिस इस की ओर आ सकते हैं?

प्रो. टिक्कू : 'ज़रूरत'। मेरे ख़्याल से यही सब से महत्त्वपूर्ण शब्द है। इसी के चलते बच्चा अंग्रेज़ी सीखने के लिए प्रेरित होता है (और प्रेरणा ही ज्ञानार्जन के लिए सब से महत्वपूर्ण भी है)। शुरुआती बचपन में सीखी गई भाषा मरती नहीं है। वह सोई हुई अवस्था में मौजूद रहती है। हाँ, लिपि ज़रूर कुछ दिक्कत पैदा

कर सकती है। और कुछ सामाजिक ज़रूरतें भी हैं जो बच्चों की भाषाओं के माध्यम से पूरी होती रहती हैं।

पुष्पिन्दर स्याल : ऐसी पाठ्यचर्या के बारे में आप क्या कहेंगे जिस में साहित्य कविता, कहानी, गद्य तो मातृभाषा में पढ़ाया जाए (मातृभाषा में पठन की दक्षताएँ विकसित करने के लिए और संस्कृति को समझने के लिए भी) और अंग्रेज़ी व्यावहारिक, कामकाजी उद्देश्यों की पूर्ति के लिए पढ़ाई जाए।

प्रो. टिक्कू : हमारी भाषाओं में निश्चित तौर पर बाल साहित्य की ज़रूरत है और बच्चों के लिए लिखने वाले लेखकों को प्रेरित करने की भी।

पुष्पिन्दर स्यालः स्कूली शिक्षा पूरी हो जाने के बाद बच्चों के सम्पूर्ण भाषाई और बोधात्मक विकास पर बहुभाषीय कक्षा का क्या प्रभाव रहता है?

प्रो. टिक्कू : जैसा कि अध्ययनों ने बारम्बार दिखाया है, द्विभाषीयता कई तरह से बेहतर है, अधिक श्रेष्ठ है। इस से कई काम एक साथ कर पाने की क्षमता बनती है। और द्विभाषीयता में ज़रूरत पड़ने पर आवश्यक सहायता देने की क्षमता भी शामिल है। माइकल वेस्ट के लिए द्विभाषीयता एक समस्या थी। उनका ख्याल था कि जिसे बस केवल बंगाली जैसी भाषा के अलावा और कोई भाषा नहीं आती, वह तो मानो आधी भाषा का ही मालिक होता है जब कि एकभाषीय अंग्रेज़ी बोलने वाले के पास सभी तरह के प्रयोग के लिए उपलब्ध एक सम्पूर्ण भाषा है। इस लिए उन के विचार में एक औसत द्विभाषीय बच्चा प्रतिकूल अवस्था में है, घाटे में है। लेकिन हमारे देश में बहुत बच्चे ऐसे परिवारों से आते हैं जहाँ 4-5 भाषाएँ बहुत ही सहजता से बोली जाती हैं, और इसी का एक उदाहरण वह तात्कालिक अनुवाद है जो बच्चे आम तौर पर करते हैं। हम एक ऐसे बच्चे को जानते थे जिस के परिवार में मराठी, तेलुगु, मलयालम, हिन्दी और अंग्रेज़ी, कई भाषाएँ बोली जाती थीं। वह बच्चा हमें यह सिखाने में मज़े लेता था कि एक भाषा में शब्दों का अर्थ दूसरी भाषा में क्या है।

पुष्पिन्दर स्याल : शिक्षकों को आप क्या सन्देश देना चाहेंगे?

प्रो. टिक्कू : सीखने में विश्वास रखें। यहीं से शुरुआत करें और हमेशा एक उत्सुक शिक्षार्थी रहें। सीखने के मौके देते रहें, और अपने मन को बच्चों के साथ सीखने, उन से सीखने के लिए खुला रखें। बच्चे मिल कर काम करते हैं और सीखने के दौरान हुए अनुभवों से बहुत कुछ हासिल करते हैं। शिक्षक उन की मदद करता है, उन के साथ रहता है। एक श्रोता के तौर पर शिक्षक महत्त्वपूर्ण है। मैं तो कहूँगा कि भाषाएँ शिक्षकों और शिक्षार्थियों, दोनों के लिए खुशी का स्रोत होती हैं।

पुष्पिन्दर स्यालः बहुत शुक्रिया, प्रोफेसर टिक्कू।

प्रो. टिक्कू : शुक्रिया, प्रोफ़ेसर पुष्पिन्दर स्याल, एक ऐसे सत्र के लिए जो सच

में सीखने का सत्र था।

1. CALP (कॉग्निट्रिव एकडेमिक लैंग्वेज प्रोफिशिएंसी - सी.ए.एल.पी) को बेसिक इण्टर पर्सनल कम्युनिकेशन स्किल्स (बी.आइ.सी.एस) के सन्दर्भ में देखा जाना चाहिए जिन्हें बच्चे स्वाभाविक सन्दर्भों में हासिल कर लेते हैं। CALP आम तौर पर औपचारिक प्रशिक्षण के माध्यम से हासिल किया जाता है और एक भाषा से दूसरी भाषा में हस्तान्तरित हो सकता है।

सन्दर्भ :

कमिन्ज़, जिम. (1984). बाइलिंगुअल एजुकेशन एण्ड स्पेशल एजुकेशनः इशूस इन असेस्मेन्ट एण्ड पेडागॉजी. सैन डियगो, यू.एस.ए.ः कॉलेज हिल. एन.सी.ई.आर.टी. (2005) नैश्नल करिकुलम फ्रेमवर्क. न्यू दिल्लीः नैश्नल काउन्सिल ऑफ एजुकेशन रिसर्च एण्ड ट्रेनिंग.

पामर, एच.ई. (1924). मेमोरेण्डम ऑन प्रॉब्लम ऑफ इंग्लिश टीचिंग इन द लाइट ऑफ न्यू थेअरी. टोक्यो. आइ.आर.ई.टी. (और अधिक चर्चा के लिए देखें, टिक्कू, एम.एल. (2008). हैरल्ड ई.पामरः फ्रॉम लर्नर टीचर टु लेजेण्ड. न्यू दिल्लीः ओरिएण्ट लॉग्मैन).

पेनफील्ड, डब्ल्यू एण्ड रॉबर्ट्स, एल. (1959). स्पीच एण्ड ब्रेन मकैनिज्म प्रिंस्टनः प्रिंस्टन युनिवर्सिटी प्रेस.

फिलिपसन, रॉबर्ट. (1990). लिंगुइस्टिक इम्पीरियलिज़्म. ऑक्सफोर्ड, यू.के. : ऑक्सफोर्ड युनिवर्सिटी प्रेस.

रुबर्न, डब्ल्यू.एम. (1933). द टीचिंग ऑफ इंग्लिश. बॉम्बेः ऑक्सफोर्ड युनिवर्सिटी प्रेस.

स्किनर, बी.एफ. (1957). वर्बल बिहेवियर. न्यू यॉर्कः ऐपलटन क्रोफ्ट.

वेस्ट, एम. (1926). बाइलिंगुअलिज़्म (विद स्पेशल रेफरेंस टू बेंगाल). कैल्कटाः ब्यूरो ऑफ एजुकेशन.

वायट, एच. (1923) द टीचिंग ऑफ इंग्लिश इन इण्डिया. बॉम्बेः ऑक्सफार्ड युनिवर्सिटी प्रेस.

साक्षात्कारकर्ता के बारे में : पुष्पिन्दर स्याल पंजाब यूनिवर्सिटी, चण्डीगढ़ में अंग्रेज़ी की प्रोफ़ेसर हैं और अंग्रेज़ी भाषा शिक्षण तथा साहित्यिक मुद्दों में विशेष दिलचस्पी रखती हैं और उन से सम्बन्धित चर्चाओं-विमर्शों में सक्रिय रहती हैं।

pushpinder.syal@gmail.com

अनुवादक : रमणीक मोहन। स्वतंत्र रूप से लेखन एवं अनुवाद का कार्य करते हैं।

स्रोत : लेंग्वेज एंड लेंग्वेज टीचिंग 1.1.1: 60-65, जनवरी, 2012.

मील का पत्थर

चॉम्स्की द्वारा परिकल्पित जन्मजात क्षमता : भाषा सीखने-सिखाने के लिए निहितार्थ

आयशा किदवई

यह बात व्यापक स्तर पर मानी जाती है कि चॉम्स्की द्वारा 1959 में बी.एफ. स्किनर की 'वर्बल विहेवियर' की समीक्षा ने मानव-ज्ञान और सीखने के प्रति व्यवहारवादी दृष्टिकोणों के लिए मौत की घण्टी का काम किया। यह भी माना जाता है कि इसी से आने वाले दशकों में 'बोधात्मक क्रांति' के लिए भी रास्ता साफ हुआ। आधी सदी से भी अधिक समय के बाद आज चॉम्स्की की टिप्पणियाँ बस ऐतिहासिक महत्व रखने तक ही सीमित नहीं हैं बल्कि उन का महत्व इस से कहीं अधिक है- क्योंकि वे आज भी मानव-संज्ञान और व्यवहार पर होने वाली किसी भी जांच की रूपरेखा के लिए प्रासंगिक हैं।

व्यवहारवाद का दावा है कि बच्चों द्वारा प्रथम भाषा ग्रहण करने की प्रक्रिया वयस्कों से प्राप्त उत्प्रेरण से निर्देशित होती है। और यह उत्प्रेरण बच्चों के संयोगवश अवलोकन तथा अनुकरण को बल प्रदान करने, उसे मजबूती देने के माध्यम से होता है। 1959 में व्यवहारवाद की अपनी समीक्षा में चॉम्स्की बात को स्वीकार नहीं करते। वह इस लिए, कि बच्चे का काफी कुछ भाषाई ज्ञान ऐसे सन्दर्भों में अभिव्यक्त होता है जिन में उसे मिलने वाली सहायता या मजबूती की लगभग कोई भूमिका नहीं होती। इस क्षेत्र में जैसे-जैसे शोध और अनुसन्धान विकसित हुआ है, व्यवहारवादियों की कमी की अधिक सम्पूर्ण तस्वीर उभर कर आई है। माता-पिता न तो बच्चों की व्याकरण-सम्मत बोलचाल को मजबूती देते हैं, न ही व्याकरण की दृष्टि से उनके सुसंगठित होने की बात की ओर कोई विशेष ध्यान देते हैं, और बच्चे भी त्रुटि-सुधार की कोशिशों का विरोध करते हैं। इस के अलावा, हालाँकि हो सकता है कि बच्चे वयस्कों की भाषाई बोलचाल का अनुकरण करें, लेकिन जिस भाषाई ज्ञान को वे प्रयोग में लाते हैं उस की बुनियाद यह अनुकरण नहीं है। चॉम्स्की द्वारा की गई व्यवहारवाद की समीक्षा के बाद किए गए शोध

से लिए गए वार्तालाप के निम्नलिखित दो नमूने यही दर्शाते हैं:

(क) **वयस्क** : व्हेयर इज़ देट बिग पीस ऑफ पेपर आइ गेव यू येस्टरडे? Where is that big piece of paper I gave you yesterday?
बच्चाः रिमेम्बर? आई राईटेड ऑन इट। Remember? I writed on it.

(ख) बच्चाः वान्ट अदर वन स्पून, डैडी। (Want other one spoon, Daddy.)
वयस्कः यू मीन, यू वान्ट द अदर स्पून (You mean, you want the other spoon)
बच्चाः येस, आइ वान्ट अदर वन स्पून, प्लीज़ डैडी। (Yes, I want other one spoon, please Daddy.)
वयस्कः कैन यू से "द अदर स्पून"? (Can you say "the other spoon"?)
बच्चाः अदर ... वन ... स्पून (Other…one…spoon)
वयस्कः से "अदर" (Say "other")
बच्चाः अदर (Other)
व्यस्कः "स्पून"A (Spoon)
बच्चाः स्पून (Spoon)
वयस्कः "अदर ... स्पून" (Other… spoon)
बच्चाः अदर ... स्पून। नाओ गिव मी अदर वन स्पून (Other... spoon. Now give me other one spoon.)
(पिंकर, 1995, पृष्ठ 281)।

वार्तालाप (क) दर्शाता है कि बच्चे को व्याकरण के नियमों के खिलाफ जाने वाले एक कथन के लिए बल प्रदान किया जा रहा है। और इस मामले में यह माता-पिता की सहमति से हो रहा है। सीधे-साधारण शब्दों में, माता-पिता अपने बच्चों की भाषा-सम्बन्धी क्रियाओं के व्याकरणीय रूप के मुकाबले उन के अर्थ और सत्य की ओर अधिक ध्यान देते हैं। वार्तालाप (ख) दर्शाता है कि बच्चे अनुकरण तो आसानी से कर सकते हैं, लेकिन अनुकरण की हिदायत को वे वयस्क द्वारा भाषा को मज़बूती प्रदान करने के व्यवहार सहायता के तौर पर नहीं देखते और न ही वे अनुकरण किए गए कथन को अपने कथनों के लिए आधार बनने देते हैं।

हमें एक तथ्य और जोड़ना होगा- बच्चों को मदद करने के प्रयास की प्रकृति स्वयं भी 'शोर' भरी हो सकती है, क्योंकि मौखिक बातचीत विरामों, अधूरे कथनों और भूलों-चूकों से भरा रहता है। यदि एक बच्ची/बच्चा भाषा सीखने के लिए प्रदान किए जा रहे इस त्रुटिपूर्ण निवेश (इनपुट) पर ही निर्भर रहे तो

अपनी भाषा की मूलभूत व्याकरण को ग्रहण करने की उस की गति अनपेक्षित होगी। सामान्य तौर पर विकसित हो रहे एक बच्चे द्वारा पाँच साल की उम्र तक पहुँचते-पहुँचते वाक्य-संरचना के नियमों की पकड़ हासिल कर ली जाती है । और यह बात सभी भाषाओं पर लागू होती है। उस के बाद, बच्चे (और वयस्क भी) नए शब्द और वाक्यांश सीखते जाते हैं, लेकिन वाक्य-संरचना सीखने की आवश्यकता बहुत कम ही रह जाती है। असल में तो 13 साल के आस-पास की उम्र के बाद से वाक्य-संरचना सीखी ही बहुत कम ही सीखी जा सकती है। इस सन्दर्भ में बहुत बार जीनि नाम की बच्ची का उदाहरण दिया जाता है जिसे 13 साल की उम्र में उस के कुत्सित पिता के चंगुल से बचाया गया था। एक साल की उम्र के बाद से उसे घर के बाहर के एक कमरे में पाखाने के पात्र के साथ बांध कर रखा गया था। दिन में दो बार उस के लिए भोजन सरका दिया जाता था लेकिन कोई कभी भी उस से बात नहीं करता था। बचा लिए जाने के बाद उस ने अपने संज्ञानात्मक विकास में बहुत तेजी से कदम बढ़ाए लेकिन कुल मिला कर उस की भाषाई दक्षताएँ अपेक्षा से बहुत कम ही रहीं, और वह व्याकरण की दृष्टि से औसत लम्बाई के कथन भी नहीं बोल पाती थी।

ऐसा कभी कभार ही होता है कि एक बच्ची उत्प्रेरण के रूप में व्याकरण की दृष्टि से गलत वाक्य सुने। लेकिन अगर उस का 'गलत व्याकरणिक' ज्ञान भी मज़बूती प्रदान किए जाने या सहायता का नतीजा है, तो सवाल उठता है कि उस की इस ज्ञान तक पहुँच कैसे बनती है? यह तब विशेष तौर से प्रासंगिक हो जाता है जब हम देखते हैं कि कितनी ही गलतियाँ बच्चे नहीं करते हैं। एक सीधा सा उदाहरण वाक्य में वाक्यांश के शब्द-क्रम का है, जो अंग्रेज़ी जैसी भाषा में कर्ता (एजेन्ट)-क्रिया (एक्शन) - प्राप्तकर्ता (रेसिपिएन्ट) -कर्म (ऑब्जेक्ट)- स्थान (लोकेशन) का होता है। जैसा रॉजर ब्राउन ने 1970 के दशक में कहा था, दो से ढाई बरस के बच्चों के बिल्कुल शुरुआती कथन इस बुनियादी क्रम के अनुरूप होते हैं। और बच्चों के द्वारा, तथा एक वयस्क द्वारा उत्पादित शब्दावली (आउटपुट) में अन्तर सिर्फ इस बात का रहता है कि बच्चों के मामले में शब्दों का छूटना अधिक होता है। यह छूटना कई कारकों की वजह से हो सकता है, जिन में से कुछ अर्जन (aquisition) से सम्बद्ध होते हैं और अन्य कारक व्याकरण के अलावा होते हैं।

व्याकरण के अलावा वाले सम्बन्ध में उदाहरण है कि बच्चे अकसर विमर्श और वार्तालाप के सन्दर्भ को सक्रिय रहने देते हैं, और इस लिए यदि किसी चीज़ की ओर इशारा किया जा सकता है तो वे उसे भाषाई रूप में प्रस्तुत नहीं करते। मसलन, नीचे वाक्य 6 बोलने के साथ-साथ फर्श पर रखे जाने वाली वस्तु की ओर

इशारा भी किया जा सकता है। नीचे दिए इन उदाहरणों में पूर्वसर्ग (प्रेपोजिशन) के लगातार, व्यवस्थित तरीके से छूटने को हम व्याकरण-अनुकूलित छूट के तौर पर देख सकते हैं । जब कि स्पष्ट है कि भाषा-अर्जन के इस शुरुआती चरण में यह एहसास होना मुश्किल ही है कि प्रेपोजिशन स्थानिक सम्बन्धों (स्पेशियल रिलेशन्श) का संकेतचिह्न है।

(ग)	कर्ता/ (Agent	क्रिया/ Action	प्राप्तकर्ता/ रेसिपिएन्ट	कर्म/ Object	स्थान/ लोकेशन)
	(मदर	गेव	जॉन	लंच	इन द किचन.)
1.	मोमी	फिक्स			
2.	मोमी			पम्पकिन	
3.	बेबी				टेबल.
4.		गिव	डौगी.		
5.		पुट		लाइट	
6.		पुट			फ्लोर
7.	आइ	राइड		होर्सी	
8.	ट्रैक्टर	गो		फ्लोर	
9.		गिव	डौगी	पेपर	
10.		पुट		ट्रक	विन्डो
11.	ऐडम	पुट		इट	बॉक्स

ऊपर दिए गए उदाहरणों में हम देखते हैं कि हालाँकि बच्चों के शुरुआती दौर के इन कथनों में कर्ता-क्रिया-प्राप्तकर्ता-कर्म-स्थान का सम्पूर्ण ढांचा समान रूप से आता नहीं दिखाई देता (जो वयस्क द्वारा बोले गए वाक्य 'मदर गेव जॉन लंच इन द किचन' में स्पष्ट दिखाई देता है) उन्हें इस ढांचे का ज्ञान तो है। यदि ऐसा न होता तो यह बराबर की सम्भावना रहती कि 'मोमी फिक्स्ड इट' का अर्थ देने के लिए 'मोमी फिक्स' और 'फिक्स मोमी' दोनों का ही उपयोग किया जाता, जो वे नहीं करते। इसी तरह, यह ढांचा उपलब्ध न होता तो हम आशा करते कि बच्चे किसी इमारत में फर्श डाले जाने के वक्त की किसी घटना के लिए (यानी, जब फर्श की व्याख्या ऑब्जेक्ट/कर्म के रूप में की गई) उदाहरण 6 का उपयोग करते, लेकिन यह तो किसी सूरत में नहीं हुआ । 6 का उपयोग तो तब किया गया जब फर्श पर कुछ डाला जाना था (यानी, फर्श एक स्थानीय मौका था)।

बच्चे वे गलतियाँ भी नहीं करते जिन की उन से आशा की जाती है- जैसे, उन की नज़र में आई कुछ विशेष वाक्य-संरचनाओं से हासिल किए गए कुछ सामान्य निष्कर्षों के आधार पर सम्भावित गलतियाँ। पिंकर (1994) हमारा ध्यान दिलाते हैं कि यदि अंग्रेज़ी बोलने वाले अंग्रेज़-अमेरिकन बच्चे नज़र में आई संरचनाओं से सामान्य निष्कर्ष निकाल रहे होते, तो हम आशा करते कि नीचे (घ) में मौजूद संरचनाओं को देखने पर वे व्याकरण की दृष्टि से गलत (ड़) (2), बोलते। लेकिन अंग्रेज़ी बोलने वाले अंग्रेज़/अमेरिकन बच्चे यह गलती कभी नहीं करते।

(घ) (1) इर्व ड्रोव द कार इन्टू द गैराज। (2) इर्व ड्रोव द कार।

(ड.) (1) इर्व पुट द कार इन्टू द गैराज। (2) 'इर्व पुट द कार।

1970 के दशक से तर्क का यह रास्ता 'उत्प्रेरक की दरिद्रता' वाले तर्क के रूप में जाना जाता है। बच्चों को निवेश (इनपुट) से प्राप्त डेटा इतना कम निर्धारित रहता है कि वह भाषा-अर्जन के लिए बुनियाद का काम करने लायक नहीं होता। लेकिन इस सब के बावजूद बच्चे अपनी मूल भाषा(ओं) की व्याकरणाओं को ग्रहण कर ही लेते हैं। इन दोनों बातों को ध्यान में रखें तो हमें मानना होगा कि बच्चे का भाषा सीखना किसी न किसी रूप में जन्मजात भाषाई सामर्थ्य से निर्देशित होता होगा। भाषा-अर्जन के लिए एक नाजुक समयकाल का रहना- जिस दौरान वातावरण और परिवेश से सम्पर्क जन्मजात गुण को उत्प्रेरित करता है । इस बात का संकेत है कि यह अन्तर्निहित जन्मजात गुण आनुवंशिक है। पिंकर के शब्दों में, ''इंसानी क्षमता के परिपक्व होने के दौरान जीनोम की परतें खुलने के द्वारा प्रेरित होती है?'' (पिंकर, 1995)।

आख़िर में, यदि यह अन्तर्निहित, जन्मजात गुण व्याकरण हो, तो इन्सान की यह बोधात्मक योग्यता ज्ञानक्षेत्र-विशेष से सम्बद्ध बुद्धि और विवेक का उदाहरण है जिस का आम, सामान्य बुद्धि और बोधात्मक योग्यताओं के विकास के साथ कोई सम्बन्ध नहीं है। चॉम्स्की के रिव्यू से पहले और बाद के अनुसन्धान से यह बात कई तरह से पक्की होती है। इन्सान के मस्तिष्क के बाएँ गोलार्ध में अलग से भाषा के लिए सर्किट है और विरासत में मिले कुछ लक्षण हैं जिन का लक्ष्य-केन्द्र केवल भाषा ही है। ऐसा ही एक रोग-लक्षण स्पेसिफिक लैंग्वेज इम्पेयर्मेन्ट है। हालिया अनुसन्धान ने स्थापित कर दिया है कि यह आनुवंशिक है। यह जीन FOXP2 में होने वाले परिवर्तन की वजह से विरासत में मिला भाषा-सम्बन्धी विकार है। देखा यह भी गया है कि अविकृत, दुरुस्त भाषा विकास में ज़बरदस्त अवरोध के सहअस्तित्व में रह सकती है। इस सन्दर्भ में क्रिस्टफ़र का विख्यात

उदाहरण है जिस का मस्तिष्क जन्म के समय कपालोद् वृद्धि की वजह से क्षतिग्रस्त (हाइड्रोसेफ़ैलिक ब्रेन डैमेज) था, और जिस का विकास ज़बरदस्त अवरोध का शिकार था, लेकिन इस के बावजूद वह अद्वितीय और विलक्षण भाषाई क्षमताओं का मालिक था। वह किन्हीं 20 से 25 भाषाओं में पढ़-लिख सकता था और सम्प्रेषण भी कर सकता था (स्मिथ और सिम्पली, 1995)।

चॉम्स्की के जन्मजातीय, सहजज्ञानवादी विचार छोटे बच्चों के आज के भाषा-शिक्षकों के लिए एक गम्भीर-गहरे सवाल की ओर इशारा करते हैं। अन्तर्निहित, जन्मजात गुण का कितना हिस्सा भाषाई ज्ञान की रचना में शामिल है? चॉम्स्की का जवाब नवम्बर 1992 में बार्सिलोना में हुई 'क्रिएशन एण्ड कल्चर कान्फ्रेंस' में उन द्वारा रखी गई टिप्पणी से मिलता-जुलता ही होगाः

शिक्षण की अधिकतर समस्याएँ विकास की समस्याएँ नहीं हैं बल्कि विकास को बढ़ावा देने में मदद से सम्बन्धित हैं।... सामान्यतः बच्चे सीखने की रुचि के साथ आते हैं, और शिक्षा की प्रक्रिया उस कमी को उनके दिमागों से बाहर निकालने का एक तरीका है। लेकिन यदि बच्चों की..., सामान्य, साधारण दिलचस्पी बनी रहती है या जागृत भी कर दी जाती है, तो वे हर प्रकार का बहुत कुछ कर सकते हैं और ऐसे तरीकों से कर सकते हैं जिन्हें हम समझ नहीं पाते।

इसलिए यह सवाल करना महत्वपूर्ण है कि क्या हम द्वारा इस्तेमाल की जा रही कार्यप्रणाली यह मान कर चलती है कि प्रथम या द्वितीय भाषा का ज्ञानार्जन मूल रूप से चित्रात्मक है- और यह प्रक्रिया निगमनात्मक (डिडक्टिव) स्वीकार्य सिद्धांत से निष्कर्ष की ओर जाने की) है, जिस में भाषा सीखने के लिए रटन्त के आधार पर याद करना, कर के दिखाना (रोल प्लेइंग), विन्यास सम्बन्धी कार्याभ्यास और आदत डालने पर बल देना ज़रूरी है? ये सब व्यवहारवादी मान्यताएँ हैं। प्रथम या द्वितीय भाषा का व्याकरण के माध्यम से सिखाया जाना वास्तव में भाषा-शिक्षण है ही नहीं क्योंकि असल में तो इस के तहत पूर्व निर्धारित नियमों की एक व्यवस्था सिखाई जाती है, जिसे कुछ भाषाविदों/व्याकरणविदों द्वारा भाषा की व्याख्या करने के लिए सुझाया गया है, बस। विद्यार्थियों को यह बताना कि इन्फिनिटिव को एड्वर्ब (क्रिया-विशेषण) से अलग नहीं किया जाना चाहिए, और कुछ नहीं है सिवाय इस के कि उन्हें एक सौन्दर्यशास्त्रीय चुनाव करना सिखाया जा रहा है। यानी 'सही' रूप (आइ वान्ट टु क्विक्लि टेल यू) नहीं बल्कि (आइ वान्ट टु टेल यू) क्विक्लि है- क्योंकि अंग्रेज़ी बोलने वाले सभी मूल निवासी सहमत हैं कि दोनों विकल्प व्याकरण की दृष्टि से सही हैं।

विद्यार्थियों को सिखाना कि वाक्य 'आइ एम रीडिंग' का व्याकरणीय स्वरूप

प्रेजेन्ट प्रोग्रेसिव है। यह उन्हें भाषा सिखाना नहीं, व्याकरण सिखाना है। यह सही है कि सीखने का एक अहम पहलू व्याकरणीय विश्लेषण की समझ बनाना भी है, लेकिन यह एक विकसित और परिष्कृत योग्यता/दक्षता है जो बहुत छोटे बच्चों के लिए उपयुक्त नहीं है। हमारे शिक्षण के केन्द्र में यह समझ होनी चाहिए कि बच्चे पहले से ही अपनी प्रथम भाषा जानते हैं, और इस ज्ञान को अन्य भाषाएँ सीखने-सिखाने के लिए प्रयोग में लाया जा सकता है। और आखिर में यह भी समझना होगा कि लिखने पर ध्यान केन्द्रित करना महत्वपूर्ण तो है लेकिन यह इस कीमत पर नहीं होना चाहिए कि बच्चे नई शब्दावली सीखते हुए भाषा के अपने विकसित होते ज्ञान को 'सक्रिय' करने के लिए प्रोत्साहित होने से रह जाएँ। भाषा सीखने की प्रक्रिया का यह अकेला ऐसा पक्ष है जो जीवन भर जारी रहता है। बच्चों को वाक्य-संरचना निर्माण के उन सब पहलुओं को भी प्रयोग में लाने से नहीं रोका जाना चाहिए जिन के लिए उन में अन्तर्निहित क्षमता होती है।

जन्मजात क्षमता से सम्बद्ध दलील की जानकारी और जागरूकता से हम इस काबिल भी बनने चाहिएँ कि उन साधनों की भी पड़ताल कर सकें जिन के माध्यम से भाषा-शिक्षण किया जाता है। पाठ्यपुस्तकें, कहानियों की किताबें, रीडर इत्यादि। हम गलतफहमी का शिकार हो सकते हैं कि कोई विशेष पाठ भाषा का कोई विशेष पहलू 'सिखाता' है लेकिन अक्सर तो पाठ की विषयवस्तु बच्चे के भाषाज्ञान की पीठ पर लदी हुई ही आती है। उदाहरण के लिए, कोई भी पाठ्यपुस्तक कभी भी हिन्दी के शब्द 'अपने आप' या अंग्रेज़ी में 'देम्सेल्व्ज़' के प्रयोग की भाषागत विशेषताओं की व्याख्या करने की कोशिश नहीं करेगी। असल में तो भाषा की कई निर्णायक विशेषताएँ पाठों की विषयवस्तु होतीं ही नहीं। चॉम्स्की द्वारा दिए गए उदाहरण (1983) की ओर ध्यान दें जो यह दर्शाता है कि बच्चों के पास कैसा कमाल का ज्ञान होगा जिस के बल पर वे अपने माँ-बाप की कही बातों को संसाधित कर लेते हैं, ग्रहण करते हुए समझ लेते हैं। (और यह वे स्वयं ऐसी ही बातें कर पाने से भी पहले कर पाते हैं!):

वाक्य "जॉन बिलीव्ज़ ही इज़ इन्टेलिजेन्ट" को लें। ठीक है, हम सब जानते हैं कि "ही" जॉन के लिए भी प्रयोग हो सकता है या फिर किसी अन्य के लिए भी। इस लिए वाक्य अस्पष्ट है। इस का अर्थ हो सकता है कि जॉन की समझ है कि वह, यानी जॉन, बुद्धिमान है। या यह भी, कि कोई अन्य है जो बुद्धिमान है। दूसरी ओर, इस वाक्य को लीजिए। "जॉन बिलीव्ज़ हिम टू बी इन्टेलिजेन्ट"। यहाँ सर्वनाम "हिम" जॉन के लिए नहीं हो सकता। वह किसी और के लिए ही प्रयोग हो सकता है।

क्या हमारे बचपन में किसी ने भी हमें अंग्रेज़ी की सर्वनामों की इस विशेषता के बारे में सिखाया था? किसी व्यक्ति तक ऐसी जानकारी पहुँचाने वाली प्रशिक्षण व्यवस्था के बारे में कल्पना करना भी मुश्किल होगा। लेकिन फिर भी हर किसी को इस बारे में मालूम होता है। हर कोई यह जानता है, बिना अनुभव के, बिना प्रशिक्षण के, और काफी शुरु की उम्र में।

यानी बच्चे स्थिति अनुसार सही वाक्य संरचना का ही प्रयोग करेंगे।

भाषा-शिक्षण की कार्यप्रणालियों पर 'चॉम्स्की की क्रांति' का महत्वपूर्ण प्रभाव रहा है, विशेष तौर से विषयवस्तु-आधारित सम्प्रेषण पद्धतियों के विकास में। ये पद्धतियाँ शिक्षार्थी की सक्रिय भागेदारी को गतिविधि के केन्द्र में रखती हैं, और इन का उद्देश्य भाषा से सम्बन्धित उपयुक्त निवेश (इनपुट) देना और सम्प्रेषण की सामर्थ्य बढ़ाना है। लेकिन इस के अलावा 'चॉम्स्की की क्रांति' के और भी फल हैं जिन्हें उठाना अभी बाकी है। इन में से एक का सम्बन्ध मातृभाषा-शिक्षा तथा बहुभाषा-ज्ञानार्जन के लिए चोम्स्कियन क्रांति के निहितार्थ से है।

हम ने इसका ज़िक्र अब तक नहीं किया है, लेकिन चॉम्स्की के परिप्रेक्ष्य का तर्क है कि जन्मजात क्षमता की व्यवस्था और कार्यविधान बच्चों को इस काबिल बनाता है कि वे उन के परिवेश में निवेश(इनपुट) के माध्यम से उपलब्ध सब भाषाओं को ग्रहण कर पाएँ। अगर बच्ची के माता-पिता उस से दो भाषाओं में बात करते हैं । मसलन, मलयालम और बाँग्ला तथा उस के साथ खेलने वाले बच्चे और उस का ध्यान रखने वाले अन्य लोग उस के साथ हिन्दी में बात करते हैं, तो वह बचपन में ही कम से कम तीन भाषाएँ हासिल कर लेगी। पाँच साल की होते-होते वह तीनों में ही लगभग बराबर महारत हासिल कर चुकी होगी (बशर्त कि भाषा-निवेश लगातार चले और उसे तीनों भाषाएँ प्रयोग करने से हतोत्साहित न किया जाए)। देखा गया है कि बच्चों के स्कूल जाने पर यह प्रारम्भिक बहुभाषीयता धीरे-धीरे कमज़ोर पढ़ने लगती है, और कुछ भाषाएँ बस घर तक ही सीमित रह जाती हैं, और बहुत बार धीरे-धीरे प्रयोग से निकलती चली जाती हैं। लेकिन कल्पना कीजिए एक ऐसे स्कूल की, जहाँ सब बच्चों की भाषाओं को प्रोत्साहन मिलता हो, जहाँ घर के लिए दिए गए काम में बस एक या दो प्रभुत्वशाली भाषाओं में ही नहीं बल्कि उस से अधिक में कविता सीखना शामिल हो, और जहाँ ये अन्य भाषाएँ भी कक्षा में बच्चों के साथ आएँ, रहें और साझा की जाएँ - इस संसार में बच्चों का बोधात्मक विकास और भाषाई रचनात्मकता अधिक तेज़ी से बढ़ेंगे और वे भिन्नताओं और अन्य लोगों के अधिकारों के बारे में अधिक जागरूक होंगे। ऐसे परिदृश्य में हालाँकि शिक्षा तो अन्ततः शायद एक या दो भाषाओं की दिशा में ही बढ़ेगी लेकिन शुरुआती

बहुभाषाई संसाधनों की समृद्धता इस बदलाव को आसान कर देगी।

जिस संसार में हम जी रहे हैं, उस में अधिकतर नहीं तो बहुत से बच्चे ऐसी भाषा में शिक्षा हासिल करते हैं जिसे उन्होंने अपने वातावरण में कभी भी सुना नहीं होता। यह भाषा अंग्रेज़ी तो हो ही सकती है, वह कोई क्षेत्रीय भाषा भी हो सकती है जो उन के घर में नहीं बोली जाती। इस से बच्चे पर एक बहुत ही बघ बोधात्मक बोझ लद जाता है क्योंकि उस से एक ऐसे माध्यम से 'ज्ञान' प्राप्त करने की अपेक्षा की जाती है जिसे वह समझता/समझती नहीं है। इस की वजह से उस में और उन बच्चों में जिन की पहुँच शिक्षा की भाषा तक है, एक बुनियादी असमानता पैदा हो जाती है। और यह ऐसी असमानता है जो सच्चे ज्ञान-निर्माण की इमारत का काम नहीं कर सकती।

सन्दर्भ :

चॉम्स्की, एन.(1959). अ रिव्यू ऑफ बी.एफ.स्किनर्स वर्बल बिहेवियर. लैंग्वेज, 35, 26-58.

चॉम्स्की, एन.(नवम्बर 1983). थिंग्ज़ नो अमाउन्ट ऑफ लर्निंग कैन टीच, नोम चॉम्स्की इर्न्टव्यूड बाइ जॉन ग्लीड्मन, ओम्नी, 6, 11. नो पेज नम्बर्स. रिट्रीव्ड फ्रॉम http://www-chomsky-info/interviews/198311-htm on 14 December 2012.

पिंकर, एस. (1994). द लैंग्वेज इंस्टिंक्ट. न्यू यॉर्क : मॉरो।

पिंकर, एस. (1995). लैंग्वेज एक्विज़िशन. व्हाइ द चाइल्ड होल्डिड द बेबी रैबिट्सः अ केस स्टडी इन लैंग्वेज एक्विज़िशन. इन एल.आर. ग्लाइटमन, एम.लाइबरमन, एण्ड डी.एन. ऑशर्सन (एडिटर्स), एन इंविटेशन टू कॉगनिटिव सायंस. वॉल्यूम 1ः लैंग्वेज, पेजिज़ 107-1३3 केम्ब्रिज, एम ए : एम आइ टी प्रेस.

स्मिथ, एन. एण्ड सिम्पलि, आइ.एम. (1995). द माइंड ऑफ अ सावन्तः लैंग्वेज लर्निंग एण्ड मॉड्युलैरिटी. ऑक्सफोर्डः ब्लैकवैल.

लेखिका के बारे में : आयशा किदवई (पीएच.डी, लिंग्विस्टिक्स, जे.एन.यू) जे.एन.यू., दिल्ली में एसोसिएट प्रोफेसर ऑफ लिंग्विस्टिक्स हैं। जनरेटिव सिन्टैक्स और मॉर्फोलजी, भाषा-दर्शन, अंग्रेजी की राजनीति और भाषा-विकास के विशेष सन्दर्भ में लिंग्विस्टिक थेअरी उन की दिलचस्पी के विशेष क्षेत्रों में शामिल है। ayesha.kidwai@gmail.com

अनुवादक : रमणीक मोहन। स्वतंत्र रूप से लेखन एवं अनुवाद का कार्य करते हैं।

स्रोत : लेंग्वेज एंड लेंग्वेज टीचिंग 2.1.3ः 57-61, जनवरी, 2013.

पुस्तक समीक्षा

मस्ती की पाठशाला (हिन्दी)

लेखक : कमलानन्द झा; समीक्षक : परमानन्द झा

(नई दिल्ली: प्रकाशन विभाग, सूचना एवं प्रसारण मंत्रालय, भारत सरकार

ISBN : 978-81-230-1621-4, पृष्ठ 153)

ख्यातिप्राप्त ब्रिटिश कवि स्टीफन स्पेंडर अपनी प्रसिद्ध कविता "An Elementary School Classroom in a slum" (झुग्गी झोपड़ियों के एक प्रारंभिक स्कूल की कक्षा) में ज़मीनी वास्तविकता की तस्वीर प्रस्तुत करते हैं। कक्षा की चारदीवारी में घिरे स्कूली बच्चों के बुझे हुए चेहरे, कक्षा की दीवारों पर टँगे शेक्सपियर, टीरोल वेली और विश्व के मानचित्र, उन बच्चों की रुचियों, दिलचस्पियों से कोसों दूर हैं जो सामाजिक व आर्थिक रूप से पिछड़ी पृष्ठभूमि से आते हैं। उनकी दुनिया झुग्गी झोपड़ियों की धुँधली दुनिया का प्रतिनिधित्व करती है।

स्पेंडर अपनी कविता के अन्त में इस बात पर ज़ोर देते हैं कि शिक्षा ऐसी हो जो इन बच्चों को प्रकृति व ज़िंदगी के साथ पुनः सम्बन्ध स्थापित करने में मददगार हो। कमलानन्द झा की यह पुस्तक 'मस्ती की पाठशाला' स्पेंडर के इस दृष्टिकोण का न केवल काफी हद तक समर्थन करती है वरन यह भारत में स्कूली शिक्षा के विभिन्न मुद्दों व सरोकारों की भी विस्तारपूर्वक छानबीन करती है। यह पुस्तक झा द्वारा स्कूली शिक्षक की भूमिका में हासिल किए गए व्यक्तिगत अनुभवों व जे. एन.यू. में एक शोध विद्यार्थी के रूप में की गयी खोजों पर आधारित है। पुस्तक स्कूल में सीखने-सिखाने से सम्बन्धित लगभग सभी पहलुओं को समाविष्ट करती है।

पुस्तक में कुल 14 अध्याय हैं। ये दो बराबर भागों में बाँटे गये हैं। सभी अध्यायों का परिचय उम्दा है। पहला भाग कुछ इस तरह के मुद्दों पर केन्द्रित है- पाठ्यपुस्तकों की भूमिका व उनकी प्रासंगिकता; प्रश्नों को स्थान देने वाली शिक्षा; शिक्षक व छात्रों की आत्म-छवि; आधुनिक शिक्षा का सांस्कृतिक सन्दर्भ व बाल पत्रिकाओं की भूमिका। पुस्तक का दूसरा भाग होमवर्क के विभिन्न पहलुओं

को समझने का प्रयास करता है यथा- होमवर्क का औचित्य व उसकी चुनौतियाँ इत्यादि। साथ ही यह कविता, कहानी, नाटक, निबन्ध, सामाजिक विज्ञान और व्याकरण सिखाने के दिलचस्प तरीके भी सुझाती है।

झा के अनुसार पाठ्यपुस्तकें सीखने-सिखाने के लिये महत्त्वपूर्ण हैं। लेकिन वे बच्चों की ज़िंदगी व उनकी पृष्ठभूमि से सम्बन्धित (Child Oriented) होनी चाहिये। राजनीति, सामुदायिकता व साम्प्रदायिकता से मुक्त होनी चाहिये तथा योग्य व प्रशिक्षित शिक्षकों द्वारा पढ़ाई जानी चाहिये। शिक्षक ऐसे हों जो बच्चों के मनोविज्ञान को समझें और जाति व वर्ग जैसे मुद्दों से ऊपर उठकर बात कर सकें।

झा की चिन्ता यह है कि शिक्षकों हेतु यथायोग्य प्रशिक्षण कार्यक्रम होने चाहिये, ताकि वे स्कूल में पिछड़ी पृष्ठभूमि से आने वाले बच्चों की आवश्यकताओं को देखते हुए उपयुक्त कार्यक्रम बना सकें। एन.सी. ई. आर. टी. द्वारा अभी हाल ही में किया गया सर्वे भी झा की इस चिन्ता का समर्थन करता है। इस सर्वे में पूरे भारत से 6602 स्कूलों के कक्षा पाँच के एक लाख से भी अधिक छात्र सम्मिलित थे। सर्वे में यह पाया गया कि "गणित, पर्यावरण व भाषा में काफी विस्तृत तरह के प्रश्नों के बावजूद भी अनुसूचित जाति व अनुसूचित जनजाति पृष्ठभूमि से आने वाले छात्रों का प्रदर्शन सामान्य जाति के छात्रों से काफ़ी खराब था।" (द टेलीग्राफ, 14 सितम्बर, 2012)

झा का यह मानना है कि बच्चों को चुप करके अनुशासित करने की बजाय उनमें जिज्ञासु बनने की प्रवृत्ति को प्रोत्साहित करना चाहिए। अध्याय "आधुनिक शिक्षा का नचिकेता" में झा स्पष्टता से यह स्वीकार करते हैं कि बच्चों के लिए शिक्षा अब एक रुचिपूर्ण व आनन्ददायी गतिविधि न होकर उबाऊपन का स्रोत बन चुकी है। जब परीक्षा में अंक पाना ही एकमात्र व अन्तिम लक्ष्य बन चुका है तो शिक्षित करने का उद्‌देश्य भी एक निरर्थक अभ्यास बन कर रह गया है।

झा के अनुसार अपनी संस्कृति से विलगाव ने ही परम्पराओं व आधुनिकता की दरार को बढ़ाया है और यही आधुनिक शिक्षा की सबसे बड़ी विडम्बना है। सीखने-सिखाने के पारम्परिक व आधुनिक तरीकों के बीच संतुलन बैठाकर ही हम हमारी शिक्षा को अर्थपूर्ण व प्रासंगिक बना सकते हैं। झा अपनी पुस्तक में गिजुभाई बधेका, प्रकाश चंद्र शुक्ला, अनिल सद्‌गोपाल, कृष्ण कुमार व रमाकान्त अग्निहोत्री का ज़िक्र करते हैं, जिन्होंने शिक्षा के क्षेत्र में महत्त्वपूर्ण योगदान दिया है व देश में कई बहसों व चर्चाओं को शुरू किया है। उनके द्वारा लिखी गयी पुस्तकों ने शिक्षकों को विभिन्न कौशलों को पैना करने में मदद की है। झा सीखने-सिखाने का स्तर बढ़ाने के लिए विशेषरूप से तीन पत्रिकाओं को पढ़ने का सुझाव देते हैं एकलव्य भोपाल द्वारा प्रकाशित 'सन्दर्भ' तथा एन.सी.ई.आर.टी,

दिल्ली द्वारा प्रकाशित 'प्रायमरी शिक्षक' व 'भारतीय आधुनिक शिक्षा।'

पुस्तक का अन्तिम अध्याय पुस्तकों और उनके चयनित हिस्सों को लोगों द्वारा अपने लाभ/स्वार्थ हेतु प्रतिबंधित करने के प्रयासों की निन्दा करता है। साथ ही सशक्त रूप से यह समर्थन करता है कि हाशिये पर डाल दी गई। सामग्री को केन्द्र में होना चाहिए।

पुस्तक का दूसरा भाग शुरू होता है सामाजिक विज्ञान सीखने-सिखाने के दौरान आने वाली वास्तविक चुनौतियों व उनसे निपटने के लिए तरीकों से। झा कहते हैं कि इतिहास शिक्षण के लिए शिक्षक में स्पष्टता (objectivity) व निष्पक्षता का होना ज़रूरी है। साथ ही यह भी ज़रूरी है कि शिक्षक के पास एक ऐतिहासिक दृष्टिकोण हो। भूगोल व नागरिक शास्त्र बच्चों को आसपास के वातावरण/स्थितियों से जोड़कर, समूह में कार्य व गतिविधि देकर रुचिपूर्ण बनाए जा सकते हैं।

होमवर्क देते समय शिक्षक को यह पता होना चाहिए कि एक ही कक्षा में विद्यार्थियों का स्तर अलग-अलग हो सकता है। आगे के पाँच अध्याय कहानी, कविता, नाटक, निबंध, और व्याकरण को रुचिकर और आनन्ददायी तरीकों से पढ़ाने की खोजबीन करते हैं। इन विभिन्न शैलियों को पढ़ाने के पारंपरिक तरीकों की भी लेखक समालोचनात्मक दृष्टि से छानबीन करते हैं। पुस्तक के अन्त में झा यह दावा करते हैं कि नए तरीकों को लाने के लिए हमें पुराने तरीकों को छोड़ना होगा ताकि बच्चे पढ़ी जाने वाली सामग्री से जुड़े रह सकें व उसमें रुचि ले सकें।

मस्ती की पाठशाला एक बुनियादी पुस्तक है जो यह मानती है कि शिक्षा सामाजिक, सांस्कृतिक व आर्थिक वातावरण में बढ़ती भी है व उससे प्रभावित भी होती है। जैसा कि स्टीफन स्पेंडर कहते हैं शिक्षा को छात्रों में स्वतंत्रता व आनन्द की भावना का संचार करना चाहिए। झा कहते हैं कि सीखने-सिखाने में मज़े का पुट भी होना चाहिये ताकि बच्चे सीखने के साथ-साथ अपने बचपन को भी बचा कर रख पायें।

समीक्षक के बारे में : परमानन्द झा (पीएच.डी., एल. एम. एन. यु.) सी. एम. महाविद्यालय, दरभंगा में वरिष्ठ व्याख्याता व अंग्रेज़ी विभाग के विभागाध्यक्ष हैं। डॉ. झा को स्नातक व पूर्व स्नातक कक्षाओं को पढ़ाने का समृद्ध अनुभव है।

pnjha10@rediffmail.com

अनुवादक : रजनी द्विवेदी, विद्या भवन शिक्षा सन्दर्भ केन्द्र, उदयपुर (राज.)।

स्रोत : लेंग्वेज एण्ड लेंग्वेज टीचिंग 2.1.3: 65-67, जनवरी, 2013.

मेरी बड़ी किताब

लेखक : फ्रांज़ होलर; समीक्षक : मुकुल प्रियदर्शिनी

(हिन्दी अनुवाद- अमृत मेहता, वाणी प्रकाशन, दिल्ली, प्रथम संस्करण : 2009, हिन्दी संस्करण : 2012; पृष्ठः 316, ISBN : 978-93-5072-205-3)

मेरी बड़ी किताब- छोटी कहानियों का यह अनुवादित संग्रह, हिन्दी बाल साहित्य में एक मूल्यवान योगदान है। फ्रांज़ होलर स्विट्जरलैंड से हैं। वे न केवल एक प्रसिद्ध लेखक हैं बल्कि एक अच्छे कैबरे कलाकार भी हैं। विडम्बना यह है कि हमारे देश में अभी तक भी बच्चों के लिए लिखना लेखकों के लिए एक गंभीर व गुजारा करने लायक व्यवसाय नहीं बना है। दूसरी बात यह कि बाल साहित्य के विभिन्न तरह के स्वरूपों, प्रस्तुतियों व विषयवस्तु की भी कमी है। वे बच्चे जो हिन्दी व अन्य भारतीय भाषाएँ पढ़ते हैं उन्हें विश्व साहित्य से रूबरू होने का मौका मुश्किल से ही मिल पाता है। (अब तो रादुगा प्रकाशन द्वारा प्रकाशित रूसी कहानियों के हिन्दी अनुवाद भी मुश्किल से उपलब्ध हो पाते हैं, जो कि पुरानी पीढ़ी के लिए एक तरह से रोज़ की खुराक हुआ करते थे।)

इस संग्रह की कहानियाँ मूल रूप से स्विस में लिखी गयी हैं। इन सभी कहानियों में वे विशेषताएँ मौजूद हैं जो फ्रांज़ होलर के साहित्य को चिन्हांकित करती हैं। उनकी कहानियाँ वास्तविकता व कल्पना के बीच डोलती हैं। उनमें एक बयान होता है जिसकी जड़ें कोरी कल्पना (फंतासी) में गुँथी होती हैं। लेकिन इन कहानियों में फंतासी भी ऐसी है कि वह उन पाठकों को भी मोह लेगी जो अमूर्त चीज़ों को विशेष पसन्द नहीं करते। ऐसा इसलिए क्यों कि ये कहानियाँ हमारे वास्तविक व रोज़ के संसार से सन्दर्भित हैं। होलर की कहानियों में फंतासी का उद्देश्य पाठक को सम्मोहित करना अथवा हैरान करना नहीं है बल्कि फंतासी कहानियों में हल्का-सा चित्रकथा व हास्य का तत्व भी जोड़ती है। उदाहरण के लिए एक चिमनी का गला खराब होने पर डाक्टर से मिलने जाना (साफ-साफ मामला, पृ. 155), और श्रीमान टोग के कपड़ों का उनके ऑफिस जाना, उनके

द्वारा किये जाने वाले कार्यों को पूरा करना क्यों कि श्रीमान टोग समय पर उठने से मना कर देते हैं (श्रीमान टोग के कपड़े पृ. 137)। इन कहानियों में विभिन्न तरह की क्यों व कैसे वाली कहानियाँ भी सम्मिलित हैं (जैसे मेंढक और टूथपेस्ट पृ. 152), चीज़ों का इतिहास बताने वाली कहानियाँ (जैसे बीमार बहाने या नर्सें, पृ. 266) और एक कहानी जिसके सात अलग-अलग अन्त हैं (लोहार और नानबाई, पृ. 168) जो कि बच्चों को दी गई स्थिति के बारे में विचार व विश्लेषण करने को बाध्य करती है।

इस संग्रह की बहुत सी कहानियों की सर्वोत्कृष्ट होलर विशेषता है, इनकी सामाजिक उपयुक्तता। ये अनकहे ही समाज की समस्याओं को रेखांकित करती हैं (जैसे कि शहर में वन की ज़मीन, पृ. 253)। इस तरह होलर की कहानियाँ विषय वस्तु, स्वरूप व क्राफ्ट में उन कहानियों से फ़र्क हैं जो भारतीय बच्चों को पढ़ने के मज़े के लिए मिलती हैं। जहाँ एक तरफ ये कहानियाँ बच्चों को एक ताज़गी भरा अहसास कराती हैं वहीं दूसरी तरफ ये उनको एक फ़र्क संस्कृति से रूबरू भी करवाती हैं। असल में ये कहानियाँ कक्षा में शिक्षकों के उपयोग हेतु भी एक अच्छी संसाधन सामग्री हैं। हिन्दी संस्करण का एक मुख्य आकर्षण इसके मौलिक रंगों में बने हुए चित्र भी हैं।

यह ज़रूर है कि पुस्तक थोड़ी भारी है। ज्ञान की पृष्ठभूमि व अमूर्तता के सन्दर्भ को देखें तो कहानियाँ अलग-अलग स्तरों की हैं। लेकिन शिक्षक, कक्षा की ज़रूरतों व स्तर को ध्यान में रखते हुए किसी कहानी विशेष का चुनाव कर सकते हैं ताकि बच्चे कहानी का मज़ा ले पाएँ।

समीक्षक के बारे में : मुकुल प्रियदर्शिनी दिल्ली विश्वविद्यालय के मिराण्डा हाउस में बी. एल. एड. पढ़ाती हैं। एन.सी.ई. आर.टी., एस.सी. ई.आर.टी. की प्रारम्भिक कक्षाओं की हिन्दी पाठ्यपुस्तक निर्माण, एन.सी.ई.आर.टी. के हिन्दी पाठ्यक्रम व एन.सी.एफ. 2005 दस्तावेज़ के निर्माण में भी उनका योगदान है।

mukulpriya@yahoo.co

अनुवाद : रजनी द्विवेदी, विद्या भवन शिक्षा संदर्भ केन्द्र, उदयपुर (राज.)।

स्रोत : लेंग्वेज एण्ड लेंग्वेज टीचिंग 2.1.3: 70, जनवरी, 2013.

लेंग्वेज टीचिंग गेम्स एंड कांटेस्ट

लेखक : डब्ल्यू. आर. ली; समीक्षक : सुरंजना बरूआ

(ऑक्स्फोर्ड यूनिवर्सिटी प्रेस, यू. के., प्रथम संस्करणः 1979/1994 ; पृष्ठः 214, ISBN: 0914327167 पेपर बेक)

लेंग्वेज टीचिंग गेम्स एंड कांटेस्ट भाषा शिक्षण हेतु एक उत्कृष्ट पुस्तक मानी जाती है। यह पुस्तक भाषा शिक्षण को प्रभावपूर्ण व आनन्ददायी बनाने के लिए डिज़ाइन की गयी है। यद्यपि इसमें सभी आयु वर्ग व अलग-अलग भाषायी स्तर के समूहों हेतु विभिन्न तरह की गतिविधियाँ व खेल सम्मिलित हैं, लेकिन विशेष तौर पर यह बड़ी कक्षाओं के लिए उपयुक्त है। इसमें कुल दस अध्याय हैं। प्रत्येक अध्याय की शुरुआत संक्षिप्त परिचय से होती है और उसके बाद आता है खेल का विवरण। सभी अध्यायों के उपयुक्त शीर्षक हैं- स्ट्रक्चर गेम्स, वोकेब्लरी गेम्स, स्पेलिंग गेम्स, प्रनन्सिएशन गेम्स, नंबर गेम्स, लिसन एंड डू गेम्स, रीड एंड डू गेम्स, गेम्स एंड राइटिंग, माइमिंग एंड रोल प्ले, लेंग्वेज क्लब गेम्स, एंड डिसकशन गेम्ज़।

इस पुस्तक का आधारभूत विश्वास यह है कि भाषा विभिन्न परिस्थितियों में उपयोग करके व संवाद करके सीखी जाती है। खेलों के माध्यम से भाषा-शिक्षण न केवल विद्यार्थियों द्वारा भाषा के उपयोग को बेहतर करने में मदद करता है, (अमूमन खेल दूसरों को पीछे छोड़कर आगे बढ़ने के लिए खेले जाते हैं) बल्कि सभी की भागीदारी होने पर कक्षा आनन्ददायी भी हो जाती है। भाषायी खेलों से विद्यार्थियों का एक फ़ायदा यह है कि प्रायः ये सीखने वालों का ध्यान, भाषाविज्ञान में जो भाषा का रूप होता है उससे हटा लेते हैं। "वे भाषा के बारे में सोचना बन्द कर देते हैं और बदले में रुचिपूर्वक, भाषा सीखने की एक चाह रखते हुए भाषा का उपयोग करने लगते हैं जैसे कि वह भाषा न होकर कुछ और हो (पृ.2-3)।" एक सफल और रुचिपूर्ण संवाद का दोहरान भाषा सीखने का एक मज़ेदार और उत्साही तरीका है। प्रत्येक अध्याय भाषा शिक्षण के विभिन्न पहलुओं से सम्बन्धित

भिन्न-भिन्न खेल सुझाता है। उदाहरणार्थ अध्याय 1 ''स्ट्रक्चर गेम'' प्रस्तुत करता है। यह सीखने वाले को सीखी जाने वाली भाषा के सिंटेक्स (वाक्य संरचना) से रूबरू करवाता है। 'गेसिंग गेम्स' (बूझो तो जानें) भी इस पुस्तक में सम्मिलित हैं और ये बच्चों को उनके अनुसार सही उत्तर को अभिव्यक्त करने के लिए प्रोत्साहित करते हैं। यह प्राथमिक स्तर पर भी सीखे जा सकते हैं (उदाहरणः हाँ/ना प्रकार के उत्तर), माध्यमिक स्तर पर भी (उदाहरणः शब्दावली का दोहरान यहाँ/वहाँ प्रकार के प्रश्नों द्वारा) और उच्च स्तर पर भी (उदाहरण : परिस्थितिजन्य/परिकल्पित जैसे मैं वहाँ जाऊँगा...और काल/ reported speech)। इसी तरह अध्याय 2 से 5 में शब्द, वर्तनी, उच्चारण, संख्याओं से सम्बन्धित बहुत से उदाहरण हैं जो प्राथमिक, माध्यमिक और उच्चतर कक्षाओं में सीखने-सिखाने हेतु उपयुक्त होंगे। अध्याय 6 और 7 विशेष तौर पर इसलिये उपयोगी होंगे क्योंकि वे भाषा सीखने वालों के पारम्परिक सुनने व बोलने के कौशल से सम्बन्धित हैं। अध्याय-6 में ऐसे खेल सम्मिलित हैं जो कहानी अथवा चित्रों के माध्यम से, मौखिक आदेश, सुनना व अभिव्यक्त करना आदि को समझने में मदद करते हैं। अध्याय 7 में विभिन्न तरह के खेल हैं जो अनजान लिखित माध्यम में जाने-पहचाने आदेशों के जवाब देने में मदद करते हैं और इस तरह शब्द पहचानने में मदद करते हैं। अध्याय 8 अर्थपूर्ण लिखित अभ्यासों से परिचय करवाता है (प्रारम्भिक कक्षा स्तर के खेल जो सीखने वालों को वर्णों के आकार से परिचित करवाते हैं : A झोपड़ी की तरह है, S साँप की तरह है, ...से लेकर उच्च स्तर के खेल जिसमें वाक्यों को जोड़ने जैसे खेल भी सम्मिलित हैं) और अन्तिम अध्याय 9 व 10 में माईम, रोल प्ले और चर्चाएँ जो पूरी कक्षा की भागीदारी व आनन्द को सुनिश्चित करती हैं। छोटी-सी यह पुस्तक सभी शिक्षक प्रशिक्षण कार्यक्रमों हेतु ''ज़रुरी पठन सामग्री'' की सूची में होनी चाहिए।

समीक्षक के बारे में : सुरंजना बरूआ दिल्ली विश्वविद्यालय से पीएच.डी. हैं। वर्तमान में सेन्टर फॉर आसामीज़ स्टडीज़, तेजपुर विश्वविद्यालय आसाम में कार्यरत हैं। इनकी रुचि के क्षेत्र हैं; संवाद विश्लेषण, भाषा शिक्षण, जेन्डर स्टडीज़ और ट्रांसलेशन स्टडीज़।

suranjana.barua@gmail.com

अनुवादक : रजनी द्विवेदी, विद्या भवन शिक्षा सन्दर्भ केन्द्र, उदयपुर (राज.)।

स्रोत : लेंग्वेज एण्ड लेंग्वेज टीचिंग 2.1.3: 69, जनवरी 2013.

अ कोर्स इन लेंग्वेज टीचिंग : प्रेक्टिस एंड थ्योरी

लेखक : पेनी अर; समीक्षक : सुरंजना बरूआ

(सिंडीकेट प्रेस, केम्ब्रिज युनिवर्सिटी, 1996/2005, ISBN : 0-521-67137-X पेपर बेक)

पैनी अर की पुस्तक 'अ कोर्स इन लैंग्वेज टीचिंग' (भाषा शिक्षण का एक कोर्स) के बारे में सबसे अच्छी बात यह है कि यह आसानी से समझ आने वाली है।

कुल सात भागों में विभाजित इस पुस्तक में 22 मॉड्यूल हैं। इन मॉड्यूलों में विभिन्न तरह की गतिविधियाँ सम्मिलित हैं जैसे अभ्यास गतिविधि- बच्चे ने क्या सीखा है यह जाँचने हेतु, पढ़ने से सम्बन्धित, पाठयोजना आदि नियमित कक्षाओं के साथ ही साथ बड़ी व विविधता वाली व अन्य कक्षाओं हेतु भी। साथ ही प्रत्येक मॉड्यूल में बड़ी ही सावधानी से सैद्धान्तिक व व्यावहारिक पहलुओं को गुंथा गया है।

हर मॉड्यूल में एक पृथक इकाई भी है जिसमें कि निम्न बिन्दुओं को बताया गया है-

(i) इनपुट इसके अन्तर्गत मुख्य रूप से पेशेवरों, विद्वानों व शोधकर्ताओं द्वारा दिये गये विचारों की पृष्ठभूमि की जानकारी को देते हुए इन सभी का एक सारांश प्रस्तुत करने का प्रयास है।

(ii) अनुभव आधारित कार्य सीखने-सिखाने के अनुभवों पर आधारित कार्य, जो कि पाठ के अवलोकन, कक्षा कक्ष शिक्षण, माइक्रो टीचिंग (सूक्ष्म शिक्षण), और प्रयोगों पर आधारित है।

(iii) टास्क जो कि भाषा शिक्षण से सम्बन्धित मुद्दों व भाषा के सम्बन्ध में बने व्यक्तिगत सिद्धान्तों के बारे में सावधानी पूर्वक सोचने को बाध्य करते हैं। परिचय के अन्तर्गत ''रेशनेल' में सीखने के विभिन्न तरीकों व अवधारणाओं को परिभाषित करने को बड़ी स्पष्टता के साथ वर्णित किया गया है। पुस्तक के पहले दो भागों में कुल सात इकाइयाँ हैं। ये ''दी बेसिक्स ऑफ टीचिंग प्रोसेस'' (शिक्षण प्रक्रिया के आधारभूत तरीकों) व ''कोम्पोनेंट्स ऑफ लैंग्वेज टीचिंग'' (भाषा शिक्षण के विभिन्न घटकों) के बारे में एक खाका प्रदान करती हैं। पहला हिस्सा 'दी बेसिक्स ऑफ टीचिंग प्रोसेस'' में प्रस्तुतीकरण, अभ्यास एवं परीक्षण

सम्मिलित हैं जो कि उन रणनीतियों के अनुरूप हैं जिन्हें अच्छे सीखने वाले तब उपयोग करते हैं, जब वे कोई विदेशी भाषा सीख रहें होते हैं। ये इस प्रकार हैं (अ) नई भाषा को महसूस करना व समझना (ब) इसे अच्छी तरह सीखना और (स) स्वयं का मूल्यांकन करना।

शिक्षण के विभिन्न घटकों में सम्मिलित हैं- उच्चारण, शब्दावली, व्याकरण और विषय/स्थितियाँ, विचार (notions), कार्य; यानी भाषा क्या है? पुस्तक का शेष भाग भाषा शिक्षण के व्यावहारिक पहलुओं, पाठ्यसामग्री की विषय-वस्तु इत्यादि से सम्बद्ध है। वे शिक्षक जो एक विविधतापूर्ण सेटिंग में भाषा सिखाने का प्रयास कर रहें हैं उनके लिए भाग तीन (भाषा सिखाना : कैसे) व भाग चार (सीखने वालों में विविधता) विशेष रूप से उपयोगी होगा।

अर के व्यक्तिगत अनुभवों से निकली स्पष्ट व गहरी समझ, वास्तविक उदाहरणों के विवरण (जो कि भाषा शिक्षण के रिफलेक्टिव मॉडल पर आधारित हैं) ने इस पुस्तक को भाषा शिक्षकों व शिक्षाविदों के लिए अच्छा सहयोगी बनाने का कार्य किया है। पुस्तक का ले-आउट अच्छा है व चित्रण भी प्रभावशाली है जो कि इसे यूजर फ्रेंडली बनाता है। पुस्तक में दिये गये प्रत्येक मॉड्यूल के अन्त में 'फर्दर रीडिंग टीचर्स हेंडबुक' (अन्य पठन सामग्री/शिक्षक संदर्शिका) है जो कि अधिकांश पाठकों को बहुत उपयोगी लगेगा।

समीक्षक के बारे में : सुरंजना बरूआ दिल्ली विश्वविद्यालय से पीएच.डी. हैं। वर्तमान में सेन्टर फॉर आसामीज़ स्टडीज़, तेजपुर विश्वविद्यालय आसाम में कार्यरत हैं। इनकी रुचि के क्षेत्र हैं; संवाद विश्लेषण, भाषा शिक्षण, जेन्डर स्टडीज़ और ट्रांसलेशन स्टडीज़।

suranjana.barua@gmail.com

अनुवादक : रजनी द्विवेदी, विद्या भवन शिक्षा सन्दर्भ केन्द्र, उदयपुर (राज.)।

स्रोत : लेंग्वेज एण्ड लेंग्वेज टीचिंग 1.1.1: 75, जनवरी, 2012.

पिक्चर्स फॉर लैंग्वेज लर्निंग

लेखक : एंड्रयू राइट; समीक्षक : सुरंजना बरूआ

(केम्ब्रिज यूनिवर्सिटी प्रेस, 1989/1993, पृष्ठ संख्याः 218, ISBN: 521 35800 0 पेपर बैक)

संसाधन संपन्न व नए विचारों से युक्त यह पुस्तक भाषा शिक्षण में तस्वीरों व अन्य दृश्य सामग्री के महत्त्व के बारे में बेहद स्पष्ट व गहरी समझ प्रदान करती है। भाषा सीखने-सिखाने की विभिन्न परिस्थितियों में तस्वीरों की अहम् भूमिका को पुस्तक उदाहरण प्रस्तुत करते हुए इस बात को भी रेखांकित करती है कि अभिनव व प्रभावी शिक्षण तरीकों को उपयोग में लेने व सीखने वाले की हर तरह की ज़रूरत को ध्यान में रखते हुए इन तरीकों में बदलाव करने में शिक्षकों की खास भूमिका होती है। यदि तैयारी को समय, धन व उपकरणों के लिहाज से देखा जाये तो भाषा शिक्षण में यह अभिनव उपयोग सीमित संसाधनों की ही मांग करता है। चित्रों, गतिविधियों से समृद्ध यह पुस्तक ठोस उदाहरण (अध्याय-1) उपलब्ध कराती है। जैसे- एक ही चित्र द्वारा पाँच बिलकुल अलग अलग भाषायी अवधारणाओं (व्याकरणिक सरंचनाएँ, शब्दावली, विभिन्न कार्य जैसे- अनुरोध, पसन्द, नापसन्द, व्यक्त करना। स्थितियों का वर्णन और सुनने, पढ़ने तथा लिखने व बोलने के कौशल को पैना करना) को सिखाने हेतु कैसे काम में लिया जा सकता है।

पुस्तक में कुल 16 अध्याय हैं जो चार खण्डों में विभाजित हैं। पहला खण्ड छात्रों की सम्प्रेषण क्षमता बेहतर करने में दृश्य सामग्री की मदद के बारे में चर्चा करता है।

दूसरा खण्ड मुख्यतया बोलने व लिखने के बारे में बात करता है। वहीं तीसरा खण्ड सुनने व पढ़ने के बारे में। सम्मिलित रूप से इन खण्डों में तस्वीरों का उपयोग करते हुए भाषा सीखने के 200 से अधिक व्यावहारिक सुझाव हैं। दूसरे खण्ड में कई उपखण्ड भी हैं। ये उपखण्ड संबद्ध हैं- ''यांत्रिक अभ्यास'', सम्प्रेषण, छोटे संवाद और रोल प्ले/ कृत्रिम अभिनय इत्यादि से। तीसरा खण्ड

तस्वीरों के अर्थ निर्माण के पहलू पर केन्द्रित है जिसे सुनने व पढ़ने के कौशल बेहतर करने हेतु भी उपयोग में लिया जा सकता है।

राईट के उदाहरण इस दृष्टि से व्यावहारिक हैं कि वे इस तरह की दृश्य सामग्री को उपयोग में लाने की बात करते हैं जो आसानी से उपलब्ध हो सकती हैं। जो भी चित्र उपयोग किये गये हैं वे शिक्षकों द्वारा आसानी से प्रयुक्त किये जा सकते हैं । पुस्तक का अन्तिम खण्ड 'तस्वीर पुस्तकालय' बनाने के सरल तरीके बताता है। साथ ही दृश्य सामग्री को खोजने, तस्वीरों का वर्गीकरण करने व इन्हें किस तरह संचित करके रखा जाए ताकि सीखने-सिखाने हेतु भविष्य में भी इनका उपयोग किया जा सके इस सन्दर्भ में भी मार्गदर्शन देता है। विशेषकर भाषा शिक्षक इस पुस्तक को उपयोगी पायेंगे क्योंकि जो गतिविधियाँ राईट द्वारा वर्णित की गयी हैं वे भाषा सीखने की प्रक्रिया के विभिन्न स्तरों पर समेकित की जा सकती हैं। इसके अतिरिक्त वे नाना प्रकार के संकेत भी प्रदान करते हैं कि सीखने-सिखाने के विभिन्न वातावरणों को ध्यान में रखते हुए विचारों को रचनात्मक रूप से किस तरह रूपान्तरित किया जाये।

अध्याय-14 तस्वीरों के प्रकारों व उनके उपयोग की एक फेरहिस्त देता है (एक वस्तु वाली तस्वीरें, प्रसिद्ध व्यक्तियों की तस्वीरें, कार्य करते हुए व्यक्तियों की तस्वीरें, इतिहास की तस्वीरें, फंतासी व समाचार, मानचित्र, संकेत, टेक्स्ट, मिलान करो, चित्रों के क्रम इत्यादि)।

अध्याय-15 तस्वीर बनाने व उनको विभिन्न परिस्थितियों के अनुसार रूपान्तरित करने से सम्बद्ध है। यह दोनों अध्याय इनकी व्यावहारिक प्रयुक्तता तथा तस्वीरों के संचय व शिक्षण में तस्वीरों के अभिनव प्रयोग के बारे में टिप्स देने के लिए उपयोगी होंगे।

समीक्षक के बारे में : सुरंजना बरूआ दिल्ली विश्वविद्यालय से पीएच.डी. हैं। वर्तमान में सेन्टर फॉर आसामीज़ स्टडीज़, तेजपुर विश्वविद्यालय आसाम में कार्यरत हैं। इनकी रुचि के क्षेत्र हैं; संवाद विश्लेषण, भाषा शिक्षण, जेन्डर स्टडीज़ और ट्रांसलेशन स्टडीज़।

suranjana.barua@gmail.com

अनुवादक : रजनी द्विवेदी, विद्या भवन शिक्षा सन्दर्भ केन्द्र, उदयपुर (राज.)।

स्रोत : लेंग्वेज एण्ड लेंग्वेज टीचिंग 1.2.2: 50-51, जुलाई, 2012.

इंग्लिश थ्रू फोकटेल्स : अ सेल्फ स्टडी बुक

लेखक : आनन्द महानन्द एवं ललिता गोस्वामी

समीक्षक : कमल कुमार चौधरी

(नई दिल्लीः विवा बुक्स, 2011, ISBN : 978-81-309-1472-5, पृष्ठ संख्या 97)

इस पुस्तक में भारत के विभिन्न हिस्सों से ली गई कुल सोलह कथाएँ हैं। पुस्तक बहुत सरल भाषा में लिखी गयी है। कहानियों के कुछ हिस्सों को चित्रों द्वारा दर्शाया गया है जो इसे बच्चों के लिए रुचिकर बनाता है। जैसा कि लेखक इशारा करते हैं यह पुस्तक मुख्य रूप से माध्यमिक विद्यालय के बच्चों के लिए लिखी गयी है और यह इस तरह बनायी गयी है कि यह न केवल बच्चों की भाषा के आधारभूत कौशल (पढ़ना, लिखना, सुनना, बोलना) बेहतर करने में मदद करती है बल्कि उन्हें बुनियादी व्याकरणिक सरंचना सीखने में भी मदद करती है। इस उद्देश्य की पूर्ति के लिए प्रत्येक कहानी के अन्त में विभिन्न तरह के अभ्यास दिए गए हैं जैसेकि नोट्स, समझ आधारित प्रश्न, बातचीत आधारित (Communication skill) व भाषायी अभ्यास (Language study)। नोट्स शब्दों के अर्थ बताते हैं (वे कठिन शब्द जो टेक्स्ट में आये हैं) और उदाहरण द्वारा यह भी स्पष्ट करते हैं कि वाक्य में किसी शब्द विशेष का उपयोग कैसे होगा। इसके बाद आते हैं कहानी से सम्बन्धित समझ आधारित प्रश्न व उसके पश्चात, भाषा के अभ्यास व सम्प्रेषण सम्बन्धी अभ्यास। इस तरह से यह पुस्तक इंग्लिश बेहतर करने के लिए उपयुक्त है, विशेषकर बच्चों के लिए।

कहानियाँ पढ़ने में मज़ेदार हैं व बच्चों के भाषायी कौशलों को निखारने में मददगार हैं।

भारत जैसे देश में अंग्रेज़ी सीखना बच्चों व बड़ों दोनों के लिए महत्त्वपूर्ण है। ऐसा देखा गया है कि ऐसे छात्र जो शुरू से अन्त तक हिन्दी अथवा क्षेत्रीय भाषाओं में पढ़ते हैं वे जब किसी ऐसे कॉलेज, संस्था में प्रवेश लेते हैं जहाँ पाठ्यक्रम इंग्लिश में ही उपलब्ध होते हैं तो उन्हें विभिन्न प्रकार की समस्याओं से जूझना पड़ता है।

यहाँ तक कि आई.आई. टी. जैसी संस्थाओं में भी प्रथम वर्ष के छात्रों हेतु रेमेडीअल कक्षाएँ प्रस्तावित की जाती हैं क्यों कि उनमें से कुछ छात्रों को व्याख्यान(लेक्चर) को समझने में समस्या होती है। भाषा सिखाने के बहुत से तरीके हैं और पिछले कुछ दशकों में कई अन्य तरीके व सामग्री भी विकसित हुई है लेकिन भाषा सिखाने में लोककथाओं की भूमिका का कोई जोड़ नहीं है। मेरा विश्वास है कि लोककथाओं के जरिये सिखाना आवश्यक तौर से लाभदायक रहेगा और इसीलिए इस तरह की पुस्तक बच्चों के लिए महत्त्वपूर्ण है। कहानियाँ मज़ेदार हैं और आसानी से समझ आने वाली हैं। इसके अतिरिक्त ये पुस्तक शब्दावली व विभिन्न शब्द विन्यास के उपयोग को समझने में भी मदद करती हैं। दिये गये अभ्यास अच्छे हैं और वे बच्चों को इंग्लिश सीखने में ज़रूर मददगार होंगे। अधिकांश कहानियाँ लोग जानते हैं अतः भाषा को समझना भी आसान हो जाता है।

अच्छा होता यदि इन कहानियों के स्तर के बारे में थोड़ा और सोच-विचार किया जाता। कुछ कहानियाँ प्राथमिक स्तर की हैं और इस वजह से पुस्तक के समेकित प्रभाव को थोड़ा कम कर सकती हैं। दूसरी बात, जो अभ्यास दिये गये हैं उनमें भी कोई निरन्तरता नहीं है। उदाहरण के लिए सारे अध्यायों में सिर्फ ऊपर वर्णित चारों कौशलों के ही अभ्यास नहीं हैं वरन कुछ अध्यायों में लेखन, समीक्षात्मक दृष्टि से टेक्स्ट को देखना इत्यादि भी सम्मिलित हैं। लेकिन कुछ अध्यायों में भाषायी कौशल के अभ्यास नहीं हैं। अतः इन अभ्यासों को थोड़ा और सुनियोजित करने की आवश्यकता है।

भविष्य में आने वाले संस्करण को इन बिन्दुओं को ध्यान में रखते हुए बेहतर किया जा सकता है। फिर भी यह पुस्तक भाषा सिखाने के लिए उपलब्ध वर्तमान शिक्षण सामग्री में जो कमी है उसे पूरा करती है।

समीक्षक के बारे में : कमल कुमार चौधरी (पी.एचडी., लिपजिंग) भारतीय प्रोद्यौगिकी संस्थान, रोपड़ पंजाब के मानविकी व समाज विज्ञान विभाग में सहायक प्रोफेसर हैं। डॉ. चौधरी न्यूरोसाइकोलिंग्विस्टिक, सिंटेक्स, कोग्निटिव साइन्स व नेचुरल लेंग्वेज प्रोसेसिंग पढ़ाते हैं।

kchoudhary1@googlemail.com

अनुवादक : रजनी द्विवेदी, विद्या भवन शिक्षा सन्दर्भ केन्द्र, उदयपुर (राज.)।

स्रोत : लेंग्वेज एण्ड लेंग्वेज टीचिंग, 1.2.2: 46-47 जुलाई, 2012.

गतिविधियाँ

बूझो मेरा नाम क्या है...?

रजनी द्विवेदी

उद्देश्य

अवलोकन का कौशल विकसित करना

वर्गीकरण की क्षमता विकसित करना

बच्चों में सोचने, समझने स्पष्ट व सटीक प्रश्न पूछने की योग्यता विकसित करना।

सामग्री

विभिन्न पदार्थों से बनी हुई, विभिन्न आकार व मोटाई वाली 25-30 वस्तुएँ। जैसे- रबर, पेंसिल, स्केल, फोल्डर, चॉक, कंघा, चाबी इत्यादि। ये सभी वस्तुएँ आपको आसानी से अपने स्कूल/कक्षा में उपलब्ध हो सकती हैं।

स्तरः कक्षा 3 से 5

प्रक्रिया

इस गतिविधि के लिये कक्षा को दो समूहों में बाँट दें। आप समूहों को नाम भी दे सकते हैं, जैसे समूह 'अ' और समूह 'ब'।

सभी वस्तुओं को कक्षा के बीच में (या अन्य कोई ऐसी जगह जो आपको उपयुक्त लगे) रखें ताकि दोनों समूह के बच्चे सारी वस्तुओं को आसानी से देख सकें।

अब किसी एक समूह, मान लीजिए 'अ', को कहें कि सारी वस्तुओं को ध्यान से देखें व उनमें से किसी एक का चयन कर उसका नाम एक कागज़ की पर्ची पर लिख कर शिक्षिका को (अथवा गतिविधि करवाने वाले व्यक्ति को) दे दें।

वस्तु का चयन करने के लिए समूह 'अ' के सदस्य आपस में चर्चा कर सकते हैं। लेकिन चर्चा करते समय इस बात का ध्यान रखें कि समूह 'ब' के सदस्यों को पता न चले कि उन्होंने कौन-सी वस्तु चुनी है।

अब दूसरे समूह समूह 'ब' को उस वस्तु का नाम बताना है जो कि पर्ची पर लिखा है। इसके लिए वे समूह 'अ' से प्रश्न पूछ सकते हैं, लेकिन कुछ शर्तें हैं। शर्तों का ध्यान दोनों समूहों को रखना है-

1. अधिक से अधिक 10 प्रश्न पूछे जा सकते हैं।
2. सभी प्रश्नों के उत्तर केवल 'हाँ' या 'ना' में ही दिये जाने हैं।
3. सीधे प्रश्न जैसे क्या वह 'ताला' है? पूछने की अनुमति नहीं है।

दो सम्भावनाएँ होंगी। कभी ऐसा हो सकता है कि वस्तु का नाम 4-5 प्रश्नों में ही सामने आ जाये, या कभी 10 प्रश्नों में भी वस्तु का नाम पता न चले। दूसरे समूह की बारी तब आयेगी जब या तो वस्तु का नाम पता चल जाये अथवा प्रश्न ख़त्म हो जाएँ। पहले समूह की बारी समाप्त होने पर दूसरे समूह के सदस्यों द्वारा वस्तु का चयन किया जायेगा व पर्ची पर लिखकर शिक्षिका (अथवा उस व्यक्ति) को दिया जायेगा जो गतिविधि संचालित कर रहा है।

गतिविधि के दौरान शिक्षक को ध्यान रखना है कि वे प्रत्येक समूह द्वारा पूछे गए प्रश्नों की संख्या को बोर्ड पर लिखते जाएँ। इससे गतिविधि चुनौती-पूर्ण हो जाती है। बच्चे ध्यान से सोचते हैं ताकि उनके द्वारा सटीक प्रश्न पूछे जाएँ और कम से कम प्रश्नों में वे वस्तु का पता लगा लें। इस हेतु उन्हें निम्न प्रक्रिया से गुजरना होता है-

1. प्रत्येक वस्तु का ध्यानपूर्वक अवलोकन करना जिसमें सम्मिलित है वस्तु का रंग, आकार, किस पदार्थ से बनी है, सतह चिकनी है अथवा खुरदरी इत्यादि। दूसरे शब्दों में उन्हें वस्तु के गुणों के बारे में सोचना पड़ता है। उदाहरण के लिए क्या वह वस्तु गोल है? क्या वह लकड़ी की बनी है?
2. यह सोचना पड़ता है कि वस्तुएँ किन-किन श्रेणियों में वर्गीकृत की जा सकती हैं स्टेशनरी, लकड़ी की वस्तुएँ, लोहे की वस्तुएँ इत्यादि।
3. इसी तरह यह भी सोचना होता है कि वस्तुओं के क्या उपयोग हैं? इसके अलावा भी बहुत सी बातें होगीं जो बच्चे सीखेंगे। कक्षा में इस गतिविधि को करवाएँ और स्वयं अनुभव करें कि क्या-क्या होता है?

लेखिका : रजनी द्विवेदी, विद्या भवन शिक्षा सन्दर्भ केन्द्र, उदयपुर (राज.)।

अनुवादक : अनुवाद लेखिका ने ही किया है।

स्रोत : लेंग्वेज एण्ड लेंग्वेज टीचिंग, 2.1.3: 73, जनवरी, 2013.

चित्र बनाना

रजनी द्विवेदी

आसपास के परिवेश के प्रति बच्चों का ध्यान आकर्षित करना
पढ़ने लिखने की शुरुआत व शब्दों को समझना
लिखी हुई भाषा के प्रति ध्यान आकर्षित करना
स्तर- कक्षा एक व दो के लिए

प्रक्रिया

बच्चों से उन चीजों के चित्र बनाने के लिये कहें, जो वे अपने आसपास (घर, कक्षा, स्कूल या खेतों आदि में) देखते हैं। जैसे- पंखा, पेड़, फूल, कुर्सी, जानवर आदि। चित्र बनाने के लिए 15 से 20 मिनिट का समय दें। बीच-बीच में यह देखते रहें कि बच्चे क्या बना रहे हैं, लेकिन उन्हें टोकें नहीं। जब सभी बच्चे कोई न कोई चित्र बना लें तो दो या तीन बच्चों से उनके द्वारा बनाये चित्र को सबको बताने के लिये कहें। उनसे कहें कि वे चित्र में बनाई गई चीज का नाम भी बतायें। बच्चों द्वारा बताये नामों को बोर्ड पर लिखते जायें।

यह प्रक्रिया सारे बच्चों के साथ दोहरायें। हर दो तीन नामों को बोर्ड पर लिखने के बाद आप नामों को पढ़कर बच्चों को सुनायें।

जो आप कर सकते हैं

मुख्य उद्देश्य बच्चों का ध्यान लिखित अक्षरों व शब्दों के प्रति आकर्षित करने का है। बच्चों द्वारा बनाये गये चित्र उनके नामों के साथ फ्लेश कार्ड की भाँति काम करते हैं। बच्चे धीरे-धीरे चित्र व लिखे गये नाम में सम्बन्ध स्थापित करने लगते हैं। इस स्तर पर यह मायने नहीं रखता कि बच्चे कौन-सी भाषा उपयोग में ला रहे हैं। वस्तु का जो नाम वे दे रहे हैं, यदि वह उस भाषा में सही है तो उसे वैसा ही लिखा जाना चाहिये। आवश्यकता हो तो जो भाषा हम सिखाना चाहते हैं, उस भाषा का शब्द भी लिखा जा सकता है। चित्रों पर कुछ वाक्य कहने के

लिये बच्चों को प्रोत्साहित करें। आप यह प्रयास भी कर सकते हैं कि लिखे गये कुछ शब्दों से एक कहानी बनवायें।

लेखिका : रजनी द्विवेदी, विद्या भवन शिक्षा सन्दर्भ केन्द्र, उदयपुर (राज.)।

अनुवादक : अनुवाद लेखिका ने ही किया है।

स्रोत : लेंग्वेज एण्ड लेंग्वेज टीचिंग, 1.1.1: 77, जनवरी, 2012.

डोमिनोज़ फन

भावना टंडन

उद्देश्य

निर्देशों को ध्यान से सुनने व समझने की योग्यता का विकास
शब्दकोष समृद्ध करना।

सामग्री

शब्द व वर्णों के चित्र कार्ड;
बटन, काउंटर या डोमिनोज़।

स्तर

पूर्व-प्राथमिक कक्षाओं व कक्षा एक और दो के लिए समूह गतिविधि।

प्रक्रिया

कक्षा को पाँच-पाँच के समूहों में बाँटे। प्रत्येक समूह में हर बच्चे को एक काउंटर दें।

प्रत्येक समूह को 5-6 चित्र कार्ड दें। बच्चों को कहें कि जब उन्हें किसी वर्ण का कार्ड दिखाया जाएगा तो उन्हें दिए गए चित्र कार्डों में से जल्दी से उस चित्र को ढूँढना है, जिसका नाम उस वर्ण से शुरू होता है। फिर उस चित्र कार्ड पर काउंटर रखना है। उदाहरण के लिए यदि 'म' वर्ण का कार्ड दिखाते हैं तो बच्चों को "मटका", "मकड़ी", "मटर" अथवा किसी और किन्तु ऐसे चित्र पर काउंटर रखना है जिसका नाम 'म' से शुरू होता है और जो उनको दिए गए कार्डों में है।

जो समूह सभी दिखाए जाने वाले वर्णों के लिए यह कर पाता है, वही जीतेगा।

कक्षा एक व दो के लिए- "समानार्थी व विलोम" शब्दों की अवधारणा को पुख़्ता करने के लिए भी चित्र कार्ड उपयोग किये जा सकते है। शिक्षिका बच्चों

को कुछ शब्द कार्ड दिखाएँगी। बच्चों को उस चित्र कार्ड पर काउंटर रखना है जो दिखाए गए शब्द का समानार्थी या विलोमार्थी है।

लेखिका के बारे में : भावना टंडन पिछले सात सालों से डी.पी.एस. इंटरनेशनल स्कूल, आर. के. पुरम, नयी दिल्ली में प्राथमिक कक्षाओं को पढ़ा रही हैं। उन्होंने बाल भारती स्कूल, रोहिणी, नयी दिल्ली में भी पाँच साल तक पढ़ाया है।

bhavnatandon@gmail.com

अनुवादक : रजनी द्विवेदी, विद्या शिक्षा सन्दर्भ केन्द्र, उदयपुर (राज.)।

स्रोत : लेंग्वेज एंड लेंग्वेज टीचिंग 2.1.3: 71, जनवरी, 2013.

सर्चिंग स्प्री

भावना टंडन

उद्देश्य

तार्किक रूप से सोचने व समझने के कौशलों को उपयोग में लाने की योग्यता का विकास करना।

शब्दकोष समृद्ध व विस्तृत करना।

सामग्री

यहाँ दी गई वर्कशीट या कोई और इस तरह की वर्कशीट जो आपके द्वारा बनायी गयी हो;
क्रेयोंस व काउंटर,
वर्णों के कार्ड।

स्तर

पूर्व-प्राथमिक व प्राथमिक कक्षाओं के लिए।

प्रक्रिया

प्रत्येक बच्चे को एक वर्कशीट दीजिए।

बच्चों से कहें कि वे वर्कशीट में दिए गए चेहरों को ध्यान से देखें।

छोटी कक्षाओं में यह गतिविधि इस तरह की जा सकती है- बच्चे, चेहरे के नीचे दिये गये नाम को ध्यान से सुनें व उस वर्ण कार्ड को चेहरे के चित्र पर रखें, जिससे नाम शुरू होता है।

बड़ी कक्षाओं में, बच्चों को शिक्षिका द्वारा दिए गए चेहरे के वर्णन को ध्यान से सुनना होगा व फिर दिए गए चित्रों में से उस चेहरे को ढूँढना होगा। उदाहरण के लिए, उसे पहचानो जिसके घुंघराले बाल हैं, जिसकी मूँछें हैं, या

उसको पहचानो जिसकी दाढ़ी है, जिसने चश्मा पहना है और जिसने अपने बालों के बीच में माँग निकाली है।

लेखिका के बारे में : भावना टंडन पिछले सात सालों से डी.पी.एस. इंटरनेशनल स्कूल, आर. के. पुरम, नयी दिल्ली में प्राथमिक कक्षाओं को पढ़ा रही हैं। उन्होंने बाल भारती स्कूल, रोहिणी, नयी दिल्ली में भी पाँच साल तक पढ़ाया है।

bhavnatandon@gmail.com

अनुवादक : रजनी द्विवेदी, विद्या शिक्षा सन्दर्भ केन्द्र, उदयपुर (राज.)।

स्रोत : लेंग्वेज एंड लेंग्वेज टीचिंग 2.1.3: 71, जनवरी, 2013.

कविताएँ लिखना

मनु गुलाटी

उद्देश्य

रंग से संबंधित अंग्रेज़ी के इडीओमाटिक एक्सप्रेशन से परिचित करवाना।

अंग्रेजी में सरल कविताएँ लिखने में उनकी मदद करना।

सामग्री : एक ही रंग की कुछ वस्तुएँ, उदाहरण के लिए- पत्तियाँ, भिण्डी, ब्रोकली (हरे रंग हेतु) सूरजमुखी का फूल, नीम्बू, सूरज का चित्र (पीले रंग हेतु)।

स्तर : माध्यमिक कक्षा (कक्षा 6 से 8) के शिक्षार्थियों के लिए। यह सामूहिक गतिविधि नहीं है, प्रत्येक शिक्षार्थी को अपनी-अपनी समझ के अनुसार काम करना होगा।

प्रक्रिया

शिक्षिका एक ही रंग की कुछ वस्तुएँ कक्षा में लाती हैं और शिक्षार्थियों से उनका नाम बताने को कहती हैं। वह शिक्षार्थियों को उसी रंग की कुछ और चीज़ों का नाम बताने को भी कहती हैं।

शिक्षिका उसके बाद शिक्षार्थियों को उनके मन-पसन्द रंग का नाम सोचने व उसी रंग की विभिन्न वस्तुओं के नाम लिखने को कहती हैं। वह शिक्षार्थियों को प्रोत्साहित करती हैं कि वे नाम निम्नलिखित पैटर्न में लिखें: 'As (name of the colour) as a (name of the object) यानी कि इतना लाल, जितना कि टमाटर। उदाहरण के लिए - as red as a tomato; as red as a letter box; as red as blood etc. इतना लाल, जितना कि टमाटर; इतना लाल, जितना कि लैटर बॉक्स; इतना लाल, जितना कि खून।

शिक्षिका शिक्षार्थियों को उपरोक्त वर्णित उदाहरणों पर आधारित/सम्बंधित एक कविता सुनाती हैं। ताकि उन्हें यह समझने में मदद मिले कि रंग व उससे सम्बंधित वस्तुओं के बारे में कविता कैसे लिखी जा सकती है।

Red is the tomato
that I relish eating
in my salad;
Red is the letter box
that helps me reach
my distant relatives
Red is the blood
that flows freely
in my veins

शिक्षिका शिक्षार्थियों को भी इसी तरह उनके पसन्दीदा रंग व उस रंग की विभिन्न वस्तुओं से सम्बंधित कविता लिखने को कहती हैं। शिक्षार्थी अपनी कविता को मनचाहा नाम दे सकते हैं जैसे मेरी हरे रंग की कविता, मेरी लाल रंग की कविता। (शिक्षार्थी अपनी कविता से सम्बंधित चित्र भी बना सकते हैं। वे अपनी कविता तथा चित्र का पोस्टर भी बना सकते हैं। शिक्षिका छात्रों द्वारा किये गए कार्यों को नोटिस बोर्ड पर लगा सकती है ताकि छात्रों को प्रोत्साहन मिले।)

उपलब्धि : उपरोक्त वर्णित गतिविधि शिक्षार्थियों को प्रोत्साहित करती है कि वे बिना किसी की मदद के स्वयं कविताएँ लिखें। इस गतिविधि में कविता लिखना एक चरण दर चरण प्रक्रिया है। यह शिक्षार्थियों को पहले नियंत्रित लेखन से निर्देशित लेखन तक व फिर स्वतंत्र लेखन तक ले जाती है। यह गतिविधि छात्रों को स्वतंत्र कल्पना करने के अवसर प्रदान कर उनकी सृजनात्मकता को विकसित करने में मदद करती है।

लेखिका के बारे में : मनु गुलाटी सर्वोदय कन्या विद्यालय, पंजाबी बाग, नई दिल्ली में टी.जी.टी. इंग्लिश शिक्षिका हैं।

mwadhwazz@yahoo.com

अनुवादक : रजनी द्विवेदी, विद्या भवन शिक्षा सन्दर्भ केन्द्र, उदयपुर (राज.)।

स्रोत : लेंग्वेज एंड लेंग्वेज टीचिंग 2.1.3: 73-74, जनवरी, 2013.

तुकबंदी

मनु गुलाटी

उद्देश्य- बच्चे एक जैसी ध्वनि वाले शब्दों की तुकबंदी कर पाएँ; तुकबंदी को एक पोएटिक उपकरण की तरह उपयोग करके शिक्षार्थियों को कविता लिखने में मदद करना।

सामग्री- कागज़ की छोटी पर्चियाँ, जिन्हें बीच में से मोड़ा गया हो। प्रत्येक पर्ची पर एक शब्द लिखें। इन पर्चियों को गड्डमड्ड करके रखना है।

स्तर- माध्यमिक कक्षा के शिक्षार्थी (कक्षा 6 से 8)

प्रक्रिया

शिक्षिका कक्षा को समूहों में बाँटती हैं। प्रत्येक समूह में कम से कम 5-6 शिक्षार्थी हों।

शिक्षिका एक पर्ची उठाती हैं, उसको खोलती हैं व उस पर लिखे गए शब्द को जोर से पढ़ती हैं। फिर वह ऐसे शब्द बोलती हैं जो उस पर्ची पर लिखे गए शब्द जैसी ध्वनि वाले हैं। उदाहरण 'night' लिखा है तो इसी तरह कि ध्वनि वाले अन्य शब्द होंगे Bright, Light, White, Height, Might, Tight, Flight.

शिक्षार्थियों से कहा जाता है कि वे इस उदाहरण को समझें व उसी तरह प्रयास करें। प्रत्येक समूह से एक सदस्य पर्ची उठाता है और अपने समूह के लिए उस पर्ची में दिए गए शब्द को पढ़ता है। समूह के सदस्य आपस में चर्चा करके बोले गए शब्द के समान ध्वनि वाले अन्य शब्दों को लिखते हैं। शिक्षिका आवश्यकतानुसार शिक्षार्थियों की मदद करती हैं।

जब शिक्षार्थी विभिन्न समान ध्वनि वाले शब्दों को लिखने का कार्य पूरा कर लेते हैं तब शिक्षिका उन्हें उन शब्दों का उपयोग कर छोटे-छोटे वाक्य बनाने को प्रोत्साहित करती हैं। वह यह भी कहती हैं कि वाक्य बनाते समय एक जैसी ध्वनि वाले शब्द वाक्य के अंत में रखे जाएँ। इसके पश्चात् कविता बनाने के लिये एक-दूसरे वाक्य में जुड़ाव का ध्यान रखते हुए वाक्यों को साथ रखा जाता है।

शिक्षिका 'night' शब्द वाला उदाहरण लेकर एक कविता बनाती हैं ताकि बच्चों को यह समझने में मदद मिले कि उन्हें कविता कैसे बनानी हैं।

उदाहरणः

The sun was shining bright
In came the light
I woke up, brushed my teeth white
Then, went on the roof to fly a kite
My kite reached great height
Happily, I went to bed at night .

प्रत्येक समूह उसकी पर्ची में लिखे शब्द के आधार पर एक जैसी ध्वनि वाले शब्दों का प्रयोग करके एक कविता बनाता है। शिक्षिका बच्चों को उनके समूह की कविता कक्षा के बाकी समूहों के साथ साझा करने को कहती हैं- उन्हें जोर से सुनाकर अथवा पेपर पर लिख कर बोर्ड पर प्रदर्शित करके।

उपलब्धि : उपरोक्त वर्णित गतिविधि में शिक्षार्थी एक नए तरीके से कविता लिखते हैं।

चरण दर चरण लिखने की प्रक्रिया बच्चों के मन से लेखन के डर को दूर कर देती है। गतिविधि को समूह में करने से धीमी गति से सीखने वाले व शर्मीले बच्चों को भी मदद मिलती है।

लेखिका के बारे में : मनु गुलाटी सर्वोदय कन्या विद्यालय, पंजाबी बाग, नई दिल्ली में टी.जी.टी. इंग्लिश शिक्षिका हैं।

mwadhwa22@yahoo.com

अनुवाद : रजनी द्विवेदी, विद्या भवन शिक्षा सन्दर्भ केन्द्र, उदयपुर (राज.)।

स्रोत : लेंग्वेज एंड लेंग्वेज टीचिंग 2.1.3: 74-75, जनवरी, 2013.

अर्थ का खेल

देवकी लक्ष्मीनारायण

अक्षरों को पहचानने (डीकोड करने) व अर्थ निकालने की योग्यता पढ़ना कहलाती है। शब्द से, वाक्य व वाक्यों के एक समूह से अर्थ निकालने में अन्तर होता है। वाक्यों के समूह से अर्थ निकालने को आमतौर पर ''टेक्स्चुअल मीनिंग'' कहा जाता है। दूसरे शब्दों में टेक्स्ट में मौजूद अर्थ को उसकी समग्रता में समझना।

टेक्स्ट मौखिक हो या लिखित उसमें वाक्य आवश्यक रूप से होते हैं, और ये वाक्य एक-दूसरे से एक सूत्र द्वारा बंधे हुए रहते हैं जिसे कोहेजन कहते है। यानी अर्थ में सम्बन्ध जो टेक्स्ट में विद्यमान है। (कुछ ऐसी कड़ियाँ जो टेक्स्ट के वाक्यों को एक-दूसरे से बांधे रखती हैं ये कड़ियाँ शब्द भी हो सकती हैं व कुछ व्याकरण के तत्व भी।)

असल में, तकनीकी शब्दावली के अनुसार कोहेजन से तात्पर्य है-पूरे टेक्स्ट में विद्यमान विभिन्न वाक्यों के बीच अर्थ के स्तर पर सम्बन्ध। यह तब होता है जब टेक्स्ट के कुछ वाक्यों तत्वों का अर्थ कुछ अन्य वाक्यों/तत्वों पर निर्भर रहता है। उदाहरण के लिए कई बार हमारे साथ ऐसा होता है कि यदि हम एक-दो वाक्य पढ़ें तो बात समझ नहीं आती लेकिन पूरे टेक्स्ट को पढ़ने पर बात समझ आ जाती है।

एक कक्षा में सामान्य तौर पर शब्दों व वाक्यों के अर्थ सिखाये जाते हैं। प्रायः हम यह मान लेते हैं कि टेक्चुअल मीनिंग का मतलब है कुछ वाक्यों को साथ में रख देने के पश्चात मिलने वाला सयुंक्त अर्थ। इसे स्पष्ट तौर पर सिखाने की आवश्यकता नहीं है, लेकिन वास्तव में बच्चे टेक्स्ट में विद्यमान अर्थ को पकड़ पायें। उसे समझ पायें। इस हेतु सोच समझकर प्रयास करने की आवश्यकता होती है। बच्चों में भाषा व भाषा के विभिन्न पहलुओं के प्रति जिज्ञासा व रुझान विकसित करने हेतु भी यह आवश्यक है। (जिसे मेटा लिंग्विस्टिक अवेरनेस भी कहते हैं; जो भाषा के बारे में सोचने व बात करने से सम्बन्धित है।)

निम्न गतिविधि यह प्रस्तुत करती है कि शुरुआती स्तर पर टेक्स्चुअल मीनिंग

को समझने में बच्चों की मदद कैसे की जाये।

उद्देश्य- टेक्स्ट में विद्यमान समग्र अर्थ यानी ''टेक्स्चुअल मीनिंग'' कैसे समझा जाये यह सीखने में मदद करना।

स्तर- यह गतिविधि कक्षा 5 से 7 तक किसी भी कक्षा में करवाई जा सकती है। उच्च कक्षाओं हेतु टेक्स्ट में चुनौती के अवसर बढ़ाने होंगे।

प्रक्रिया- एक टेक्स्ट दिया गया है उसमें कुछ स्थान रिक्त हैं। शिक्षार्थियों को दिये गये विकल्पों की मदद से रिक्त स्थानों को भरना है।

छात्रों के लिये निम्न निर्देश हैं-

1. यह एक छोटी कहानी है जिसमें कुछ रिक्त स्थान हैं। प्रत्येक रिक्त स्थान को एक क्रमांक दिया गया है जैसे-2, 3, 4
2. इसी तरह कुछ विकल्प भी दिए गए हैं। विकल्पों के प्रत्येक कॉलम को भी एक क्रमांक दिया गया है।
3. प्रत्येक रिक्त स्थान को उससे सम्बंधित कॉलम में दिये गये विकल्प में से चयनित एक विकल्प से भरना है। उदाहरण के लिये रिक्त स्थान क्रमांक एक,
4. कॉलम क्रमांक एक से चयनित किसी एक विकल्प द्वारा भरा जायेगा। इसी तरह रिक्त स्थान दो कॉलम क्रमांक दो से।
5. यह ध्यान रखना है कि रिक्त स्थानों व कॉलम क्रमांकों में फेर बदल ना हो जाये।
6. आप सम्बन्धित कॉलम में दिये गये विकल्पों से कोई भी शब्द, वाक्य चुनने के लिये स्वतंत्र है। लेकिन पूर्व में दिये निर्देश का ध्यान रखें।
7. कोई भी उत्तर सही या गलत नहीं है बल्कि वह उपयुक्त या अनुपयुक्त है। पूरे रिक्त स्थानों को भरने के बाद आप पूरी कहानी को फिर ध्यान से पढ़ें व सुनिश्चित कर लें कि उसका कोई अर्थ बनता है अथवा नहीं।

कुछ और गतिविधियाँ

बच्चों को प्रोत्साहित करें कि वे अलग-अलग विकल्प लेकर रिक्त स्थानों को भरें व फिर टेक्स्ट को पढ़ें और यह देखें कि क्या उसका कोई अर्थ निकलता है। यह खोजने पहचानने की कोशिश करें कि कहाँ कोई अर्थ नहीं बनता और फिर इसके कारणों पर चर्चा करें।

शिक्षार्थियों को प्रोत्साहित करें कि वे वाक्यों के साथ खेलें। उनमें अलग-अलग तरह के विकल्पों जैसे- शब्द, शब्द समूह को भरकर देखें कि इससे वाक्यों के अर्थ कैसे परिवर्तित होते हैं।

परिणाम

शिक्षार्थी टेक्सचुअल मीनिंग के माने क्या है यह समझ पायेंगे।

यह समझ पायेंगे कि कहाँ टेक्सचुअल मीनिंग गायब हो गया व उसकी वजहें क्या हैं।

कहानी कैसे बना सकते हैं?

अलग-अलग विकल्पों को लेकर एक जैसे पाँच-छः टेक्स्ट बनाइये। यह सुनिश्चित कर लें कि टेक्स्ट एक जैसे हों।

फिर उनमें से सारे विकल्प हटा दीजिये और इन्हें सम्बन्धित कॉलम में एक साथ रख दीजिए।

उदाहरण के लिए-

एक माह पहले विकल्प 1 जब मैं विकल्प 2 और विकल्प 2 मुझे लगा कि विकल्प 4 शायद तुमने पहले कभी अनुभव किया हो मुझे विकल्प 5 और एहसास हुआ कि मुझे विकल्प 6 विकल्प 7 जो मेरा मित्र है, उसने मुझे एक दिन पूर्व विकल्प 8 से जुड़ी विकल्प 9 कि समस्या के बारे में बताया था मैं विकल्प 10 थोड़ा परेशान था अचानक से विकल्प 11 देखा विकल्प 12 और मैंने तुम्हें इसके बारे में बताने का निर्णय लिया।

विकल्प 1	विकल्प 2	विकल्प 3	विकल्प 4
एक अंधेरी तूफानी रात में एक अजीब घटना मेरे साथ हुई क्या हुआ तुम यकीन नहीं करोगे क्या हुआ सुनो	शहर में था घर पर था गणित की कक्षा में था घर के पीछवाड़े में था रसोई में था होटल में था	फोन पर बात कर रहा/रही थी पूरी खा रहा/रही था/थी अपने बाल सुखा रहा/रही था/ थी पैदल चल रहा/रही था/थी आधी नींद में था/थी आइना देख रहा/रही था/थी बैठा हुआ था/थी	मैं मुसीबत हूँ S कोई मुझे देख रहा है कुछ ठीक नहीं है कोई बदबू आ रही है मैंने घड़ी नहीं पहनी है मैं एक छोटा बच्चा हूँ

विकल्प 5	विकल्प 6	विकल्प 7	विकल्प 8
अचानक डर लगा खुशी हुई भय लगा बहुत अच्छा लगा	कोई निर्णय लेना होगा कुछ करना होगा स्नानघर जाना होगा साने जाना होगा अपने बालों को जल्द सुखाना होगा किसी को बुलाना होगा सच का पता लगाना होगा	Write your friend's name	पुलिस सड़क के कुत्ते कुत्ते प्रधानाचार्य माँ पिता किसी अपरिचित

विकल्प 9	विकल्प 10	विकल्प 11	विकल्प 12
Write another friend's name	उन्हें लेकर उसे लेकर यह सोचकर	मेरी आँखों ने मैंने आईने में मैंने दीवार पर लिखा देखा मैंने पेड़ के पीछे दरवाज़े से किसी को आते देखा	एक भयानक सच एक कुत्ते को भौंकते देखा उस सच को जिसे मैं नज़रअंदाज क्र रहा था। उस व्यक्ति को देखा जिसे मैं देखना चाहता था अपनी माँ को एक बुरे स्वप्न को

लेखक के बारे में : देवकी लक्ष्मीनारायण अज़ीम प्रेमजी विश्वविद्यालय शोध केंद्र की प्रमुख है। फाउंडेशन से जुड़ने से पहले उन्होंने सेंट्रल इंस्टिट्यूट ऑफ इंडियन लैंग्वेजेज, मैसूर में बीस वर्षों तक कार्य किया है। उन्होंने ग्रोनिंगन विश्वविद्यालय, नीदरलैन्ड से भाषा विज्ञान में स्नातकोत्तर किया है तथा मैसूर विश्वविद्यालय से मनोविज्ञान में पीएच.डी. की है।

devaki@azimpremjifoundation.org

अनुवादक : रजनी द्विवेदी, विद्या भवन शिक्षा सन्दर्भ केन्द्र, उदयपुर (राज.)।

स्रोत : लेंग्वेज एंड लेंग्वेज टीचिंग 2.1.3: 75-77, जनवरी, 2013.

गीत-संगीत का प्रयोग करते हुए बच्चों की सुनने की क्षमता विकसित करना

फाल्गुनी चक्रवर्ती

स्तर- उच्च प्राथमिक

गीत- Home on the range... आप अपनी पसन्द का गाना भी चुन सकते हैं।

अ. बहुविकल्पीय प्रश्न (यह कार्य गीत सुनते समय करना है)

1. गाना बजायें, शिक्षार्थियों को सुनने दें व गाने का मजा लेने दें। विकल्प के तौर पर, यदि आप स्वयं गाना जानती हैं तो आप स्वयं गा सकती हैं।
2. गाना फिर से बजायें।
3. शिक्षार्थियों को गाना सुनते हुए शब्दों पर सही का चिन्ह लगाना है (व्यक्तिगत कार्य)
4. शिक्षार्थी अपने उत्तरों को साथी शिक्षार्थियों के साथ बाँटें व गीत के सही शब्दों को लिखें।
5. गीत फिर से बजायें और शिक्षार्थियों को साथ- साथ गाने दें।

Oh give me a home where the buffalo groan/roam
Where the deer and the antelope pray/play
Where seldom is heard a discouraging/encouraging word
And the skies are not cloudy all day
Home, home on the range
Where the deer and the antelope play
Where seldom is heard a discouraging word
And the skies are not cloudy all day
Where the air is so cure/pure and the zephyrs so free/green
And the breeze is so balmy and whiteèlight
I wouldn't exchange my home on the range
For all of the cities so bright/tonight

How often at night when the heavens are bright
With the light from the glittering/glimmering stars
Have I stood there amazed and asked as I glazed/gazed
If their glory exceeds that of ours.

ब. रिक्त स्थान (यह कार्य भी गीत सुनते समय करना है)

1. गीत बजायें व शिक्षार्थियों को सुनने दें व गीत का मजा लेने दें।
2. गीत एक बार फिर बजाएँ।
3. शिक्षार्थियों को गीत सुनना है व गीत सुनते हुए सही शब्द सुनकर रिक्त स्थान में भरना है व इस तरह गीत को पूरा करना है।

Oh give me a home where the buffalo _____
Where the _____ and the antelope _____
Where seldom is heard a _____ word
And the skies are not _____ all day
Home home on the _____
Where the deer and the antelope play
Where seldom is heard a discouraging word
And the skies are not cloudy all day
Where the air is so __________ and the zephyrs so _____
And the breeze is so balmy and __________
I wouldn't __________ my home on the range
For all of the cities so __________
How often at night when the heavens are bright
With the light from the __________ stars
Have I stood there amazed and asked as I __________
If their glory __________ that of ours.

स. क्रम में जमाना (यह कार्य गीत सुनने के बाद किया जाना है)

1. काग़ज़ पर लिखी, गीत की प्रत्येक पंक्ति को एक-एक करके काट लें व इन्हें एक लिफाफे में रख लें। (ऐसा भी कर सकते हैं, पहले पर्चियाँ काट कर फिर हरेक पर्ची पर गीत की एक-एक पंक्ति लिख लें)। एक अन्य विकल्प यह भी है कि आप पैराग्राफ के टुकड़े कर लें।
2. कक्षा को समूहों में बाँटें।
3. पर्चियों का एक लिफाफा प्रत्येक समूह को दें।

4. शिक्षार्थियों को इन पंक्तियों या पैरेग्राफ को पुनः व्यवस्थित करते हुए गीत को पूरा करना है।

5. प्रत्येक समूह पेरेग्राफ एक क्रम में गाकर सुना सकता है और इस तरह गीत को पूरा कर सकता है।

होम आन रेंज : क्लासिक कंट्री लिरिक्स, लेखक जेने आट्री, डेन केली, ब्रूस्टर हैली

लेखक के बारे में : फाल्गुनी चक्रवर्ती स्वतंत्र केम्ब्रिज ESOL-CELTA प्रमाणित अंग्रेजी भाषा शिक्षण सलाहकार, शिक्षक प्रशिक्षक और पाठ्यपुस्तक लेखक हैं। उनकी कई पुस्तकें हैं जो कि नामी प्रकाशकों द्वारा प्रकाशित की गयी हैं। लेखन के अलावा वे शहर व गाँव के विद्यालयों हेतु सेवारत शिक्षकों के प्रशिक्षण से भी जुड़ी हैं। falguni1960@gmail.com

अनुवादक : रजनी द्विवेदी, विद्या भवन शिक्षा सन्दर्भ केन्द्र, उदयपुर (राज.)।

स्रोत : लेंग्वेज एंड लेंग्वेज टीचिंग 1.2.2: 56-57, जुलाई, 2012.

सम्पादकों के बारे में...

रमा कान्त अग्निहोत्री

हाल ही में दिल्ली विश्वविद्यालय से भाषाशास्त्र के प्रोफेसर के पद से सेवानिवृत्त हुए हैं। वर्तमान में विद्याभवन सोसाइटी, उदयपुर के साथ कार्यरत हैं। प्रायोगिक भाषाशास्त्र, शब्द-संरचना तथा सामाजिक भाषाशास्त्र जैसे विषयों को लम्बे समय से पढ़ाते रहे हैं और इन विषयों के सन्दर्भ में विस्तृत लेखन किया है।

अमृत लाल खन्ना

प्रो. अमृत लाल खन्ना हाल ही में दिल्ली विश्वविद्यालय से अंग्रेजी के एसोसिएट प्रोफेसर के पद से सेवानिवृत्त हुए हैं। वर्तमान में आप अंग्रेजी भाषा शिक्षण (ELT) हेतु सामग्री निर्माण एवं शिक्षक प्रशिक्षण परियोजनाओं के साथ गहराई से जुड़े हैं।

रमणीक मोहन

आजकल स्तन्त्र अनुवादक हैं और शिक्षा में विशेष रूचि रखते हैं। रोहतक के महाविद्यालय से स्वैच्छिक सेवानिवृत्ति। अज़ीम प्रेमजी फाउंडेशन की 'टीचर्स ऑफ इंडिया' पोर्टल टीम का हिस्सा रहे हैं। लगभग 10 साल तक हरियाणा राज्य संसाधन केन्द्र (सर्च) की पत्रिका 'हरकारा' का सम्पादन किया है।

राजेश उत्साही

आजकल बेंगलुरू में अज़ीम प्रेमजी फाण्डेशन के शिक्षक पोर्टल टीचर्स ऑफ इंडिया में हिन्दी संपादक। मध्यप्रदेश की अग्रणी शैक्षिक संस्था एकलव्य की बाल विज्ञान पत्रिका 'चकमक' का 17 साल तक संपादन। मध्यप्रदेश शिक्षा विभाग की पत्रिका गुल्लक तथा पलाश का संपादन। बच्चों के लिए साहित्य निर्माण, संपादन तथा समीक्षा में गहरी रूचि।

रजनी द्विवेदी

पिछले 10 वर्षों से विद्या भवन शिक्षा सन्दर्भ केन्द्र, उदयपुर (राज.) में कार्यरत हैं। भाषा और भाषा शिक्षण में रूचि।

नम्रता बत्रा

पिछले 10 वर्षों से विद्या भवन शिक्षा सन्दर्भ केन्द्र, उदयपुर (राज.) में कार्यरत। शिक्षकों और बच्चों के लिए सीखने-सिखाने की सामग्री के निर्माण और शिक्षा के क्षेत्र में किये जाने वाले शोधों में रूचि।

कामिनी उपाध्याय

पिछले 5 वर्षों से विद्या भवन शिक्षा सन्दर्भ केन्द्र, उदयपुर (राज.) में कार्यरत। कामिनी की रूचि पर्यावरण व पर्यावरण संबंधित सामग्री में है।

❑❑